国家林业和草原局职业教育"十三五"规划教材
全国生态文明信息化遴选融合出版项目

应用文写作

主　编　屈中正　王科瑛
副主编　龙宇帆　刘紫萱
编　者（按姓氏笔画排名）
　　　　王科瑛　龙宇帆　刘紫萱
　　　　纪　娜　张君君　张硕勤
　　　　林樱枝　屈中正　黄　艳
　　　　黄　旋　曾安源

中国林业出版社

图书在版编目(CIP)数据

应用文写作 / 屈中正，王科瑛主编. —北京：中国林业出版社，2019.8(2025.1 重印)
ISBN 978-7-5219-0159-7

Ⅰ.①应… Ⅱ.①屈… ②王… Ⅲ.①汉语-应用文-写作 Ⅳ.①H152.3

中国版本图书馆 CIP 数据核字(2019)第 138535 号

国家林业和草原局职业教育"十三五"规划教材
全国生态文明信息化遴选融合出版项目

课程信息

中国林业出版社

策划编辑：吴　卉
责任编辑：张　佳　孙源璞
电　　话：010-83143561
邮　　箱：books@theways.cn
小途教育：http://edu.cfph.net

出版发行：中国林业出版社
邮　　编：100009
地　　址：北京市西城区德内大街刘海胡同 7 号
印　　刷：河北京平诚乾印刷有限公司
版　　次：2019 年 8 月第 1 版
印　　次：2025 年 1 月第 4 次
字　　数：360 千字
开　　本：787mm×1092mm　1/16
印　　张：15.5
定　　价：48.00 元

凡本书出现缺页、倒页、脱页等问题，请向出版社图书营销中心调换
版权所有　侵权必究

目 录

基础篇　应用文漫谈 1
　　任务1　应用文认知 1
　　任务2　应用文构思 5
　　任务3　应用文表达 13

第一篇　常用文书 18
　项目一　书信 18
　　任务1　申请书 18
　　任务2　倡议书 24
　　任务3　证明信 31
　项目二　求职 35
　　任务1　求职信 35
　　任务2　个人简历 44
　　任务3　竞聘辞 49
　项目三　事务 55
　　任务1　条据 56
　　任务2　计划 62
　　任务3　总结 72
　　任务4　合同 78
　项目四　活动 84
　　任务1　调查报告 84
　　任务2　活动方案 91
　　任务3　活动致辞 98

第二篇　专业文书 109
　项目一　科技 109
　　任务1　实验报告 109
　　任务2　实习报告 115

任务3　毕业论文（设计） ………………………………………………………… 121

项目二　新闻 …………………………………………………………………………… 135
　　任务1　消息 ……………………………………………………………………… 135
　　任务2　通讯 ……………………………………………………………………… 141
　　任务3　自媒体文书 ……………………………………………………………… 147

项目三　法律 …………………………………………………………………………… 155
　　任务1　起诉状 …………………………………………………………………… 155
　　任务2　上诉状 …………………………………………………………………… 162
　　任务3　答辩状 …………………………………………………………………… 169

项目四　护理 …………………………………………………………………………… 177
　　任务1　护士交班报告 …………………………………………………………… 177
　　任务2　医嘱记录单 ……………………………………………………………… 181
　　任务3　护理记录单 ……………………………………………………………… 186

第三篇　公务文书 …………………………………………………………………… 194
　　任务1　通知 ……………………………………………………………………… 195
　　任务2　通告 ……………………………………………………………………… 203
　　任务3　通报 ……………………………………………………………………… 208
　　任务4　函 ………………………………………………………………………… 213
　　任务5　请示 ……………………………………………………………………… 218
　　任务6　报告 ……………………………………………………………………… 224

拓展篇　写作导读文选 …………………………………………………………… 231
　　拿起笔来之前 ……………………………………………………………叶圣陶 231
　　怎样过语文关 ……………………………………………………………张志公 234
　　谈修改文章 ………………………………………………………………何其芳 238
　　必须努力提高科技写作能力 ……………………………………………茅以升 240

附录
　　附录一　党政机关公文处理工作条例
　　附录二　党政机关公文格式
　　附录三　中华人民共和国国家标准标点符号用法
　　附录四　中华人民共和国国家标准出版物上数字用法的规定

扫一扫查看附录内容

参考文献 ………………………………………………………………………………… 242

后　　记 ………………………………………………………………………………… 243

基础篇
应用文漫谈

情境导入

> 黑色六月过后，小芳幸运地挤过了高考独木桥，满怀欣喜和期待地步入了大学校园。
>
> 可一见到新学期的课表后，小芳就困惑了，课表上居然有门课程叫做"应用文写作"。上了十多年的语文课，听说过诗歌、散文、小说，从来没听说过应用文呀。究竟什么是应用文，它和诗歌、散文、小说等有什么不同呢？带着满脑的疑问，小芳走进了应用文写作的课堂。

任务1　应用文认知

案例赏析

寻人启事

　　王静，女，衡阳人，1958年6月20日出生，身高1.62米，身材微胖，齐耳短发，戴黑框近视眼镜。性格内向，不爱说话，曾有抑郁病史。于2018年2月26日在衡阳火车站走失，走失时身穿红色羽绒服，黑色西裤，黑色皮鞋，系纯白围巾，背着黑色双肩包。

　　如有知其下落者请拨打电话：13×××××××××，联系人：张斌。当面重谢。

××××年××月××日

　　该文使用客观平实的语言，对人物特征进行了陈述，并交代清楚了联系人和联系方式，旨在解决寻人问题，属于典型的应用文。

知识平台

　　应用文在我们的工作、学习和生活中出现的频率非常高，我们经常见到的借条、请柬、感谢信、招聘启事、个人简历等都属于应用文，我们暂不熟悉的毕业设计、调查报告、会议纪要、经济合同、起诉状等也属于应用文。那么，究竟什么是应用文呢？

一、应用文的概念

　　当代写作分为两大系统，一是应用写作，二是文学写作。应用写作与文学写作存在着很大差异，这不仅表现在成品形态、作用方式、传播媒体与阅读对象等方面，而且表现在构思规律、写作方法、训练方式和写作过程等方面。总的来说，应用文是实用的，而文学则是审美的。

应用文和其他文章一样，都是"文"，但应用文重在"应用"，这是它区别于其他文体最突出的特征。具体而言，应用文是指国家机关、企事业单位、社会团体以及普通公民在生产、学习、工作、生活中办理事务、传播信息、沟通关系时使用的既有实用价值又有固定格式的一种文体。

二、应用文的特点

应用文的突出特点表现在实用性、真实性、时效性、规范性、针对性。

1. 实用性

应用文区别于其他文类的最具个性的特征是实用性。应用文以工作、生活的实际需要为出发点，以解决工作、生活、交往中出现的问题为目的，它是为了满足社会的发展和人们的需求而存在的，是应对生活，用于务实的。王安石说："要之以适用为本，以刻镂绘画为之容而已。不适用，非所以为器也。"这正是以实用为标准来衡量应用文的。

2. 真实性

应用文写作的本质要求就是要真实、客观、实事求是地反映问题。它使用的材料必须真实可靠，要能经得起现实生活的检验，既不能夸大，也不能缩小。材料真实是保证应用文实用价值的一个极其重要的环节。如果写的是事实材料，那么人物、事件、时间、地点、原因、结果必须真实可靠，细节和数字也必须没有误差。如果使用的是理论材料，涉及的党的政策决议、国家的法律法规等也要准确无误，不能失实。

3. 时效性

应用文都是为了处理事务、交流信息、解决问题而写的，往往在一定时间和范围内起作用，这就要求在时间上给予保证，不允许拖延时间。应用文的时效性包括两个方面的内容：一是成文的时效性，二是应用文本身效力的时间限定。它具体表现在快写、快发、快办。当今社会竞争激烈，节奏加快，若没有时间观念，办事拖沓，便会贻误时机，造成重大损失。

4. 规范性

应用文在体式和结构上有比较固定的模式，不能随心所欲，我行我素，甚至在用纸、尺寸、位置上都有严格的要求。尤其是公文，对格式有法定的明文规定。《党政机关公文处理工作条例》就对公文的格式作了明确的规定。文学作品追新求变，贵在创新，一鸣惊人；应用文则贵在守制，在遵规守约的前提下，发挥撰写者的才思，把应用文的内容写得更准、更精、更科学。

5. 针对性

应用文有很强的针对性，这主要体现在它的写作目的、读者对象和具体文种三个方面。从写作目的来看，应用文是为了解决日常生活或现实生活中的某一个问题而写的，它绝不会离开自己的目的泛泛而谈。应用文的读者对象也十分明确，科技文书面对的是科技工作者，财经文书面对的是财经工作者，法律文书面对的是司法机关。应用文的各类体裁也只能在特定的范围内使用。比如行政公文有的是上行文，有的是下行文，有的是平行文。

三、应用文的种类

应用文通常可以分为日常事务文书、党政机关公文、经济文书、科技文书、法律文书和礼仪文书等。

1. 日常事务文书

日常事务文书是指人们在日常工作、学习和处理个人事务时所使用的文书。主要包括条据、计划、总结、申请书、演讲稿、求职信、个人简历等。

2. 党政机关公文

党政机关公文是指国务院颁布的《党政机关公文处理工作条例》中所列出的15种公文，它是党政机关在行政管理过程中形成的具有法定效力和规范体式的文书，是依法行政和进行公务活动的重要工具。主要有命令（令）、决定、公告、通告、通知、通报、报告、请示、函等。

3. 经济文书

经济文书是以经济活动为主要内容，反映经济情况、处理经济事务、解决经济问题的专用文书。主要包括市场调查报告、经济合同、招（投）标书、广告文案、经济活动分析报告等。

4. 科技文书

科技文书是指在科学研究领域中所使用的应用文。主要包括学术论文、毕业论文、毕业设计、实验报告等。

5. 法律文书

法律文书是指司法行政机关、当事人或律师在解决诉讼和非诉讼案件时使用的具有法律效力或法律意义的文书。主要包括起诉状、上诉状、答辩状、辩护词、判决书等。

6. 礼仪文书

礼仪文书是指人们在日常社会交往中所使用的具有礼仪性质的文书，主要包括感谢信、请柬、贺词、祝辞、悼词等。

四、应用文的作用

应用文具有指导管理、宣传教育和依据凭证等作用。

1. 指导管理作用

应用文是国家机关、企事业单位、社会团体用来统一思想、指导工作、组织经营、协调生产、内外沟通的有效工具。大到规章制度的颁布，小到日常事务的安排都需要借助应用文来完成。

2. 宣传教育作用

国家的大政方针、法律法规以及我们在建设和谐社会进程中所涌现出来的好人好事，都要通过应用文的形式向广大干部群众发布；当然一些需要人们警醒并引以为戒的事件也是通过应用文的形式向让广大干部群众知晓慎行。因此，应用文具有很强的宣传和教育作用。

3. 依据凭证作用

应用文能够为现实工作和生活提供凭据，为历史提供存档资料。合同和协议记录当事人双方约定的权利和义务，参加会议要以通知为依据，会议纪要、总结等都是宝贵的原始资料，可以为现实工作提供借鉴。

知识拓展

●知识卡片

应用文的起源与发展

我国的应用文写作源远流长，已有数千年的历史，起源于人类的社会活动，其发展与我国历史的发展紧密相连。

（1）从远古到秦统一中国之前，是我国古代应用文的萌芽期。其作品见于甲骨卜辞、钟鼎文和《尚书》。《尚书》是我国第一部以应用文为主体的文章总集，基本内容是古代帝王的文告和君臣谈话内容的记录，作者应是史官。私人应用文也在这一时期应运而生，最早出现的是契约和书信。李斯的《谏逐客书》是秦统一以前私人应用文中的精品，达到了务实性与文学性的完美结合。

（2）秦至南北朝时期，是我国应用文长足发展、趋于成熟的时期。秦时的法律文书和公文的体制趋于统一，内容丰富，条理清楚，结构完整，并有了比较严格的分类和明确的行文关系。汉承秦制，应用文体趋于繁富，文辞漂亮缜密。魏晋南北朝时期的应用文，无论是写作实践还是理论研究，都有了明显的进步与发展。

（3）唐代至清代，是古代应用文发展的成熟、完善期。唐代"古文运动"对应用文的内容、形式及文风的转变，产生了巨大的影响。宋代欧阳修提出了"信事言文"的主张，提倡把应用文写得真实、平易、自然而有文采。唐宋应用文达到了历史最高峰，锦章佳作大量涌现，如魏征的《谏太宗十思疏》、韩愈的《柳子厚墓志铭》、欧阳修的《与高司谏书》、苏轼的《乞校正陆贽奏议进御札子》等。元明清时期的应用文，体制更加完备，写作理论也得到了进一步发展和完善，但出现了一些文体繁芜、浮词套语较多、八股味较浓等问题。

（4）辛亥革命后，废除了几千年封建王朝所使用的一些传统旧式公文，1912年南京临时政府颁布了第一个公文程式条例，建立了使用白话文和新式标点符号的现代公文。

（5）中华人民共和国成立以后，对公文进行了多次改革，其他体式的应用文也在语言上推陈出新，文风上尚实从简，文体上去僵化、增新品，使应用文更贴近生活，更适应现代社会经济文化发展的需要。

任务实训

一、请结合应用文的特点指出下文中存在的问题

借条

今借到张晓 800 元，3 天后归还。

李华

二、写作实践

近期，你所在的班级将召开一次班干竞选的主题班会，请根据所学知识并结合自身情况，写一篇竞选发言稿。

任务 2　应用文构思

案例赏析

关于开展湖南省高职高专院校教学科研实验（训）室安全现场检查工作的紧急通知

各高职高专院校：

根据《教育部办公厅关于立即开展实验室安全检查的紧急通知》（教发厅函〔2018〕216号）和《教育部办公厅关于提交高校教学实验室安全工作年度报告的通知》（教高厅函〔2018〕82号）要求，为进一步督促落实高职高专院校实验（训）室安全主体责任，进一步规范实验（训）室安全工作，我厅决定开展全省高职高专院校教学科研实验（训）室安全现场检查工作。现就有关事项通知如下：

一、检查对象

全省 70 所高职高专院校设立的教学科研实验（训）室。重点检查学校开设了农林牧渔大类、能源动力与材料大类、资源环境与安全大类、装备制造大类、生物与化工大类、医药卫生大类等相关专业的实验（训）室。

二、检查时间

1 月中旬，具体时间另行通知。

三、检查内容

主要包括：学校实验（训）室发展和管理制度建设情况、实验（训）室安全责任体系和运行机制建设情况、实验（训）室安全宣传教育情况、实验（训）室安全专项检查情况、实验（训）室安全应急能力建设情况、实验（训）室安全管理信息化系统和平台建设运行情况、危险化学品和易燃易爆有毒有害品管理、废弃教学科研试验品和危险品处理情况等。

四、检查程序

1. 学校汇报

学校主要负责人汇报学校教学科研实验（训）室安全管理总体情况，限时 20 分钟。

2. 查阅材料

检查组对照"检查内容"要点查阅学校教学科研实验（训）室相关材料。重点查阅

管理制度是否规范、安全责任体系是否健全、实验（训）室使用记录是否完整、安全应急措施是否有效、安全人员是否齐整、安全经费是否到位、危险品废弃品是否处理及时等。

3. 现场检查

检查组应对照学校提供的材料内容实地检查学校教学科研实验（训）室情况。实验（训）室数量较多的，检查组可抽取容易产生安全隐患的若干实验（训）室展开检查。

4. 反馈意见

检查组填写《学校实验（训）室安全隐患整改意见表》（附件1）和《实验（训）室安全隐患整改意见表》（附件2），及时向学校反馈检查结果，提出整改意见。

五、其他

（1）各校应立即开展本校实验（训）室安全工作自查自纠，形成本校《教学科研实验（训）室安全工作年度报告》（附件3）和《教学科研实验（训）室安全工作情况统计表》（附件4），将Word版和加盖学院公章后的PDF版，于1月9日前一同发送至我厅职成处电子邮箱。

（2）为做好本次现场检查工作，请各校推荐本校熟悉实验（训）室安全管理建设工作、认真负责的专家2名（校级领导1名，处室或部门负责人1名）。我厅将从各校推荐名单中抽取部分人员作为本次现场检查组专家。同时，请各校确定联络员1人，方便现场检查期间进行联系。各校应填写《现场检查推荐专家和本校联络员信息表》（附件5），于1月7日前将Word文件和加盖公章后的PDF文件，一同发送至我厅职成处电子邮箱。

（3）联系方式

联系部门：职业教育与成人教育处909办公室

联系人：毛静，肖帅，刘婕

联系电话：0731-84714893

职成处电子邮箱：zcc906@163.com

附件：1._____学校实验（训）室安全隐患整改意见表
   2._____实验（训）室安全隐患整改意见表
   3._____学校教学科研实验（训）室安全工作年度报告（提纲）
   4._____学校教学科研实验（训）室安全工作情况统计表
   5. 现场检查推荐专家和本校联络员信息表

湖南省教育厅
2019年1月4日

（来源：http://zcc.hnedu.cn/c/2019-01-04/3008283.shtml）

这是一篇格式规范、层次分明、内容详尽、结构严谨的通知。开篇采用根据式和目的式相结合的开头，交代了通知的发文缘由。紧接用"现就有关事项通知如下"这样一个过渡句开启正文的主体部分。面对繁杂的内容，主体部分运用小标题、序数词和数字来分条列项，使得所有内容清晰明了。全文层次分明、脉络清晰、结构紧凑、语言精练，堪称佳作。

知识平台

若要写出漂亮的文章,缜密的构思是必不可少的步骤,应用文也不例外。想要写好应用文,首先得明确主题,然后要精选材料、理清结构,当然还得选用合适的语言。

一、明确主题

主题是应用文的灵魂,是全文的核心与统帅。主题正确与否、深刻程度如何,是衡量应用文好坏、判断应用文价值高低的重要标准。

1. 主题的含义

主题又称主旨,是作者通过文章的全部内容所表现出来的基本思想和写作意图。应用文的主题形成,往往是"意在笔先",即根据应用文的撰写目的而定。应用文的主题对材料的取舍、结构的安排、语言的选用以及表达方式的运用均起着至关重要的作用。

2. 主题的要求

(1)正确。主题要能反映事物的本质,符合客观事物发展的规律,具有科学性,还要有益于时,有补于世。

(2)鲜明。作者的基本态度、文章的基本思想要十分明确,毫不含糊。对问题的认识,对事物的评价,主张什么,反对什么;应该怎样做,不应该怎样做;解决什么问题,达到什么目的,都要旗帜鲜明地表达出来,不能含糊其辞,模棱两可,要用"直笔"。

(3)深刻。在主题正确的基础上,要有思想深度,要反映和提示客观事物的深层本质,阐明事物之间的必然联系,具有深刻的思想意义和丰富的内涵。

(4)集中。一篇文章只能有一个主题,材料的使用、谋篇布局、遣词造句,都要为突出这个主题服务。

(5)新颖。主题要有新意,所反映的作者的观点、感受、主张、意见,不落俗套,不拾人牙慧,有自己的独特性,给人以新鲜醒目之感,使人耳目一新。

3. 确立主题的原则

(1)工作需要和写作目的。动笔之前,首先要考虑作文的具体目的是什么,主题必须符合行文目的,作者在确立主题时要正确理解和深刻领会办公意图。

(2)符合实际,切实可行。确立主题要立足实际,要从个人、本地区、本部门的实际情况出发,只有这样,所作的指示,所提出的意见和办法,所总结的经验,才能有的放矢,切实可行。

(3)以丰富、真实的材料为基础。必须深入生活,掌握丰富真实的材料,了解全面、真实的情况,才能提炼出正确、深刻的主题。

4. 表现主题的方法

(1)显现法。又叫直接法,它是在文章的某一部位,用明确而简练的语言,直截了当地把主题表述出来,应用文大都采用这种方法。常见的有以下几种方式:一是题中见意,就是在标题中直接点明主题;二是开宗明意,就是开门见山,在开头部分亮出观点、点明主题,给人以鲜明的印象,然后再逐步展开阐述;三是文中点意,就是在行文中,当叙述或议论到一定程度的时候，在主体部分自然引出主要论点或中心思想；四是篇末结意，就是在文章结尾处，用简明扼要的文字归纳出主题，加深读者的印象。表明主题有时需要几种方法综合运用。大多数的应用文中，常常是开头点题，结尾重复强调，做到上下呼应，首尾圆合。

（2）对比法。又叫比较法，是通过文章不同侧面或不同性质内容的对比来揭示主题。常见的有以下两种方式：一是抑扬法，对于要表现的人、事、物采用有扬有抑的方法，形成鲜明的对比，以突出主题。二是疏密法，疏，指疏笔，即略写；密，指密笔，即详写。通过略写和详写的鲜明对比，使文章主次分明，中心突出。凡与主题关系密切，就详写；与主题关系不大，就略写。

二、应用文的材料

材料是应用文的血肉，是撰写文章的基础。主题要依靠材料阐明事实及观点，并且不能超出材料的范围。

1. 材料的含义

材料是作者为了某种写作目的所搜集、积累以及写在文章中表现主题的一系列事实现象和理论根据，其内容包括人、事、景、物、情、理、数据诸方面。按不同分类标准可分为现实材料和历史材料、事实材料和理论材料、生活材料和心理材料、具体材料和概括材料、正面材料和反面材料、直接材料和间接材料等。

2. 材料的搜集

（1）要求。首先是全面，着眼于一个"博"字。其次是深入，着眼于一个"透"字。第三是细致，着眼于一个"细"字。

（2）方法。一是观察，作者凭借自己的感觉对对象进行有目的、有计划、比较持久的感知和记录所得的材料。这是取得第一手材料的主要途径。二是体验，置身于对象所处的环境之中，用整个身心去感受。其价值在于它的"亲历性"。通过体验，获得切身感受，以积累素材。三是调查访问，通过向知情人、有经验的人询问以了解真实情况来获得材料。通过综合运用观察、体验、查询、阅读等手段，采用开座谈会、个别访问、现场了解、蹲点调查、问卷调查等方法有目的、有计划地采集第一手和第二手的材料。四是阅读观听，就是从各种文献、音像资料中获取材料。通过广泛的阅读，可以掌握大量的知识与信息，从而进行比较、分析、归纳，提炼出正确的决策或论题。可以通过报刊剪贴、复印、录音、录像等手段来获取资料。五是计算机检索。它是当今最便利、最普遍的搜集材料的方法。通过计算机网络，可以在很短时间内比较容易地调用所需材料，而且收集保存也极为方便。

3. 选择材料的原则

（1）精准。凡是与主题有关，并能很好表现主题的材料，就选用；凡是与主题无关或似是而非的材料，就舍弃。对已经选定的材料，根据主题需要决定详略。

（2）真实。确有其人，确有其事，符合实际情况，不能杜撰，也不能夸大或缩小，引文也必须认真核对，绝不能出错。

（3）典型。材料所具有的代表性和普遍意义，能起到以少胜多、以一当十的作用。选材贵在精，精就精在"典型"上。

（4）新颖。一是新近发生的别人未曾使用过的、鲜为人知的材料，如新人、新事，新方针、政策，新的统计数字，新成果，新发生的问题等；二是虽为人知却因被变换角度而具有新意的材料。

4. 使用材料的方法

（1）量体裁衣，取舍精准。所谓取舍，针对的是一些法规性、指令性文书，多数材料只是作为写作的依据，不进入正文，虽然通过了挑选，但实际写作过程中还是要舍的。量体裁衣是根据文章体裁不同，对选定的材料进行不同的剪裁加工。

（2）主次分明，详略得当。使用材料时，能直接说明和表现主题的，应置于主要核心地位；配合或间接说明、表现主题的，应置于次要地位。两者是"红花"与"绿叶"的关系。骨干核心材料，要注意详尽；过渡材料、交代性材料，要相应从略；读者感到生疏或难以把握的材料应详，读者所了解或容易接受的材料可从略。

（3）条理清晰，排顺正确。对已选定的材料，应根据事物发展的过程、人们的认识规律或材料之间的逻辑关系排好顺序，将各种不同类型的材料合理搭配，有条不紊地写出来。大多数应用文，是选择若干材料，从不同角度、不同层次阐明主题。写作过程中，将同类型的材料结合使用可以优势互补，提高整体表达效果。常用的结合方式有：理论材料与事实材料相结合，具体材料与概括材料相结合，文字材料与数字材料相结合等。

三、应用文的结构

结构是应用文的骨架，是作者思路在文章中的具体体现。骨架搭建得如何，布局是否合理，条理是否清楚，直接影响着应用文的表达效果。

1. 结构的含义

结构是指文章的布局安排、组织构造。写任何文章，都有一个结构的问题。主旨和材料解决的是内容方面的问题，结构或者谋篇布局则是要解决形式方面的问题，即如何安排材料，怎样表现主旨，先写什么，后写什么，分几层写，分几段说。

2. 结构的要素

（1）标题。应用文的标题要贴切、醒目、简练，应直接揭示主旨或表明文章内容。常见标题有以下三类：一是公文式标题，由发文机关、事由、文种三部分构成。事由的前面一般加入介词关于，如《国务院关于建立统一的城乡居民基本养老保险制度的意见》。二是文章式标题，文章式标题可以直接点明文章的内容和范围，例如，《用友神话是如何创造的》。三是简洁式标题，直接采用文种作为标题，例如，《求职信》《请柬》《合同》。

（2）开头。应用文的开头不像文学作品那样委婉、含蓄，它要求开门见山、直奔主题。常见的开头方式有以下几种：一是交代目的和依据。在公文和法规文书中，一般经常使用"为了……""由于……""鉴于……""依据……""根据……""遵照……"等作为开头。而所依据的内容多为法律法规、文件精神、领导意图等。还可以将发文目的、起因以及发文依据结合使用。二是介绍背景和情况。即概括介绍时间、地点、范围、事件等基本要素，多用于会议纪要、调查报告、简报等文种。三是表明态度和主张。开篇即对转发、颁布的文件或来函表明态度或进行评价，然后再说明有关事项。转发性的通知、对请示来函的批复常用这种开头方式。四是揭示主题，即开篇就亮明观点、揭示主题，引起读者对文章观点的注意。五是问候致意，一般贺信、感谢信、演讲稿多用此方法，目的是给人以亲切感，拉近彼此之间的距离。

（3）主体。应用文主体的结构要素主要有层次、段落、过渡和照应。层次是指主旨的表现次序，也称"部分""意义段"或"结构段"，它主要体现应用文内容相互之间的逻辑联系；段落即文章中以另起一行、空两格为标志的一个个自然段，它是应用文主旨在表达时由于转换、强调、间歇等情况所造成的文章停顿；过渡即应用文层次或段落之间表示衔接转换的结构形式，它的作用是承上启下，使文章脉络畅通，结构完整严谨；照应即文章前后内容的关照呼应，它的作用是使所表达的内容首尾圆合前后连贯，使文章成为一个有机的整体。

（4）结尾。不同应用文种有不同的结尾，它的作用是使文章结构完整严谨，突出文章主旨，加深读者印象。常见的结尾有以下几种方式：一是以专用词语结束全文，部分文种有相对固定的结尾用语，例如，"特此通知""当否，请批示""现予以公告""函复为盼"等。二是以点题形式结束全文，在结尾点明主题或深化观点可以加深读者对文章的理解，多用于工作总结、演讲稿、学术论文。三是以号召、希望结束全文，结尾采用号召读者、鼓舞士气、寄托希望、展望未来的形式，常见于党政机关公文中的下行文、会议发言稿等。四是以强调文本要求结束全文，在结尾处再次强调具体要求，提醒读者注意，指出此举的现实意义和历史意义。五是自然结尾，主体部分已经言尽意明，无须结尾，常见于党政机关公文、经济类文书。

（5）落款。落款主要写发文单位名称，发文日期，并加盖印章。

3. 结构安排的方式

（1）总分式。即总述与分述的层次关系。具体运用此方式时，可以是先总后分，也可以是先分后总，或者是总—分—总，多数情况下是先总后分，"总结""报告""计划""调查报告""述职报告"等文体常常采用这种方式。

（2）递进式。即各层次之间是"进层"关系，彼此互为因果，其顺序是不能颠倒的。如"意见""报告""通报""议案""经济活动分析报告"等文体就常常是按照提出问题、分析问题、解决问题这样的递进关系安排层次的。

（3）并列式。即层次与层次之间没有隶属或因果关系，彼此是相对独立的，顺序是可以互换的。这种方式多是按问题的性质加以分门别类，每一个层次即为一类。所以，它不仅可以用于整篇应用文的层次安排，也可以用于整篇文章某个层次内部的小层次安排。

（4）时间顺序式。即按照事件发生、发展、结局的时间顺序来安排层次。这种层次的安排方式，一般多用于记叙文，但在应用文中的层次内部也有运用，如对某个事件的通报、对某项工作进展的报告、对某些事物或事故的调查报告等就常常是按照时间的顺序来安排层次的。以上几种层次的安排方式，在一篇应用文中，有时使用一种，有时则使用多种。例如，在大层次中使用"总分式"，在"分"的不同层次里面，又可以分别使用"递进式""并列式""时间顺序式"等。结构为内容服务，因此层次的安排方式也是灵活多样的。

四、应用文的语言

写作应用文要从以下几个方面注意语言的表述：

1. 准确

准确，就是要正确地、恰当无误地表达出所要表达的内容，用词用语含义清楚，概念恰当明确，不产生歧义，不引起误会，无溢美之词，无隐恶之嫌。

要做到语言准确，必须要把握词语的分寸感和合适度。特别是要区分同义词、近义词在适用范围、词义轻重、搭配功能、语体雅俗、词性差别等方面的细微差别。

要做到语言准确，还要注意语意鲜明，不能模棱两可，含糊其辞，以免产生歧义，延误工作。如"大致尚可""有关部门""条件许可时""事出有因，查无实据"等表达含糊的词应谨慎使用。

2. 简明

简明，指文字的简洁、明白，用较少的文字清楚表达较多、较丰富的内容，要"有话则长，无话则短"。

要做到简明，首先要精简文意，压缩篇幅，突出主干，把无关或关系不大的内容删去。

其次，要反复锤炼，提高概括能力，杜绝堆砌修饰语，适当使用缩略语，如"四个意识""五位一体"等。

再次，要推敲词语，锤炼句子，一句话就能说明白的绝不用两句话，一个词能概括清楚的绝不用两个词。恰当地运用成语、文言词语等，也有助于语言的简明。

最后，要注意用词通俗，不用生僻晦涩的字句。应该指出的是，"简"要得当，不能苟简，要以不妨碍内容的表达为前提，绝不能为简而生造词语、乱缩略、滥用文言，不能让人不明白或产生歧义，引起误解。

3. 平实

应用文是为解决实际问题而写作的，它的语言重在实用。一个字、一句话，往往至关重要。行文时多用平直的叙述，恰当的议论，简洁明了的说明。比如公文，它具有行政约束力和法定的权威性，因此，用语必须朴素、切实，不能浮华失实，不能乱用形容词或俚俗口语。

应用写作要求用语平实，但平实不等于平淡。我国历史上保留下来的许多文章既是应用文，同时又是文学佳作。

4. 得体

应用文实用性强，讲究得体，一方面要适合特定的文体。按文体要求遣词造句，保持该文体的语言特色。如公文宜庄重，调查报告须平实，学术论文应严谨，社交书有较浓的感情色彩，广告就常用模糊的语言，使用说明书则应具体实在，合同书则要精确等。

应用文要做到用语得体，还应考虑作者自己的身份、阅读的对象、约稿的单位、行文的目的，甚至与客观环境的和谐一致恰如其分。如需要登报或张贴的，语言要通俗易懂；需要宣读或广播的，语言应简明流畅；书信的写作，要根据远近亲疏、尊卑长幼的关系使用相应的语言。

党政机关公文的写作则要根据不同文种和行文关系而使用相应的语言，否则就不得体。总之，作者应针对性地运用得体的语言取得最佳的表达效果。

知识拓展

●知识卡片

应用文谋篇布局的小技巧

应用文在搭建结构时，可采用以下几种小技巧让结构更严谨，层次更分明，脉络更清晰。

（1）用小标题突出层次。对于篇幅较长、内容复杂的应用文，可以使用小标题将文章划分成几个相对独立又紧密相关的部分。小标题的设置应在同一层面且互不交叉、包含。小标题的语言应简明精炼，句式字数、词性应尽量整齐和谐。

（2）用序数词或数字标注顺序。常见的序数词有"第一""第二""第三""首先""其次""再次"的方式。也可以使用数字，层次较多时，一级标题使用"一、二、三"，二级标题使用"（一）（二）（三）"，三级标题使用"1.2.3"，四级标题使用"（1）（2）（3）"。

（3）巧用过渡和呼应。一是关联词过渡，例如，在层次间存在转折关系时可以采用"但是"等词语过渡，存在因果关系时可以用"因此"等词语过渡，存在分总关系时可以用"综上所述""由此可见"等词语过渡。二是句子过渡，例如，使用总括句或直接使用"……总结（通知、建议）如下"等固定句式。三是段落过渡，对于篇幅较长的各个层次之间，可以采用过渡段来保持全文的文气通顺。

任务实训

一、请根据所学指出下列求职信存在的问题

求职信

尊敬的领导：

感谢您在百忙之中批阅我的简历。我是天津职业大学社管系的一名学生，即将面临毕业。下面请允许我先作自我介绍。

三年来，在师友的严格教益及个人的努力下，我具备了扎实的专业基础知识，系统地掌握了人力资源六大模块等有关理论；熟悉涉外工作常用礼仪；具备较好的英语听说读写译等能力；能熟练操作计算机办公软件。同时，我利用课余时间广泛地涉猎了大量书籍，不但充实了自己，也培养了自己多方面的技能。

此外，我还积极地参加各种社会活动，抓住每一个机会，锻炼自己。大学三年，我深深地感受到，与优秀学生共事，使我在竞争中获益；向实际困难挑战，让我在挫折中成长。我热爱贵单位所从事的事业，殷切地期望能够在您的领导下，为这一光荣的事业添砖加瓦；并且在实践中不断学习进步。

收笔之际，郑重地提一个小小的要求：无论您是否选择我，尊敬的领导，希望您能够接受我诚恳的谢意！

祝愿贵单位事业蒸蒸日上！

（来源：www.baike.baidu.com，有删减）

二、写作实践

中学时代已然结束，那段缤纷的岁月一定给大家留下了许多美好的回忆，请根据所学知识，联系本人实际，写一篇有关的应用文。

任务3 应用文表达

案例赏析

关于2018年高职高专院校学生专业技能抽查情况的通报

各高职高专院校：

根据《关于组织2018年湖南省高职高专院校学生专业技能抽查考试的通知》（湘教通〔2018〕418号），11月2日到11月5日，我厅对高职院校园林工程技术、机电一体化技术、国际经济与贸易、市场营销、工商企业管理5个专业的2016级在籍学生开展了专业技能抽查，共随机抽查了48所高职院校1273学生（其中三年制学生1017名，五年制学生256名），成绩合格1201人，合格率94.34%，成绩达到优秀标准的541人，优秀率42%。同时，对2017年模具设计与制造、电子商务、人力资源管理专业学生专业技能抽查合格率低于60%的学校专业点再次进行了抽查。现将有关情况通报如下：

一、园林工程技术专业抽查情况

抽查专业为园林工程技术（540106）。应参加抽查学校5所，实际参加抽查学校5所。应参加抽查学生51人，实际参加抽查学生51人，参考率100%。抽查成绩达到合格标准的48人，成绩达到优秀标准的21人，合格率94.12%，优秀率41.18%。

二、机电一体化技术专业抽查情况

抽查专业为机电一体化技术专业（560301）。应参加抽查学校32所，实际参加抽查学校32所。应参加抽查学生624人，实际参加抽查的学生624人，参考率100%。抽查成绩达到合格标准的569人，成绩达到优秀标准的348人，合格率91.19%，优秀率55.77%。

三、国际经济与贸易专业抽查情况

抽查专业为国际经济与贸易（630502）。应参加抽查学校7所，实际参加抽查学校7所。应参加抽查学生98人，实际参加抽查的学生98人，参考率100%。抽查成绩达到合格标准的97人，成绩达到优秀标准的80人，合格率98.98%，优秀率81.63%。

四、市场营销专业抽查情况

抽查专业为市场营销（630701）。应参加抽查学校29所，实际参加抽查学校29所。应参加抽查学生416人，实际参加抽查的学生415人，参考率99.76%。抽查成绩达到合格标准的411人，成绩达到优秀标准的66人，合格率98.8%，优秀率15.87%。

五、工商企业管理专业抽查情况

抽查专业为工商企业管理（630206）。应参加抽查学校6所，实际参加抽查学校6所。应参加抽查学生84人，实际参加抽查的学生78人，参考率92.86%。抽查成绩达到合格标准的76人，成绩达到优秀标准的26人，合格率90.48%，优秀率30.95%。

六、复抽查情况

模具设计与制造专业复抽查学校为1所，电子商务专业抽查学校为2所，人力资源管理专业抽查学校为1所。应参加抽查学生64人，实际参加抽查为63人，参考率98.44%；成绩达到合格标准的59人，合格率92.19%。各校抽查合格率均达到60%以上。

现将学生专业技能抽查成绩予以公布（见附件），请各院校根据抽查结果，进一步优化专业结构，加强专业建设和教学管理，努力提高人才培养质量，促进学校办学水平全面提升。凡抽查不合格（综合合格率低于60%）的学校专业点，2019年须再进行抽查，再次抽查不合格的，将撤销该专业，停止招生。

附件：2018年湖南省高职院校学生专业技能抽查成绩

湖南省教育厅
2018年11月27日

（来源：http://zcc.hnedu.cn/c/2018-11-30/3007120.shtml）

这是一篇格式规范，内容翔实的情况通报。主要采用了分类说明、数字说明等表达方式对2018年度湖南省高职高专院校学生专业技能抽查情况进行了全面通报，不仅说明了参考院校、专业、人数，统计了参考率、合格率、优秀率，还对下一步工作进行了安排。全文行文流畅，语言简洁，结构紧凑，条理清晰，不失为一篇优秀的范文。

知识平台

文章的表达常用五种方式：叙述、描写、抒情、议论和说明。应用文受文体特点和写作目的的制约，表达时主要采用叙述、议论和说明，而描写和抒情除了少部分应用文中适当使用外，大部分应用文中基本不用或很少使用。

一、叙述

叙述是应用文写作中是最基本、最常用的表达方式。

1. 叙述的含义

叙述是对人物的经历、事件的发展、场景的转换等所做的叙说和交代，一般要交代清楚时间、地点、人物、事件、原因、结果等要素。在应用文中，叙述主要用来介绍人物的经历和事迹，介绍事件的基本情况，交代事件发生、发展的过程，说明问题的来龙去脉。

2. 叙述的种类

（1）顺叙。顺叙是按照事件发生、发展、结束的顺序进行叙述，是最基本的叙述方式。运用此种方法可以把事物发展的过程交代得脉络清晰、层次分明，符合人们的阅读习惯。应用文中大部分的叙述都是顺叙。

（2）倒叙。倒叙是根据写作需要，先交代事情的结果或某个精彩的片段，再按照事件发展的顺序进行叙述。倒叙能够制造悬念，激起读者的阅读兴趣，使文章变得跌宕起伏、波澜曲折。通讯、调查报告等常使用倒叙。使用倒叙时应注意文章内部结构的转换和过渡，转换要明显，过渡要自然，不能出现意思混淆、结构脱节的现象。

（3）插叙和分叙。插叙是在按照主线叙述的同时，插进去一段，或是对过去的追忆，或是对上下文的补充。分叙是指分别叙述两件或两件以上同时发生的事情。这两种叙述方式多用于文学性作品，应用文中很少出现，只在消息、通讯中才有所使用。

3. 叙述的要求

（1）人称明确。应用文写作中叙述的人称，有第一人称（"我""我们"）和第三人称（"他""他们"）。使用第一人称"我""我们"系指作者本人或作者所代表的群体、单位，如书信、请示、报告、总结等文体的写作多用第一人称。有时，为简要起见，常使用无主句。有的应用文体，如新闻报道、简介、调查报告、会议纪要，为表明作者立场客观、公正，传播的信息真实、可信，常采用第三人称写作。

（2）简明扼要。应用文中的叙述要力求真实、准确，不带主观感情色彩；线索清晰，表述完整；以概述为主，尽可能用概括的语言说出其前因后果、来龙去脉，使读者了解其梗概。

（3）详略得当。应用文写作的叙述不求面面俱到，而应抓住重点，分清主次。对表现主旨起重要作用的内容加以详写，对表现主旨作用不大的内容加以略写，做到详略得当、重点突出。

二、议论

在应用文写作中，议论经常使用。调查报告、总结、通报等文体，经常在叙述事实、说明情况的基础上，表明对人物、事件、问题的评价。指示、决议、会议纪要等公文，也常用议论来阐明党和国家的方针、政策，让下级机关和群众理解和执行。

1. 议论的含义

议论，即议事论理，是运用事实材料和理论材料进行逻辑推理阐明观点的一种表达方式。它主要特点是证明性，即通过摆事实、讲道理，或证明自己观点的正确，或驳斥对方观点的错误。

2. 议论的方法

（1）事实论证，即用典型的事例作为论据证明观点的论证方法，也称举例论证。事实论证要注意选用的事实必须具有真实性和典型性，注意论据和论点关系的一致性。

（2）对比论证，即将论据中截然相反的两种情况进行比较，从而得出正确结论的论证方法。对比论证应注意所选用的事实应具有明显的可比性，或"横比"或"纵比"，两者对比鲜明、互为衬托。

（3）因果论证，即通过对事理的剖析，揭示论据和论点之间的因果关系，从而证明论点正确性的论证方法，要特别注意的是，论点和论据之间应确实存在合理的因果关系。

（4）引用论证，即引用权威性的论述、法规条例、公理定理等作为论据证明论点的论证方法。值得注意的是，引用的材料应紧紧围绕论点，应能对论点形成有力支撑。

2. 议论的要求

（1）地位从属。在应用文写作中，最主要的表达方式是叙述和说明，议论居于从属的地位，一般只是在叙述、说明的基础上进行，不宜长篇大论。

（2）简洁明快。应用文的议论，一般不需做复杂的多层次的逻辑推理，也不一定具备完整的议论过程，只是在需要分析论证的地方，采取夹叙夹议的方法，三言两语点到即止，不做深入论证。

（3）实事求是。应用文的议论要直截了当地阐明观点，不拐弯抹角，不回避矛盾，以理示人，以理服人。

三、说明

说明在应用文写作中广泛运用于产品说明书、解说词、总结、报告等文体，常被用来交代背景和情况。

1. 说明的含义

说明就是用简明扼要的文字对事物、事理及人物进行解说的表达方式。目的是使读者对事物的形态、构造、成因、性质、种类、功能，对事理的概念、特点、来源、演变、关系等有一个鲜明的了解和认识。

2. 说明的方法

（1）定义说明。定义说明就是用最简短的语言，把事物的本质特征揭示出来，运用时要求"被定义者"和"定义者"外延相等，用语简明准确，具有科学性，不能用否定形式，避免"同义反复"。

（2）举例说明。举例说明就是举出典型例子来说明事物或事理的方法。这种方法可以将抽象的事理解说得具体、形象，便于读者接受。运用时要求事例典型能给人以深刻的印象，举例应扼要，只需概述介绍，不必具体铺叙。

（3）比较说明。比较说明就是将两种或两种以上的事物进行对比，从而说明事物的特点和规律的方法。运用时要求用来作比的事物与被比物要相似，有明确的相比点，尽量用人们熟悉的事物作比。

（4）分类说明。分类说明就是把说明对象按照一个标准，划分出不同类别，然后逐一进行说明的方法。运用时注意根据写作意图选择恰当的分类角度，再次分类只能依据一个标准，各类的总和要等于被分类的事物。

（5）引用说明。引用说明就是引用资料说明客观事物或被说明对象的情况。运用时要求引文要有针对性，要贴切，所引资料要认真核实，使之准确可靠。

（6）比喻说明。比喻说明就是借助于打比方的方法把抽象的事理或复杂的事物表达得浅显易懂、确切具体、简洁生动。比喻说明应力求准确贴切。

（7）数字说明。数字说明就是列举具体、准确的数字对事物进行说明。运用时要求数字准确无误，每个数据都要有可靠来源。

（8）图表说明。图表说明是用图画和表格来说明事物的基本特征，这种方法比较简约、便于比较。运用时要求所选图表要有代表性和针对性，表格设计要合理，让人一目了然。

知识拓展

● 知识卡片

应用文写作的学习方法

学习应用文写作的目的，主要是为了提高应用写作能力，能熟练地写出工作、学习、生活中需要的合乎要求的应用文。一般来说，要学好应用文写作，应从以下几个方面下工夫：

（1）重视应用文写作课程，掌握应用文写作的基础知识。应用文写作的理论知识是极其丰富的，它对应用写作实践有直接的、具体的指导作用。我们在写作实践的同时，重视写作理论知识的系统学习，获得较高的写作理论修养，写作能力自然会提高得更快。

（2）熟悉常用文体，从范文中体会和学习各种文体的写法。阅读范文不仅能帮助我们扩大眼界，打开思路，而且是掌握写作规律，学习写作方法的有效途径。读范文首先要领会其内容，然后要观摩其写作方法。阅读范文还可以丰富词汇，提高运用语言的能力。

（3）多练多改，在写作实践中培养写作能力。应用文写作有其本身的特点，写作上有一定的要求和格式，所以只要多、多改，并不断地加强练习，是完全可以掌握好应用文写作的方法的。

（4）练好写作基本功，增强语言文字表达能力。应用文写作的好坏是一个人语文水平的体现。只有一个人的写作基本功提高了，才会写出好的应用文来。因此平时要注意学习一些汉语的基本知识，如语法、修辞、逻辑知识等；还要注意阅读一些文学作品，并在生活中提高自己观察分析、综合表达的能力。

任务实训

一、下文是某外贸公司为港商写的一封介绍出口服装的公函，请结合应用文的表达方式的相关知识，指出下文中存在的问题

公函

我公司出口的女装，品种繁多：有美如垂柳的长裙和睡衣；有艳比玫瑰的旗袍和裙衫；有花团锦簇、五彩缤纷的绣衣；大衣和短袖；有富丽如牡丹、淡雅如幽兰的罩衫和衬衣，艳而不凡，美而不俗。无论在选用衣料、设计款式以及一针一线上，均精细加工制作。

二、写作实践

请按照应用文的语言风格，根据在食堂所见到的浪费粮食的现象，用记叙、说明、议论三种方式各写一段话，每段话至少 50 个字以上。

第一篇 常用文书

项目一 书信

情境导入

> 小雨同学是18级园林专业的班长,她学习努力,工作认真负责,受到了班上同学的信任和支持。新的学期,在老师和同学们的支持和鼓励下,她向系党总支递交了优秀班干部申请书,并且认真准备考试成绩、比赛证书、实习证明等相关证明材料。与此同时,为了加强班级学风建设,营造良好的学习氛围,小雨还组织班上同学发起了"无手机课堂"的倡议活动。小雨的行为受到了同学们的一致好评,小雨准备的申请书、倡议书、证明信,你都会写吗?

任务1 申请书

案例赏析

● 例文一

××省优秀学生干部申请书

尊敬的领导、老师:

  你们好!我叫×××,男,中共党员。2014年9月我带着录取通知书,怀着激动的心情走进了××大学应用科学学院,成为人文科学系艺术设计61班的一员。大学生活即将过去了,我的计划得以实施,能力得到锻炼,政治素质和综合素质得到提高,老师们的肯定和同学们的赞许也从某种程度上证明了这一点。值此次学院评优评先活动,我将申请"××省优秀学生干部"奖项,现将个人情况汇报如下:

  一、严于律己,思想政治觉悟高

  在校期间,我积极向党组织靠拢,学习上、工作上、生活上处处严格要求自己,坚持以身作则。从递交入党申请书,到参加党课培训,我从不懈怠,现在我已经光荣地加入了中国共产党,成为了一名正式党员。这期间,我不断学习党的理论知识,定期写思想汇报和总结自己的表现,平时通过报纸、网络、期刊等途径了解党和国家乃至国际大事,积极参加党、团组织开展的各项活动，并为同学服务。我深深地懂得，共产党员不仅仅是一种身份，一种光荣，更意味着一种责任。

二、勤奋好学，学习成绩优秀

我热爱学习，热爱艺术设计这个专业。虽然在求知的过程中遇到了不少的困难，但我深信"书山有路勤为径，学海无涯苦作舟"。每年获得的"三好学生""三好学生标兵"等荣誉，既是对我学习成绩的肯定，也是一种激励。在过去的六个学期，我的学习成绩在专业总体排名第三，曾获得特等奖学金2次，二等奖学金2次，三等奖学金2次，国家奖学金1次，国家励志奖学金1次。

三、虚心诚恳，工作认真负责

我做事认真仔细，一丝不苟，不骄不躁；对人热心诚恳，十分具有耐心；对工作中所遇到的困难，我努力克服，不轻易放弃。是同学们的知心朋友，又是老师和辅导员的贴心帮手。我工作中大胆创新，锐意进取，虚心向别人学习，做到有错就改，有好的意见就接受。在学生会利益的面前，我坚持以学校、大多数同学的利益为重，决不以公谋私。

我辅助指导老师制定党员的教育、管理、组织发展等工作的计划，并组织进行了实施；了解组织支部的组织状况，根据实际情况，提出党小组的划分和调整意见，检查和督促党小组过好组织生活；做好支部工作的记录和组织生活会的准备工作。负责对入党积极分子的培养、考察和预备党员的考察工作；负责入党积极分子、预备党员有关材料的整理和保管，做好材料的归档工作；负责联系团组织，做好推优入党工作；负责党员组织关系的接转和党费的收缴与管理等。

我精心策划工作方案，确立目标。我总是以把同学当做朋友的工作态度开展各项工作，同时我总结了我的工作经验。在辅导员吴老师的支持、鼓励下，我在学院校报上发表了一篇名为《辅导员助理工作注意事项》的文章，希望为以后从事辅导员助理工作的学生提供一个参考。工作中充分发挥了一个学生干部的模范带头作用，与大家共同努力，一起进步。

四、强于实践，综合素质高

进入大学后，虽然功课繁忙了，但我仍然充分利用自己的课余时间，参加院系的各项活动，如院学生会组织的在松木乡小学义务支教活动，人文科学系组织的"三下乡"、扶贫活动等，并获得了好评。

虽然我取得了一些成绩，但所有的成绩都离不开老师的指导和帮助，同学的关心和鼓励。大学期间虽然取得了很大的进步，但是所有成绩都只能代表过去，面对社会这所没有围墙的大学，我定会不断地更新自己，充分发挥自己的优点，正视和克服自己的缺点，争取不断取得进步和成功。我会以实际行动来说明一切！

特此申请"××省优秀学生干部"，请领导、老师考察我。

此致

敬礼

附件1：个人在校任职经历、获奖情况

申请人：艺术设计61班　×××
2018年10月15日
（来源：百度文库，有删减）

这是一份省优秀学生干部申请书，开头部分申请人作简要自我介绍并向领导、组织明确提出申请内容。主体部分是文章重点，在表述上采用条文式，表达凝练，逻辑清晰，充分突出了自身优势，比如严于律己、思想政治觉悟高、勤奋好学、学习成绩优秀等。结尾谦逊勤勉，不卑不亢。附件提供详细的材料作为申请佐证。全文自信得体，有理有据。

● **例文二**

入党申请书

敬爱的党组织：

　　我志愿加入中国共产党，拥护党的纲领，遵守党的章程，履行党员义务，执行党的决定，严守党的纪律，保守党的秘密，对党忠诚，积极工作，为共产主义奋斗终生，随时准备为党和人民牺牲一切，永不叛党。在此，我怀着激动的心情向尊敬的党组织递交我的入党申请书。

　　中国共产党，这个光荣、神圣的组织，自1921年建党至今，已经走过了90多年光辉的道路。通过对党的理论知识的学习，特别是近期对党的十九大精神的学习，我对中国共产党有了更深的认识。我衷心地热爱党，她是中国工人阶级的先锋队，同时是中国人民和中华民族的先锋队，是中国特色社会主义事业的领导核心。我们党以马克思列宁主义、毛泽东思想、邓小平理论、"三个代表"重要思想、科学发展观、习近平新时代中国特色社会主义思想作为自己的行动指南。中国共产党人的初心和使命是为中国人民谋幸福，为中华民族谋复兴。中国共产党一经成立，就把实现共产主义作为党的最高理想和最终目标，义无反顾肩负起实现中华民族伟大复兴的历史使命，团结带领人民进行了艰苦卓绝的斗争，付出巨大牺牲，敢于面对曲折，勇于修正错误，攻克了一个又一个看似不可攻克的难关，创造了一个又一个彪炳史册的人间奇迹，谱写了气吞山河的壮丽史诗。

　　历史已经证明并将继续证明，我们党始终是时代先锋、民族脊梁，没有中国共产党的领导，民族复兴必然是空想。为此，我常常思考，我如何才能加入中国共产党，成为先锋队的一员；我能为党做什么，为实现党的伟大事业贡献一份微薄而坚强的力量？

　　作为一名团员，党的先锋队的一员，我一直严格要求自己，用实际行动来证明团员的价值和先锋作用，帮助同学共同进步。因此，我努力学习各门文化课，各科成绩在班中均名列前茅。此外，我还担任了班长，带领同学共同建设我们的班集体，营造了良好的学习和研讨气氛。同时积极参加学校组织的各项活动，团结广大同学，取得了良好的成绩。

　　今天，我虽然向党组织提出了入党申请，但我深知，在我身上还有许多缺点和不足，今后我要用党员标准严格要求自己，自觉地接受党组织和群众的监督，努力克服自己的缺点和不足，争取早日成为一名光荣的共产党员。同时请党组织严格要求我，使我更快地成长和成熟。请党组织在实践中考验我！

　　此致

敬礼

申请人：×××
2018年6月23日
（来源：《入党培训教材》，有删减）

这是一份入党申请书，由标题、称呼、正文、结语、落款组成。全文语言流畅，条理清晰，具有说服力。开头开宗明义，直接表明了申请入党的愿望。主体部分介绍了党的发展历程，写清对党的认识，阐明入党的原因，说明入党的动机。结尾部分向党组织汇报自己的工作思想等情况，对照党员标准，分析本人优缺点，提出今后的努力方向，表明自己的决心和态度。语言表述准确，理由阐述充分合理，态度诚恳，具有说服力。

知识平台

申请书在社会生活中使用广泛。从入党、入团到转正申请，从奖学金、助学金到福利性住房申请，不同的对象内容有不同的申请书。那么，完整规范的申请书应该如何撰写呢？

一、申请书的概念

申请书是个人或集体向组织、机关、企事业单位或社会团体表述愿望、提出请求时使用的一种专用书信。它同一般书信一样，是表情达意的工具，要求一事一文。

二、申请书的特点

1. 请求性

"申请"，顾名思义是申述自己的理由有所请求的意思，是个人向组织、下级向上级提出请求，所以其语言在使用上需符合上行文的标准，态度诚恳，简洁明确。

2. 单一性

申请书要求一事一文，内容单一明确，即一份申请书只能表达一个愿望和只提出一个要求，不能把不同的愿望和请求写在一份申请书中。

3. 规范性

申请书是一种专用书信，因此它也必须按照书信的格式来行文。内容因要求不同而不同，形式基本保持不变。

三、申请书的分类

申请书的种类很多：

1. 按申请人不同

申请书可分为个人和集体申请书。

2. 按形式不同

申请书可分为书信式和表格式申请书。

3. 按使用范围不同

申请书可分为社会组织、工作学习、日常生活这三个方面的申请。

社会组织方面，一般指申请加入某些进步的党派团体，如申请加入中国共产主义青年团、中国共产党、少先队等；工作学习方面，主要指求学或在实际工作中所写的申请，如入学申请书、带职进修申请书、辞职申请书等；日常生活中，我们也常会遇到一些问题，需要个人申请才可以被组织、集体、单位考虑照顾或着手给予解决，诸如申请福利性住房或困难补助申请等。

四、申请书的写作方法

申请书的结构一般由标题、称呼、正文、结语、落款五部分组成。

1. 标题

申请书的标题有两种写法，一种是直接写"申请书"，另一种是"申请内容+申请书"，如"入党申请书""辞职申请书"等。

2. 称呼

称呼要另起一行，顶格加冒号写明接收申请的组织、机关、单位名称或有关领导，如"敬爱的党组织""尊敬的××同志""××经理"等。

3. 正文

正文部分是申请书的主体，主要包括申请事项、申请理由、申请态度三项内容。

申请事项：简要自我介绍并向领导、组织提出申请的内容。如"入党申请书"的开头"我志愿加入中国共产党""转正申请书"的开头"根据公司的规章制度，试用期已满，现申请转为公司正式员工"。直截了当地提出个人的要求，干脆明了。

申请理由：即叙述申请的目的、意义以及对申请事项的认识，可以边叙边议，叙议结合。这部分内容要写得翔实、具体，有说服力。

申请态度：向领导、组织表达自己的决心和要求。这一部要写得具体、详细，以便组织了解情况，并决定是否同意申请的事项。

4. 结语

一般是表示敬意的话，如"此致敬礼"等。也可写表示感谢和希望的话，如"特此申请""请组织考验""希望领导研究批准"等。

5. 落款

在正文右下方署名、写明申请时间。个人申请要写清申请者姓名，单位申请写明单位名称并加盖公章，任何申请均要注明日期。

五、写作注意事项

（1）写申请书，应充分考虑提出申请的必要性和可能性。申请的事项要写具体、清楚，涉及的数据要准确无误。

（2）理由的阐述要实事求是、充分合理，不能虚夸和杜撰，否则难以得到上级领导的批准。

（3）语言要准确、简洁，态度要诚恳、朴实。

（4）书写时，要使用蓝黑色或黑色墨水的钢笔，不宜使用圆珠笔，更不能使用红笔或铅笔。如果是打印稿，一定要亲笔签名。

知识拓展

●知识卡片

申请书与请示及一般书信的比较

1. 申请书与请示的相似和不同

相似：名称和内容都有相似的地方。

不同：写作范围和写作对象都不同。请示是"请求示意"，是下级向上级请求对某项工作、问题做出指示。而申请是"请求同意"，大多数是个人写给组织的请求。

2. 申请书与一般书信的相似和不同

相似：都是表情达意的工具。

不同：

（1）递交对象不同。一般书信适用范围较广泛，亲戚朋友、上下级都可以使用，而申请书只适用于个人或单位对上级组织或团体机关的申请。

（2）书写目的不同。一般书信内容比较广泛，没有什么限制，而申请书的目的非常明确，语气诚恳。

（3）写作手法不同。一般书信表达比较灵活，可以采用叙述、议论、描写等多种表达方式，而申请书一般只适用叙述的表达方式，概括性强。

任务实训

一、不定项选择题

1. 个人或集体向组织、机关、企事业单位或社会团体表述愿望、提出请求时使用的一种专用书信是（　　）。

　　A. 慰问信　　　　B. 感谢信　　　　C. 申请书　　　　D. 倡议书

2. 下列不属于申请书的特点是（　　）。

　　A. 广泛群众性　　B. 请求性　　　　C. 倡导性　　　　D. 单一性

3. 下列属于申请书写作过程中应注意的事项有（　　）。

　　A. 一事一文，内容单一明确

　　B. 称呼需要写明接收申请的组织、机关、单位名称或有关领导

　　C. 标题可以直接写"申请书"，或者"申请内容+申请书"

　　D. 申请的事项要写具体、清楚，涉及的数据要准确无误

4. 下列情形适合采用申请书的有（　　）。

　　A. 小明希望呼吁班上全体同学节约用水

　　B. 小红想申请国家励志奖学金

　　C. 小丽想入党，成为一名正式党员

　　D. 文学社打算周日使用学生活动中心

二、下面是一份申请书，请对照写作格式和要求，指出它存在的问题

入学生会申请书

尊敬的系学生会会长：

　　我是服装艺术设计系××班的学生，我申请加入系学生会。

　　"学生会"在我心中是个神圣的名词，它是由学生组成的一支为同学服务的强有力的团队，在学校管理中起很大的作用，在同学中间也有不小的反响。加入学生会不仅能很好地锻炼自己，更好地体现自己的个人价值，还能贯彻"全心全意为人民服务"的宗旨，有

利于自己的成长和发展。因此，我志愿加入系学生会组织。

假如我能顺利进入系学生会组织，我会充分发挥她应有的作用，并在其中锻炼自己的各种能力。我爱好文学，曾经在全国比赛中获得过奖项。如果能顺利加入学生会，我会组织一个"文学社"，并把它办成全国最好的文学社。

请大家相信我，我一定会做得很好的！

此致

敬礼！

申请人：李明

三、写作实践

（1）董青是2018级会计专业学生。他来自贵州省一个贫穷落后的农村，家中有六口人：他及爷爷、奶奶、父母和一个上初中的弟弟。一家人仅靠几亩农田的收入来维持生活，家里已欠下两万元的债务。听说学校要发放一笔困难补助金，董青向学生处提出了申请。请以董青的名义写一份困难补助金申请书。要求：格式正确，300字左右。正文内容提示：简述家境、表明志向、申请资金目的、提出申请。

（2）大学校园的生活是丰富多彩的，有许多学生社团，如文学社、漫画社、舞蹈社等。现在请你根据自己的爱好、特长给你喜欢的社团写份申请书，要求加入该社团。

任务2　倡议书

案例赏析

● 例文一

2017年高考期间致广大市民爱心护考倡议书

尊敬的广大市民朋友们：

每年的毕业季准时到来，一年一度的高考已经拉开序幕，6月7日、8日是广大莘莘学子备战数年的高考日。高考于每一位考生而言，都有着十分深刻的人生意义，每一位考生的背后，有着他们多年的坚持和努力；有着每一位家长、老师的关切与期望。在高考来临之际，为给所有学子营造一个安静、安全、舒适的考试和休息环境，使我县的高考顺利、平稳的进行，衡东县妇联特向广大市民朋友们倡议：

（1）请市民朋友们保证各考点周边主要交通路段的畅通，服从交警指挥，自觉遵守交通规则，各种车辆请及时驶离考点，勿在考点逗留。

（2）高考期间，各类红白喜事，开业店庆的请勿燃放烟花爆竹。

（3）广场舞爱好者请勿播放音乐，做生意的市民请勿播放高音喇叭。

（4）请各位尽量不要车辆出行，如车辆出行请尽量避免鸣笛，遇到考生出行困难，请尽力予以帮助，护送考生安全到达考点。

（5）各位家长朋友们在高考期间注意考生的饮食卫生和心理状态，保证考生身心健康。

(6) 各小区、单元、楼道的居民朋友请勿大声喧哗，以免影响考生的复习与休息。

(7) 倡议有电子屏的商家帮忙提高宣传，在高考的6、7、8号滚动播放爱心护考的宣传语。（例如，××商家恭祝莘莘学子金榜题名、马到成功）

"十年寒窗磨一剑，只待今朝问鼎时"，希望全县市民朋友共同努力，营造一个良好的考试环境，用行动为所有学子的梦想助力，也祝愿所有考生正常发挥，顺利完成考试，点燃希望之光。

最后，恭祝大家幸福安康，万事如意！

倡议人：衡东县妇联

2017年6月5日

（来源：衡东县政府网）

例文是高考期间致广大市民爱心护考的倡议书，标题为"倡议内容+文种"形式。正文首先阐释了提出倡议的背景和意义，紧接着从七个方面分条列出了倡议的具体内容。倡议内容是什么、具体要求、避免做哪些事情等都一一写明。结尾具有呼吁性和号召性。例文要素完整，情感真挚。

● **例文二**

让我们一起读书吧

——"书香湖南"全民阅读活动倡议书

当今时代是一个知识和智慧开启未来的时代，是一个需要终身学习的时代。

书是人类进步的阶梯，读书是汲取知识、推动人类不断进取的必由之路；书是人类精神的营养，读书是滋养心灵、开启智慧、健全人格、锻造理想的心路历程；书是人类文明的火种，读书是构建生命价值、提升文明素养、创造健康生活、构建和谐社会的有效途径。生活没有书籍，就好比大地没有阳光；人生没有阅读，就好像鸟儿没有翅膀。

尊重知识、崇尚阅读是中华民族的优良传统。从"悬梁刺股""凿壁偷光"的砥砺与磨难，到"读万卷书，行万里路"的阔大与执着；从"问渠哪得清如许，为有源头活水来"的探寻与发现，到"为中华之崛起而读书"的境界与追求，读书的意义被一代又一代的先贤们阐释着、丰富着、发展着、构建着。"惟楚有材，于斯为盛"，湖湘大地，人杰地灵，孕育了独具特质的湖湘文化。读书明理，求道创业，勇于开拓，敢于担当，既是湖湘文化的优良传统，更是当下湖南人民的文化追求。

实现中华民族伟大复兴的中国梦连着你的梦照亮我的梦，对美好生活的向往离不开阅读的滋养。按照"五位一体"总体布局和"四个全面"战略布局，坚持创新、协调、绿色、开放、共享发展新理念，建设富饶美丽幸福新湖南，既要满足人民群众的物质生活需求，又要满足人民群众日益增长的精神文化需求。倡导全民阅读、共建书香湖南，既是培育和践行社会主义核心价值观、决胜全面建成小康湖南的召唤，也是提升人们素质和社会文明程度的需要。为此，我们诚挚地向全省社会各界发出倡议：

让我们一起读书，读好书。让阅读成为我们最优雅的生活方式。让浓浓书香丰盈我们的生命，陶冶我们的气质，引领社会的风气。让我们的生活因阅读而精彩，让书本成为我们的心灵家园。

让我们一起读书，读好书。让阅读成为我们社会最亮丽的风景。无论你是在机关、在校园、在企业、在军营，还是在村组、在社区、在家庭，让我们手捧书本、醉心阅读的情景，成为三湘大地上的动人风景。

让我们一起读书，读好书。让阅读成为我们最自觉的追求。让我们在阅读中增长智慧，在阅读中涵养情操，在阅读中发现真善美，在阅读中体会责任与担当，汲取勇往直前的精神力量。

让我们以书为媒，相约书香，亲近书本，崇尚阅读！

湖南省全民阅读活动办公室
2017年4月23日

（来源：http://www.sohu.com/a/135853262_114731）

这是一份关于倡导"书香湖南"全民阅读活动的倡议书，标题为"正标题+副标题"形式。正文阐释了提出倡议原因、背景和目的。其内容翔实，贴合时代精神，重点阐释了倡导全民阅读的意义，指出从"中华民族的优良传统"到"实现中华民族伟大复兴的中国梦"都离不开全民阅读。倡议内容用三个排比句表现，富有激情和感染力。

● 例文三

诚信立身金不换
——致全体师大学子的诚信倡议书

亲爱的同学们：

古语云：诚者，天之道也；思诚者，人之道也。作为中华民族的传统美德，诚信已传承数千年，它根植于每个人的血脉之中，同时也成为现代社会文明的象征。诚信是为人之道、立身之本，是当代大学生实现人生价值的重要影响因素。

秉承我校"学为人师，行为世范"的校训精神，我们更应将诚信作为自身行为准则，做到以诚立身，以信处事。为培养诚信学子，打造诚信校园，传递诚信正能量，特向广大同学郑重发出如下倡议：

（1）诚信立身金不换。言必信，行必果，树立个人良好的诚信形象；真诚待人，恪守承诺；明理诚信，自立自强；打造和谐互助的良性人际关系，营造学校和社会的诚信氛围！

（2）诚信学习敬科学。端正学习态度，踏实严谨求学，严肃学风考纪，向考试作弊说"不"；敬畏科学，积极探索勇于创新，向学术造假说"不"；传递诚信正能量，追求真理敢为先！

（3）诚信还贷传爱心。国家助学贷款是信用贷款，体现着国家和学校对大学生的无条件信任与关爱；一旦贷款，必要诚信还贷，无论身在何方，都将这份信任与关爱延续下去；树立现代金融观念，牢铸良好信用意识，成就未来美好人生！

学生资助管理中心
2017年春季

（来源：http://www.xszz.cee.edu.cn/zizhuzhuanti/chengchang/2015-07-31/2302.html）

例文是一份致全体师大学子的诚信倡议书，标题为"正标题+副标题"形式。正文开头部分阐释了提出倡议背景以及诚信的重要性。接下来从三个方面——"诚信立身""诚信学习""诚信还贷"提出倡议的主要内容。内容翔实，要求具体可行，具有广泛群众性和号召性。

知识平台

倡议书是一种建议、倡导，是开展精神文明建设的有效方式。倡议书的内容一般是同人们的日常生活相关的一些事项，如倡议爱护花草树木，保护生态环境；倡议节约，反对浪费；倡议读书；倡议救助贫困人群等。所有这些有利于人们的身心健康，都属于社会主义精神文明的重要内容。那么，我们应该如何撰写倡议书呢？

一、倡议书的概念

倡议书是个人或集体为倡议、发起某项活动而写的号召性的、公开提议性的专用书信。它作为日常应用写作中的一种常用文体，在现实社会中有着较广泛的使用。

二、倡议书的特点

1. 广泛的群众性

倡议书的受众对象十分广泛，往往是广大群众，或一个部门、一个地区、甚至是全国人民。所以，广泛的群众性是倡议书的根本特征。它可以在较大范围内调动群众的参与热情，使大家心往一处想，劲往一处使，齐心协力共同做好一些有益于社会的事务和开展某些公益活动。

2. 公开性

倡议书是一种广而告之的书信，通常需要通过公共场所张贴，报刊宣传，广播、网络、媒体传播的方式，让广大人民群众知道了解，从而激起更多的人响应，以期达到在最大的范围内引起共鸣的目的。

3. 倡导性

倡议书不是通过行政命令去强制执行，而是要通过号召、建议、引导、提倡等非强制的方法来实现自己的目的。因而倡议书对群众而言没有任何强制性和约束力，完全依靠群众的情感共鸣并转化为实际行动，激励他们投身到所倡议的活动中去。

三、倡议书的分类

1. 按作者角度分

倡议书分为个人倡议书和集体倡议书两种。

2. 按传播角度分

倡议书有传单式倡议书、张贴式倡议书、广播式倡议书和登载式倡议书。

无论是个人还是集体，或不同传播方式的倡议书，其写法大体相同。

四、倡议书的写作方法

倡议书的结构一般由标题、称呼、正文、结尾、落款五部分组成。

1. 标题

倡议书标题的写作比较灵活，通常有三种写法，一是"文种"单独组成，即在第一行正中用较大的字体写"倡议书"三个字。二是"关于（可省略）+倡议内容+文种"，如"节约用电倡议书""诚信考试倡议书""关于向灾区捐款捐物的倡议书"等。三是"正标题+副标题"，如"责任同样属于我们——致全体团员青年的倡议书"。

2. 称呼

称呼要另起一行，顶格写。称呼是为了明确倡议的对象，一般要依据倡议的对象而选用适当的称呼，如"亲爱的同学们""广大的青少年朋友们""广大市民朋友们"等。也可不用称呼，而在正文中指出。

3. 正文

倡议书一般在第三行空两格写正文，一般包括以下一些方面的内容：

（1）发起倡议的背景原因和目的。倡议书的发出贵在引起广泛的响应，只有交代清楚倡议活动的原因，以及当时的各种背景事实，并申明发布倡议的目的，人们才会理解和信服，才会自觉地行动。这些因素交代不清就会使人觉得莫名其妙，难以响应。

（2）倡议的具体内容和要求。倡议的具体内容是正文的重点。倡议的内容一定要具体化，开展怎样的活动，都做哪些事情，具体要求是什么，它的价值和意义都有哪些均需一一写明。

倡议的具体内容一般是分条开列的，这样写清晰明确，一目了然。

4. 结尾

结尾要表示倡议者的决心和希望或者写出某种建议，一般不在结尾写表示敬意或祝愿的话。

5. 落款

落款是在正文右下方书写倡议单位名称或个人姓名及日期。如果倡议者为多个，则按主次分列逐一书写。也有集体署名的形式，让每个参与者亲笔署名，显示其广泛性和真实性。

五、写作注意事项

在拟写和使用倡议书的过程中，应该注意以下几点：

（1）分析该倡议是否符合倡议者身份，倡议者是否具有话语权和必要的影响力。

（2）倡议具体内容要条理清楚，提出的要求要切实可行，要避免使用行政色彩语言。

（3）正文部分要写清倡议的根据，原因和目的，否则响应者无所适从，会造成盲目的行动。

（4）内容应当符合时代精神，与党和国家的路线方针政策相一致。措辞贴切，情感真挚，富有鼓动性，篇幅不宜过长。

知识拓展

●知识卡片一

倡议书的常用写作模板

倡议书 广大××： 　　×××××××××××××××××××××××× ××。为此我们提出以下倡议： 　　一、××××××××××××××××。 　　二、×××××××××××。 　　三、×××××××××。 　　××××××××××（决心、希望、建议） 　　　　　　　　　　　　　　　××× 　　　　　　　　　　　××××年××月××日	要点提示： 　　（1）倡议书的称呼前面一般加上"全体""广大"等表范围的修饰词。如"广大市民朋友"。 　　（2）倡议书开头一般先写明提出倡议目的（依据、原因等），然后用"为此我们倡议""为此我们提出以下倡议"引出正文主体部分。 　　（3）倡议书正文的主体部分要写明倡议书的具体内容。一般采用条文式写法，每条自成一个自然段，段首空两格，用汉字加顿号标项，如"一、""二、""三、"。

●知识卡片二

倡议书与建议书的异同

1. 不同点

（1）所面向的对象不同：倡议书面向公众；建议书面向上级和主管部门。

（2）作者作用不同：倡议书既是发起者，又是参与者，要对所倡议的内容先做出表率；建议者不一定直接去做某事，而是以商量的口吻建议对方做某事。

2. 相同点

二者都是书信体，结果具有不确定性。

任务实训

一、不定项选择题

1. 个人或集体为发起某项活动而写的号召性的、公开提议性的一种专用书信是（　　）。

A. 申请书　　　B. 建议书　　　C. 倡议书　　　D. 推荐书

2. 倡议书具有（　　）特点。

A. 广泛群众性　　B. 请求性　　　C. 倡导性　　　D. 公开性

3. 关于倡议书的写作，说法正确的有（　　）。

A. 倡议书是一种广而告之的书信

B. 倡议对象范围广泛时，倡议书的称呼前面一般加上"全体""广大"等表范围的

修饰词

C. 标题可以直接写"倡议书",或者"倡议内容+倡议书"

D. 为了达到倡议目的,倡议书可以使用"必须""确保""务必"等带有行政色彩语言

4. 下列哪一项不是倡议书和建议书的不同（　　）。

A. 倡议书一般是面对群众,建议书主要是个人向组织或下级向上级提出的积极主张

B. 倡议书带有一定的号召性,建议书只是具有提议性

C. 倡议书具有鼓动别人响应或共同完成,建议书只是个人见解的陈述

D. 倡议书属于信函文书,建议书属于事务文书

5. 下列情形适合采用倡议书的有（　　）。

A. 文明用餐,以俭养德——文明餐桌行动

B. 致团员青年"岗位技能促振兴,青春建功中国梦"主题活动倡议

C. 我的青春我做主——在扬帆文学社竞选大会上的演讲

D. 探索道路上的得与失——我校两年来教育体制改革情况总结

二、根据教材,请指出下面倡议书存在的问题

倡议书

①阅读是生活永恒的主题,书籍是人类共同的精神财富。②阅读是让人受益的生活方式,也是崇高的精神跋涉。③捧一本好书,让平凡生活在阅读里精彩纷呈,让人生境界在阅读中提高升华。④读高尔基的《童年》,可以使人在冷酷无情中看到人性的光芒;⑤读《繁星·春水》,可以使人在诗性的语言中,体会到革命的力量。⑥阅读经典时要做有心人,不动笔墨不读书。⑦在第21个世界读书日,我们向全校同学发出倡议,提升人生境界,阅读经典名著,共建书香校园。

此致

敬礼

校团委
4月23日

三、写作实践

1. 清明节到来前夕,某市文明办拟向社会发出"绿色清明文明祭祀"的倡议。下面是拟用的倡议书,请你补出序号中标题、称呼、正文、结尾中空缺的部分。其中正文包括节日意义、倡议目的及号召语等内容。

①_____

　　②_____:

　　③_____。我们特此发出倡议:

（1）缅怀逝者,文明祭扫;④_____。

（2）爱护环境,绿色祭扫;⑤_____。

(3) 杜绝火患，安全祭扫；_____⑥_____。
　　(4) 厚养薄葬，节俭祭扫；_____⑦_____。
_____⑧_____

某市文明办

2018 年 4 月 3 日

2. 水是生命之源，是万物赖以生存的基础。我国属于水资源紧缺的国家，人均水资源拥有量仅为世界平均水平的 1/4，并且全国水源污染情况严重，大多数地区还面临缺水的问题。至今还有很多人没有意识到节约用水的重要性。

　　为了提高节水意识，建设节约型校园，学校发出了节水倡议。请根据以上情况写一份节水倡议书。

任务 3　证明信

案例赏析

● **例文一**

贫困证明

××职业技术学院：

　　兹有许××，男，身份证号：××××，为××市珠晖区湖北路××社区居民，现在贵校读书。其家中共有五口人：父母，祖母，弟弟及本人。其父周××职业为××工厂保安，年收入不足 2 万；其母刘××为下岗职工，且常年卧病在床；祖母年逾七十，吃低保。五口之家全靠其父一人支撑，生活非常困难，是社区突出的贫困户。

　　情况属实，特此证明。

××社区居民委员会

2016 年 ×× 月 ×× 日

　　这是一则以社区居民委员会的名义所发的证明信，证明许××的家庭贫困情况。语言简明扼要，证明的事实清楚明白，具体实在。

● **例文二**

证　明

××公司党支部：

　　刘××同志 2014 年 9 月至 2017 年 7 月就读于我校市场营销专业 1 班。在校期间，学习成绩优秀，各方面表现良好，曾三次被评为校"三好学生"，两次被评为"优秀学生干部"。

　　特此证明。

××职业技术学院

2018 年 7 月 30 日

例文是关于刘××同志在校表现情况的证明信,正文部分写明姓名、时间、在校表现情况等。结尾采用固定用语"特此证明",是一份符合要求、格式规范的证明信。

● **例文三**

证明信

兹有××职业技术学院商学院17级酒店管理专业林××同学2017年9月1日至2018年11月1日在我酒店餐饮部实习。实习期间该同学严格遵守我酒店各项规章制度,服从实习安排,较好地完成实习任务。尊敬实习单位人员,并能与其他同事和睦相处,与其一同工作的员工都对该同学的表现予以肯定。

特此证明。

船山国际大酒店(盖章)
2018年11月30日

例文是关于××职业技术学院酒店管理专业林××同学实习情况的证明信,正文部分按照受文单位要求证明的事项,证明了林××的基本情况、实习时间以及实习表现。语言简洁、规范,具有针对性。

知识平台

证明信是一种凭借确凿证据,证明某人或某事时所使用的专用书信。通常适用于个人办理某些事项时,如考研、贷款、入党、入团等,需要有关人员为其写出证明信,为组织调查提供依据。或者有些真相模糊不清的事件,当时亲身经历的人需要使用证明信以澄清事实。

一、证明信的概念

证明信,简称证明,是行政机关、社会团体、企事业单位或个人出具的以证明有关人员身份、经历或某件事情的真相时使用的一种专用书信。

二、证明信的特点

1. 凭证性

证明信的作用贵在证明,是持有人用以证明自己身份、经历或某事真实性的一种法定凭证。没有证明,就言而无据。

2. 事实性

证明信所依据的内容是客观事实,务必实事求是、准确、真实。通常只写被证明人或接收证明信的单位要求被证明的事情,不必面面俱到。

三、证明信的分类

根据开具证明信的主体不同,证明信可分为两类:

1. 以组织名义开具的证明信

多证明曾经或正在本单位工作的人员的身份、职务、政治面貌、学历、经历、表现等真实情况。落款处必须盖有单位公章以示负责。一般由该单位负责人根据档案或调查材料来组织书写。

2. 以个人名义写的证明信

证明内容完全由个人负责。

四、证明信的格式与基本内容

证明信一般由标题、称呼、正文、结尾、落款五部分组成。

1. 标题

证明信的标题一般有两种构成方式：

一是由事由加文种构成，如"贫困证明""关于××同志工作情况的证明"。

二是仅由文种构成。在第一行居中位置写上"证明"或"证明信"。

2. 称呼

即接受证明信的单位名称或个人。另起一行顶格书写，后面加冒号。有些证明身份的证明信因没有固定的受文者，称呼可以省略，而是在正文前用"兹"引起正文内容。

3. 正文

正文由称呼下另起一行空两格写，根据对方的要求，写清楚需要证明的内容和情况。

如果是证明经历的要写清楚起止时间、地点和曾担任的职务；如果是证明事件的，按事件发展的顺序写清楚时间、地点、人物、经过和结果。

4. 结尾

正文后另起一行空两格，用固定用语"特此证明""情况属实，特此证明"作结，结尾不写表示敬意、祝愿的话。

5. 落款

写明出具证明的单位或个人的署名、日期，加盖公章或个人签名（加盖私章），有存根的证明信须在两联中间加盖骑缝章。

五、写作注意事项

1. 实事求是

内容务必实事求是，严肃认真，言之有据，做到准确、真实，不轻率从事。

2. 措辞准确

用语必须准确、简洁，不得随意夸饰；要避免含糊其辞，产生歧义。

知识拓展

● 知识卡片

证明信与介绍信的异同

1. 不同点

（1）作用不同。证明信，又称证明，是行政机关、社会团体、企事业单位或个人出具的以证明有关人员身份、经历或某件事情的真相时使用的一种专用书信，主要起到凭证作用。

介绍信是机关团体、企事业单位派人到其他单位联系工作、了解情况或参加各种社会活动时所写的一种书信。使用介绍信，可以使对方了解来人的身份和目的，以便得到对方的信任和支持。介绍信具有介绍和证明的双重作用。

(2) 内容不同。证明信和介绍信在写正文时要注意使用各自的专用术语。如介绍信用"现介绍（兹介绍）某某到某处干某事，请接待（请协助、请接洽）"等。证明信在正文结束后写上"特此证明"。证明信结尾不写"此致敬礼"等表示祝愿和表示敬意的话。介绍信可以写。

2. 相同点

二者都是书信体，格式基本相同，但应注意介绍信要注明有效期。

任务实训

一、不定项选择题

1. 行政机关、社会团体或个人出具的以证明有关人员身份、经历或某件事情的真相时使用的一种专用书信是（　　）。

　A. 申请书　　　B. 求助信　　　C. 介绍信　　　D. 证明信

2. 证明信的主要特点有（　　）。

　A. 群众性　　　B. 凭证性　　　C. 事实性　　　D. 公开性

3. 下列哪一项不是证明信和介绍信的不同（　　）。

　A. 证明信主要起到凭证作用，介绍信具有介绍和证明的双重作用

　B. 介绍信用"兹介绍某人到某处干某事，请接洽"等。证明信在正文结束后写上"特此证明"

　C. 介绍信有时要注明有效期

　D. 证明信可以写上"此致敬礼"等表示祝愿和表示敬意的话

4. 适合作为证明信结尾的习惯用语有（　　）。

　A. 特此证明

　B. 以上证明，请批准

　C. 情况属实，特此证明

　D. 特此报告

二、请指出下面证明信存在的问题，并加以改正

证明信

你们好！

你们的来信收悉。根据你们学院的有关要求，现将刘××在校读书期间的有关情况证明如下：

刘××暑假期间从7月8日-8月28日在我公司实习，负责市场调研。该同学在实习期间表现良好，没有出现任何意外的状况，确实是个不错的学生。总而言之，能做好自己该做的事，我们很看好他，相信他的前途也会很美好。

一切属实，敬请放心。

此致

敬礼

××传播有限公司
2013年8月27日

三、写作实践

（1）根据以下材料，完成写作。

陈××，男，1992年11月13日出生于湖南湘潭市。身份证号码为：×××。2011年9月考入湖南××职业技术学院，学习室内设计专业，期间学习成绩良好，担任班级卫生委员，工作认真负责。大一入学后就向党组织递交了入党申请，现为预备党员。2013年9月该同学应征入伍。请你以学院学生处的名义为陈××同学写一份在校表现情况证明。

（2）小李是一位市场营销专业的应届大学毕业生，毕业后到深圳去找工作。有一家单位在看过小李的求职简历后决定给小李一个面试机会，但要求小李出具一份学校对小李在校期间的学习情况的证明，请你以学校名义为小李拟写一份证明信。

项目二 求职

情境导入

> 小玉是一名刚毕业的大学生，忙于找工作。在人才市场，小玉几次递上简历和求职信，但对方只是匆匆浏览一下就放在一边。小玉在家等了几天，无一家单位通知她去面试，小玉很着急，于是通过网络又向十几家公司和用人单位投去求职信和简历，可依然石沉大海，音信皆无。看着其他的同学朋友一个一个都联系好了用人单位，小玉很沮丧，不知哪出了问题。按说，小玉素质和能力都不错，形象也不差，怎么找工作就这么难呢？小玉带着疑惑向老师请教，老师拿过她的求职信和简历一看，说："你的求职信与简历与别人大同小异，没有展示自己的闪光点，格式也有问题，措辞不当……"小玉按照老师的提示，再次精心准备了求职信和个人简历，果然一击即中，最终应聘到一个三级医院，成为一名出色的护士。工作五年以后，小玉凭借着扎实的专业功底及出色的演讲竞聘成为护士长。

任务1 求职信

案例赏析

● 例文一

求职信

尊敬的院领导：

　　您好！

　　我叫××，是湖南环境生物职业技术学院护理专业的应届毕业生。指导教授建议我到贵医院应聘护士一职，认为我符合贵医院的要求，能胜任这份具有挑战性的工作。

　　我热爱护理这个专业，两年的学习生活我扎实的掌握了《护理学基础》《内外科护理学》《妇儿科护理学》《精神护理学》《人体结构学》《生理学》《药理学》《心理学》等专业理论知识，平时勤奋练习护理操作，如：静脉穿刺、皮下、肌肉注射、无菌技术、铺床等。在2016年学院5·12护理操作"无菌技术"比赛中获得了"一等奖"，于2017年获得了"三好学生"荣誉称号。

在校期间，在努力学习本专业知识的同时，我不断充实自己，积极向党组织靠拢，经过党课培训，并顺利通过党课考试，成为一名光荣的共产党员。在学习的同时，我也不忘培养自己的其他兴趣爱好，锻炼自己的综合能力，在学校担任院学生会宣传部部长、翰林文苑书画社社长等。参加学校校园文化艺术节等，在学生会院宣传部办海报、展板的工作使我的绘画能力和宣传能力得到很大提高。外语方面我已具备一定的听说读写能力，通过大学英语四级考试，也掌握了基本的计算机操作，拿到国家计算机等级考试二级证书。

2017年6月份开始在××附二医院实习，实习期间在神经外科、内分泌、皮肤科、儿童预防保健科、放射科、胸心外、胃肠外科等科室进行实习，通过在医院九个多月的实习，积累了一些临床经验，以专业的理论知识和临床经验相结合，极大地提高了我的操作能力和水平。熟练妇科、计生、内外科护理工作，具有扎实的静脉、头皮针、肌肉无痛注射技术，并有较强的观察能力，在工作期间能及时地发现问题使患者达到及时有效的处理。实习期间我多次受到病人及家属的表扬，得到领导的高度评价。

今年4月我参加护士执业资格考试并且已通过，6月初以优异的成绩领取了毕业证。普通的院校，普通的我拥有一颗不甘于平凡的心。面对新的人生选择和挑战，我充满信心。我要在新的起点，新的层次，以新的姿态展现新的风貌，书写新的纪录，创造新的成绩。

希望看完我这份自荐信后，对我您会有一个全面的认识。

最后，真诚地感谢贵院领导能阅读完我的自荐信！祝贵院宏图事业蒸蒸日上！恭候您的佳音！我的联系电话：159×××××××。

此致

敬礼

求职人：××

2018年6月6日

这是一封应届毕业生的求职信。信中清楚地表述了求职者个人情况和求职意向等事宜，并且准确定位了自己的角色，突出了自身的优势方面，具有一定的社会实践能力和吃苦耐劳的性格特点等。在求职意向的表述上，处处体现了对对方的尊重和谦逊勤勉的个人修养。

●例文二

求职信

尊敬的刘经理：

您好！

我从××报上看到贵公司招聘启事，这给我提供了一个极好的施展才华的机会。现将我的情况介绍如下：

我叫×××，是××大学经济学院会计系国际会计专业的学生，将于今年6月毕业。四年的大学生活，本人在学业上不断进步，全面系统地掌握了工业会计学、商业会计学、银行会计学、管理会计学等会计知识及相关的经济理论，具有独立分析问题、解决问题的能力。在学好专业课的同时，自身一贯注重英语与计算机能力的训练，获得了国家计算机等级考试二级证书，有较强的上机操作能力，能熟练运用OFFICE软件进行业务处理。顺应时代发展，本人英语达到较高听、说、读、写水平，能熟练阅读各类文章，口语表达流利，顺利通过大学英语六级考试。

本人积极参加社会实践活动。为达到学以致用目的，曾参加学校组织的×××房地产开发公司的实践活动，在独立设计问卷，深入社会，对市场信息进行大量、周密的调查活动中，努力投入每一步骤，每一细节中，成绩显著，受到该公司经理及员工的一致好评。

在大学浓郁的学习氛围中，本人圆满完成学业，使自己成为了一个知识面广、能力突出的优秀毕业生，接受国家和社会的挑选。敬请贵单位领导对我诚恳的求职行为给予充分理解和支持，在详实调查、考核的基础上，做出您最满意的抉择。盼望能收到贵公司的面试通知，我的联系电话：159××××××××。

此致

敬礼

附件：1. 学历证书
      2. 成绩单
      3. 获奖证书
      4. 技能证书

求职人：×××

2018年3月20日

这是一封求职信。正文导言说明写作的缘由。主体分为三部分：第一部分介绍自己的学业情况，重点介绍了自己的学习成绩和自学能力；第二部分突出写自己注重参加社会实践，特别自评了自己的责任感和工作成效；第三部分用恳切的言辞表达了自己的求职愿望和决心。附件为信函提供了旁证。全文情辞恳切，谦恭得体，不卑不亢。

知识平台

一、求职信的含义和用途

求职信是指求职者向用人单位介绍自己的基本情况以此谋求职位的书信。求职信通过介绍自己的基本情况，重点陈述自己的特长和优势，给阅信者以良好的印象，从而赢得面试或聘用的机会。

二、求职信的特点

求职者与用人单位或雇主之间互不相识，所以求职信在写作上要将自己的特长、优势以及个性如实地写出，供用人单位进行评阅、选择和录用。求职信的内容应具有以下的特点：

1. 针对性

求职信要针对求职单位的实际情况、读信人的心理和个人的求职目标等来写。

2. 自荐性

要恰当地推销自己。求职信是沟通求职者与用人者的一种媒介，在相互不了解的情况下，求职者要恰如其分地展现自己，用你的"闪光点"吸引对方，以期引起用人单位的注意。

3. 独特性

求职信的内容和形式不同于一般书信。要想在众多的求职者的竞争中取胜，求职信中必须要有出类拔萃的特色。

4. 求实性

求职信要实事求是，不能夸大其词，言过其实。否则就会让读信人觉得你做事情不踏实。

三、求职信的类型

1. 按求职者的身份

（1）毕业生求职信。我国每年有大量高等职业院校的毕业生，这些毕业生中大部分需靠自己去联系工作，寻求合适的用人单位，这些毕业生就业时同用人单位的交流主要就是以求职信的方式进行。

（2）待业、下岗人员的求职信。非学校毕业的许多将参加工作的人称为待业者，他们求职大都也主要靠向用人单位介绍自己，发求职信的方式来求得工作岗位。

在社会主义市场经济的条件下，由于市场的竞争，劳工的重新组合，也会出现许多的下岗工人。他们要谋求到新的工作岗位，除了进行相应的技能培训外，还得学会客观真实地把自己推荐给有关单位，因此求职信对他们再就业来说也是极其重要的一个求职工具。

（3）在岗者求职信。已有工作岗位的人，由于不适应该岗位，或学无所用，潜能得不到发挥，或为了谋求更好的职位，也会向用人单位"发文"寻求新的工作岗位。这种状况下所写的求职信，我们称之为在岗者求职信。

2. 按求职对象的情况

（1）有明确单位的求职信。有明确单位的求职信是指求职者有确定的求职单位，求职信只是写给该单位，意欲在此单位谋职。这类求职信，可以根据该单位的用人情况，目的明确地介绍自己的情况，达到用人单位的录用要求。

（2）广泛性的求职信。广泛性的求职信是指求职者无确定的求职单位，求职信是写给所有同类性质的单位。这种求职信只能根据自己的专长和技能，凭借用人单位通常的用人标准来进行写作。

四、求职信的格式与基本内容

求职信的格式一般包括标题、称呼、问候语、正文、祝语、落款和附件等几个部分。

1. 标题

求职信的标题通常只由文种名称组成，一般以"求职信"或"应聘信"三个字为标题，居于首页第一行正中。

2. 称呼

称呼在求职信的第二行顶格书写，它是对读信人的称谓。称呼要礼貌得体，要根据不同单位、不同部门的情况而定。一般情况下，对国有企事业单位的可称"××单位"或"××单位人事处（组织人事部）"，对民营、私营或合资独资企业的可称"××公司经理或××公司人事部负责人"，若没有目的的求职信可以直接称呼"尊敬的领导"等。

3. 问候语

写在称呼的下一行，空两格，独立成段，表示对用人单位的尊重和敬意，也是文明礼貌的表现。常用的问候语有："您好"或"你们好"。

4. 正文

正文是求职信的重点，一般由开头、主体、结语三部分组成。

（1）开头。开头一般先写明自己写信的目的。表述时应简洁，并能吸引读信人看下去。

（2）主体部分。要针对用人单位的征招信息或者根据自己了解到的用人单位通常的要求，有针对性地介绍自己能胜任某项工作的优越条件（如学历、知识、经验等），使用人单位意识到你正是他们用人的最佳人选。这一部分是求职信的关键，其内容通常包括：

①个人的基本情况（姓名、性别、年龄、学历等）；

②个人的能力或资历；

③求职意向。

（3）结语。结语的语气要谦恭有礼。可强调求职者的愿望和要求。如"盼望答复""希望给予面试的机会"等。

5. 敬语

常用语有"此致""敬礼"等。

6. 落款

在敬语的右下方，要写上"求职者：×××"，并注明写求职信的具体日期。

7. 附件

附件是附在信末用于证明或介绍自己具体情况的有关材料。包括个人简历、学历证书、所读课程及成绩表、获奖证书或等级认定证书等能证明自己优势的有关材料。此外，还需注明求职人的通信地址、电话等信息，便于联系。

五、求职信写作的七个步骤

第一步：介绍消息来源

介绍消息来源实际上是求职信的开篇交代句，它可使求职信显得自然、顺畅；而不介绍消息来源，会使收信人感到意外、突然，文章也缺乏过渡、照应。

第二步：表明求职心愿

介绍完消息来源后，应向收信人表明自己的求职心愿，即写信的目的。

第三步：介绍个人简历

某单位需要新人，求职人也有求职心愿，但这并不意味着这项工作非你莫属。如果你没有干好这项工作的经历、实力，也是难以适应的。因此，介绍个人简历是必不可少的。

第四步：摆出求职优势

仅有一定的工作经历而没有自身的优势和特长，也很难求得称心如意的工作。因此，求职时应表明自己除了具有一定的工作经历之外，还具有一定的优势和特长，这样才能稳操胜券。

第五步：提出获职打算

表明获职后努力工作的决心是感动用人单位的领导从而顺利谋得工作的重要一环。

第六步：请求答复联系

如果单位领导同意了你的求职要求，你必然要请他和你联系，以便你及时做好准备到用人单位应聘或报到。为准确起见，请求答复联系时你还应当提供你的通讯地址、邮政编码、电话号码、电子邮箱等。

第七步：表明感激之情

无论你的请求是否能够得到满意的答复，你给用人单位写信就是给对方添了麻烦，因此你应向对方表明感激之情。

六、求职信的写作要求

1. 态度要谦恭

求职信是求职人用来向用人单位"求"职的。所以，通常情况下，求职者的语气要谦恭、礼貌，表述要得体，用语要亲切；对于迫切希望得到某个职位的求职者来说，在求职信中除了恭敬与礼貌外，在展示自身才能的同时，还应该表达一种恳切之情，力求以情感人，加深对方的印象。

2. 情况要真实

一般用人单位招聘员工往往要通过面试，聘用员工还有试用期。如果求职者把并不具备的素质和能力作为标签贴在自己身上，迟早要露馅，到头来徒增烦恼；甚至还会导致用人单位对求职者的品格产生怀疑，影响个人的发展前途。

3. 目标要明确

求职目标意向要明确，一方面对自己希望获得什么职位要表达清楚，另一方面对于自身从事相关工作，履行相应职责所具备的基本素质或特殊才能也应表述清楚。

4. 语言要简洁

由于求职信的特殊目的以及它所针对的特殊对象，决定了求职信的语言与其他文体有所不同，必须做到十分简洁、文字表达朴实、通顺，不要使用修饰性词语，切忌错别字和语法错误。

知识拓展

● **知识卡片一**

求职信的写作技巧

求职信，亦称应聘函或自荐信。它是求职者在应聘新职时所写的一种特殊信件。对用人单位来讲，它直接涉及到求职者留给对方的印象的好坏，并且决定着求职者能否通过用人单位的"初选"关。一份吸引人的求职信，是获取面试机会的敲门砖。所以，怎样写一份"动人"的求职信，是每一个人求职中重要的一关。

一、要规范格式

规范的格式就是符合人们认识客观的规律并被人们约定俗成的格式。格式主要有称呼、问候、正文、结尾、附件等部分。

一封好的求职信对每一个部分都做精心的安排，譬如称呼、问候看似平常，其实有很多的讲究。很多人都是泛泛写上"尊敬的领导您好"，这种写法缺乏个性，不能给用人单位留下印象。在日常生活中最受人欢迎的人是常常替别人着想的人，写求职信也是如此，要换位思考，现今的求职者总以为求职难，其实用人单位能招到一个可用之人也是很难，为达到目的，用人单位往往设定许多门槛：笔试、面试、情景试等，其实用人单位最终的目的就是要招到有能力并有诚意的人，而这些往往是体现在求职过程的细节中。如果我们能在求职信的称呼中不是使用泛称，而是使用具称，将"尊敬的领导"改为"尊敬的某经理""尊敬的某主任"，能够点到读信人姓氏，将给人一种亲切感，并且给人留下此人对用人单位了解，甚而对用人单位感兴趣的印象。这样就有可能给读信人留下印象，甚或是好印象。问候语"您好"应独立一行，突出求职人良好的教养，同时也是高素质人格的表现。这是许多青年人忽略，也是大多数中老年人重视的品德，所以万万不可小视。结尾祝颂语也有同样的作用，这些既能体现求职者素养，又能表达对阅信人尊重的语句都是不可或缺的。格式中"附件"一部分常被一些缺少求职经验的人忽略，其实这是一封求职中最重要的一部分，是求职者能力的佐证。

二、要精选材料

从读信者的角度考虑，求职信要简短；从求职者的角度考虑，求职信要完备。兼备二者的利益，求职信写作应做到言简意赅，这就需要在选材上下工夫。求职信不是简历，不能在各段生平经历上平均选材，而是要针对所求职位选取最能表现自己求职能力与求职诚意的材料。不仅如此，还要在剪裁上讲究详略，布局上讲究合理。

这主要表现在正文部分，正文一般可分为三部分，第一部分简述自己的基本情况和得到招聘信息的渠道，还可以概述对该单位的了解，这部分要略写。

第二部分要展示自己的专业，材料一定要具体明确，万万不能概略介绍，例如，"我现在××大学会计学院会计系学习，今年 7 月即将毕业。四年学习中，我的各门成绩均在85 分以上，毕业论文被评为优秀"这样的内容常在一些求职信中出现，殊不知招聘人员也许不懂你的专业，不知你到底学习了哪些专业课程，如果他的上司交给他的任务是招聘一个银行会计学专业的人员，他就不知道你的专业是否对口，所以一定要把主要专业课程一一列出，写成"全面系统地学习了工业会计学、商业会计学、银行会计学、国际会计学、西方财务会计学、管理会计学等"。再如，你在校有关专业获奖情况、发表过的专业文章、参加过的专业比赛及专业实践活动一定要写得具体明确，不能写成诸如"积极投稿，考取相关证书，多次主持、参加某某大赛和社会实践活动，使自己有了较强的沟通和协调能力"等空洞的话，你要明确写出发表文章的名称、刊物名称、期数，考取什么证书，参加过什么比赛，获过什么奖项，第几名。写清楚后不用自夸自己的能力，要用事实让别人感到你的能力。换句话说你要尽量使用商业语，即定量化的语言，用具体的数字、具体的事实明确你的价值，比大而空、口号式的语言强得多。

第三部分介绍自己的工作能力及爱好特长，包括自己在校期间担任学生会、班级的主要干部职务，在各类活动中的组织能力、人际交往能力、口才表达能力、实践能力等，这些材料要围绕所求职位写，展示你的工作能力。在材料安排的顺序上，也要围绕所求职位写，按与所求职位关系密切程度降幂排列。个人的兴趣、爱好及特长虽然与工作能力关系不是太大，但也能体现一个人的素质，展现竞争的优势，也应做简要介绍。总之，正文是求职信中最重要的部分，在这里你要注意的是要推销自己，扬长避短，突出自己的优势与长处，即按一定的目标市场，展示自己的工作能力，而不是泛泛介绍自己。

三、要讲究语言分寸

求职信的语言要准确，态度要诚恳。即不要骄傲自大、也不要谦虚过度。比如："本人谨以最诚挚的心情，应聘贵公司的工程师一职，因为贵公司一贯尊重人才，所以盼望得到贵公司的考虑和录用。"这种写法，事实上是在强迫用人单位，因为这句话的实际含义是："你如果不录用我，就是对我不尊重；我是人才，你必须录用我，这样才能体现出贵公司一贯尊重人才。"还有的求职信这样写："本人于6月5日要放假回家，敬请人事经理务必于6月1日前复信为盼。"表面上看，好像很客气，却在限定时间，给对方下命令，容易让人不快。再如："现已有多家公司要聘我，所以请贵公司从速答复。"这实际上是在威胁人家，好像在说："我可是一位人才，别的公司都抢着要录用我，你不聘我，就是不爱才、不识才、不用才，所以从速答复。"在不要骄傲自大的同时，也不要谦虚过度。时代在改变，某些求职用词也在淘汰。像"虽然我缺少经验，但对这个工作很有信心""我是抱着学习的目的而来的""请给我一个学习的机会"等，这些听起来美丽的辞藻把你的机会丢进垃圾桶里。现在外资企业渐多，传统公司要求的谦虚、保守等品质，已经无法适合需求了。投其所好必须明确的是：公司想知道的是你能为公司带来什么利益、贡献或成效，并不想花钱请你来学习。结尾表达求职的愿望时，许多求职信都是用使令句式，比如"希望贵公司给予答复"这种句式有以上对下，以尊对卑的口吻，让读信者感到不快，应换成祈使句式，如"请给予面试的机会""热切地盼望着贵公司给予答复"等。这样除了表达你的良好修养外，也表达了你求职的热情与诚意。

● 知识卡片二

面试时如何自我推销

面试时，求职者往往最先被问及的问题就是"请先介绍介绍你自己"。这个问题看似简单，但求职者一定要慎重对待，它是你突出优势和特长，展现综合素质的好机会。回答得好，会给人留下良好的第一印象。

回答这类问题，要掌握几点原则：

（1）开门见山，简明扼要，不要超过三分钟。
（2）实事求是，不可吹得天花乱坠。
（3）突出长处，但也不隐瞒短处。
（4）所突出的长处要与申请的职位有关。
（5）善于用具体生动的实例来证明自己，说明问题，不要泛泛而谈。

任务实训

一、不定项选择题

1. 不宜在求职信结尾处写的是（　　）。
   A. 祝颂语　　　　　　　B. 求职的缘由
   C. 对是否能被录取表明态度　D. 请求给予面试机会并表示感谢
2. 不宜在求职缘由部分出现的是（　　）。
   A. 因与领导关系密切　　　B. 因出于对用人单位的仰慕、向往
   C. 因学以致用　　　　　　D. 因个人兴趣爱好及特长
3. 下列选项中，（　　）不属于求职信的特点。
   A. 针对性　　　　　　　B. 自荐性
   C. 独特性　　　　　　　D. 普遍性
4. 求职信如果提供附件，应将附件名称列于（　　）。
   A. 开头部分　　　　　　B. 正文尾部
   C. 落款与成文日期之后　D. 落款与成文日期之前
5. 求职信中介绍自己的长处时应做到（　　）。
   A. 全面展示　　　B. 根据职位特点针对性介绍　　C. 客观坦诚
   D. 少用主观性的评价　　E. 适当夸张

二、根据前面所学的内容，请指出这份求职信存在的问题

求 职 信

尊敬的阳光装饰公司经理：

　　您好！

　　本人是今年的毕业生，面临毕业，想到贵公司工作，现将本人的情况作如下的介绍：

　　本人现就读于××职业技术学院建筑装饰专业，今年七月毕业。我在学院各方面表现都很好。

　　我的性格是属于外向型的，不喜欢独来独往，人比较健谈，喜欢去人多的地方，喜欢交朋友，而且自己认为朋友越多越好，将来有什么困难可以得到更多朋友的帮助。

　　我的兴趣是广泛的，好像什么都喜欢，我的音质不好，不会唱歌，但喜欢听人唱歌，

喜欢欣赏音乐，我也喜欢画画，也喜欢体育活动，特别喜欢打羽毛球。

在遵守纪律方面，我比较自觉，从没有违反过学院的纪律，不但没有受过处分，有时还能得到表扬。

在生活方面，我比较简朴，不乱花钱。有人说我吝啬，我有自己的看法：我们学生是消费者，花钱不能大手大脚，不然会增加家长的负担，节约是我的优点，我不承认吝啬。

在学习方面，我也很自觉。有的人对基础课的学习不够重视，只重视专业课，我不是这样，我对基础课和专业课同样重视，所以各科学习成绩都达到了老师的要求。

贵公司是从事装修工作的，我是学装饰专业的，完全可以在贵公司工作，请公司研究并答应我的求职申请。

此致

敬礼

求职人：××职业技术学院装饰班　李明
2017 年 3 月 16 日

三、写作实践

结合所学专业，给自己认为适合自己事业发展的某单位的人事部写一封求职信。

要求：格式规范，内容齐备，语言得体。事先并不知道该单位对聘用人员有何要求。

任务 2　个人简历

案例赏析

● 例文一

个人简历

姓名	谢蓝	性别	女	照片
民族	汉族	籍贯	湖南省衡阳市	
出生年月	1998.7	婚姻状况	未婚	
学历	大专	身高体重	168cm、50kg	
专业	护理	健康情况	健康	
求职意向	护士			
毕业院校	湖南××职业技术学院		邮编	421001
联系电话	13×××××××××		邮箱	×××××××@qq.com

个人技能	护士执业证书（初级）；育婴师；大学英语四级证书；普通话二甲证书；国家计算机等级考试二级证书
奖惩情况	2017年4月获医学院中华经典诵读比赛三等奖 2018年6月获"国家励志奖学金" 2019年3月获医学院学生护理技能竞赛二等奖
实践活动	2016年9月在××学院迎新晚会上担任主持人 2017年7月至2018年7月在××学院担任学生会主席 2018年11月至2019年4月在××学院附属第一医院进行实习，轮转科室有妇产科、呼吸内科、神经内科、泌尿外科、急诊、ICU、手术室等科室
兴趣爱好	主持、唱歌
自我评价	工作踏实、热情、主动，责任心强，沟通协调能力好；吃苦耐劳，具有良好的心理素质

这是一份应届大学毕业生的个人简历，采用表格式，所设计的栏目合理科学，突出自己的个人技能、获奖情况及实习情况，内容详实，信息丰富。

● 例文二

个人简历

基本情况			
姓名：×××		性别：男	
地址：×××		邮编：×××	
手机：×××		电子邮箱：×××	
教育背景			
某院某专业本科		时间：×××—×××	
（1）成绩：平均分××（分数接近90分）		专业GPA=××	
（2）××年××奖学金，××学院××人唯一获奖者			
实习经历			
××顾问公关公司　　职务：××　　地点：××　　时间：×××—×××			
（1）媒体与外事部门的助理，负责项目策划及实施、媒体跟踪、信息调查以及新闻分析，主要客户包括××××（列出都是世界五百强的企业）等；			
（2）帮助×××在上海成功进行市场投放活动，培养了敏锐的新闻视角，锻炼和提高了媒体沟通及信息收集分析能力。			
某世界五百强公司　　职务：××　　地点：××　　时间：×××—×××			
（1）负责全球大客户部每日销售报表统计与分析，销售人员绩效评估；			
（2）成功策划、组织并完成办公室"××"项目，提高了领导力、数据分析以及市场分析判断能力。			

课外活动		
（1）某大学"××杯"辩论赛最佳辩手	地点：××	时间：×××—×××
（2）学术刊物《××》主编	地点：××	时间：×××—×××
（3）北京××俱乐部主席	地点：××	时间：×××—×××
①以学生创业形式获得风险投资		
②针对在京留学生提供文化交流活动与信息服务，最高会员数×人（这个人数非常有说服力）		
（4）第××届亚洲经济国际研讨会会议某组组长	地点：××	时间：×××—×××
通过媒体沟通与网络支持成功实现新闻强度与深度双重效应，获组织荣誉奖		
（5）××暑期社会实践领队	地点：××	时间：×××—×××
①策划，组织并带队参加"民营企业二次创业"主题实践		
②关于融资、技术及品牌的实践报告获得经济学院优秀实践成果奖		

英语水平	
（1）通过国家英语四六级考试　　GRE：××（很高）　　GMAT：××（很高）	
（2）TOPE（ETS美国教育测试服务中心职业英语考试）成绩：××（很高）（听说读全优，写作良）	

奖励	
（1）××学院科研成果二等奖，仅有的两名一年级获奖本科生之一	时间：×××—×××
（2）××大学英语演讲十佳、十佳歌手之一、游泳接力第二名	时间：×××—×××
（3）所参与团队获××大学学生创业大赛第一名	时间：×××—×××
（4）××学院科研组织奖，本年度全院唯一获奖者	时间：×××—×××

简历模板可以根据自己的情况设计。这个简历的最大优点就是他能恰当地表现自己的优秀。他常常用"唯一，第一，仅有的……之一"，这样的词非常能抓住别人的心。用数字来说话也是他这个简历的一个特色。用数字说话是最具说服力的。

知识平台

一、个人简历的概念

个人简历是求职者对自己的生活经历、学习经历、工作经历等，有选择、有重点地加以概括叙述的书面材料。简历通常作为求职信的附件，一起呈送给用人单位。求职者希望以此让用人单位全面了解自己，从而为面试创造机会，最终达到就业的目的。

二、个人简历的类型

个人简历有两种典型的形式。

1. 时间型个人简历

这种形式的简历，个人经历、在学习或社会实践活动中取得的成就等按照时间的先后顺序排列，重点应强调近几年的情况。它的优点是一目了然，按时间为序，这是现在比较普遍采用的形式。

2. 实用型个人简历

这种简历是把个人取得的成就分别列在不同的实践活动名称下，然后按照这种顺序，将具体日期写上。也就是说，把你认为最重要最关键的成就排列在最前面，后面次之。这种简历可以掩饰就业经历不足的劣势，可以针对你最感兴趣的职位目标组织个人经历背景。

简历在形式上可以采用条文式，也可以采用表格式。采用何种简历，应视个人的需要和目标而定，看哪种形式最能展现你的优点和长处。

三、个人简历的特点

1. 真实性

指写简历时一定要客观理性地总结自己的经历，做到真实、准确、不夸大、不自卑，这样才能取信于人，获得求职上的优势。

2. 正面性

指内容应当是正面性的材料，以展示求职者优点和长处的为主，负面的内容尽量不提。

3. 精练性

指个人简历不要太过拖沓啰唆，在大多数情况下，一两页即可。

四、个人简历的写作格式

个人简历一般由7个部分组成，即标题、个人基本情况、求职意向、学习经历、工作经历、所获得的各种奖励和证书、自我评价等。

1. 标题

可以直接标明文种"简历""个人简历"，首行居中位置。

2. 个人基本情况

个人基本情况包括姓名、性别、出生年月、籍贯、民族、教育程度、专业、政治面貌、婚姻状况、健康状况、兴趣爱好、性格以及自己的联系方式等。这一部分可放在最前面，联系方式一定要写清楚，便于用人单位取得联系。

另外，根据不同单位的工作的性质，会有不同的求职要求。有些职位比如文秘、公关、销售，对外貌有一定要求，求职者就需要在简历中准备个人照片。

3. 求职意向

用简短的话表达自己的求职意向，让用人单位一目了然地看到你的求职意向正是他们所急需的。

4. 学习经历

这是介绍求职人受教育的情况。按倒序时间来写自己的学习过程，写清毕业的学校、专业，最高学历写到最前面，通常写到高中（大专）。重要的学习经历可以列上主要的、有特色的专业课程及成绩，尤其是要突出与你所谋求的职位有关的专业科目。要突出重点，有针对性，使用人单位感到你的学历、知识结构与其招聘条件相吻合。

5. 工作经历

写工作经历时，时间要倒序，最近的工作情况要放在最前面。在每一项工作经历中先写工作日期，接着是工作单位和职务。一定要写出最主要、最有说服力的资历、能力和工作经历。

对于初出校门的大学生，工作经历可以改为社会实践和实习经历。比如在班级、学校所担任的职务，在学校参与的社团工作，实习经历等。

6. 获得的各种奖励和证书

包括获得承认的计算机技能、英语等级、语言技能等一些资格证书。有关个人兴趣爱好的荣誉证书也可以针对求职意向有选择地列举两三项，让用人单位了解求职者的工作、生活情况。这部分内容主要是向用人单位证明自己的应聘实力，所以应该认真对待。

7. 自我评价

在求职者书写"自我评价"时，千万不要有虚假成分，如夸大自己的能力、优点或工作经验等。经验丰富的招聘者很容易通过求职者的措辞判断求职者是否中肯而踏实。另外，要学会找到自己真正的闪光点，如果自我描述没有重点，或者过于大众化，就难以突出自我的优势。

五、写作注意事项

1. 语言要简洁明确

语言简洁精练，要体现出明确的求职目标。篇幅简短，内容尽量浓缩在两页之内，简历过长会使人厌烦。

2. 内容要真实客观

不能为了赢得面试机会而凭空捏造事实，随意抬高自己。一旦语句让人感觉到浮夸，很容易被招聘者淘汰出局。

3. 简历要重点突出

要针对所申请的空缺职位来写，有的放矢，使招聘人员觉得你各方面情况与所应聘职位的任职资格相吻合，与招聘条件相接近。

任务实训

一、选择题

1. 求职信与个人简历（　　）附上个人的联系方式。
   A. 可以　　　B. 不必　　　C. 必须　　　D. 应视具体情况决定是否

2. 简历要尽量真实客观地说明自身各方面的特点，符合简历写作（　　）原则。
   A. 针对性　　B. 客观性　　C. 简洁性　　D. 正面性

3. 大学生的求职简历主要突出的是个人的（　　）。
   A. 工作能力　B. 工作业绩　C. 人生经历　D. 知识与技能

4. 简历的内容一般不写（　　）。
   A. 工作经历　B. 学历　　　C. 特长　　　D. 家庭情况

二、下列是一则求职者的简历，存在哪些问题，请修改

个人简历

姓名：陈××

联系地址：广州市中山三路×××号

联系电话：（略）

求职目标：经营部、营销部、广告部、管理部

资格能力：2018年7月毕业于××商学院商业管理系，获商业管理学学士学位。所修课程主要有：商业经济、商业管理、市场营销、商业传播、广告学、公共关系学等。选修课程有：零售企业管理、消费者行为和计算机原理与应用等。

在校期间学习成绩一直优秀，撰写的毕业论文曾受到奖励，并在全国多家报刊上发表。

工作经历：2018年6月至现在皆在××市百货公司负责市场营销及有关管理工作。

社会活动：求学期间曾担任××协会主席，曾在××市营销管理论坛上代表协会发表演讲，并在该论坛2017年5月举行的会议上当选为年度"明月之星"。

其他情况：1995年出生，未婚，能熟练运用各种现代办公设备，英语会话能力强，书写能力略逊。爱好旅游、打网球、摄影。

三、写作实践

结合所学专业，给自己制作一份表格式的简历。

任务3　竞聘辞

案例赏析

● **例文一**

竞选班长演讲词

同学们：

你们好！

今天，我走上演讲台的唯一目的就是竞选"班级元首"——班长。我坚信，凭着我可行而不俗的"官念"，凭着我的勇气和才干，凭我与大家同舟共济的深厚友情，这次竞选演讲给我带来的必定是下次的就职演说。

我从没有担任过班干部，缺少经验。这是劣势，但正因为从未在"官场"混过，一身干净，没有"官相官态""官腔官气"，更不可能是"官痞官油子"；少的是畏首畏尾的私虑，多的是敢作敢为的闯劲。正因为我一向生活在底层，从未有过"高高在上"的体验，对摆"官架子"看不惯，弄不来也不想弄，就特别推崇并实行民主作风。因此，我的口号是"做一个彻底的平民班长"。

班长应该是老师与同学之间的一座桥梁，是一个班级的领头羊。能向老师提出同学们

的合理建议，向同学们传达老师的想法和苦衷。我保证做到在任何时候，任何情况下，都首先是"想同学们之所想，急同学们之所急"，积极为同学们谋求正当的权益。

班长应该具有统御全局的大德大能。我相信自己竞选一班之长是够条件的。首先，在以情联谊的同时以"法"治班，最广泛地征求全体同学的意见，在此基础上制订出班委会工作的整体规划；然后严格按计划行事，推选代表对每个实施过程进行全程监督，责任到人。

我准备在任期内与全体班委一道为大家办八件好事：

（1）借助科学的编排方法，减轻个人劳动卫生值日的总长度和强度，提高效率；
（2）联系有关商家定期送纯净水，解决饮水难的问题；
（3）建立班级互助图书室，并强化管理，提高其利用率；
（4）组织双休日城乡同学"互访"，沟通情感，加深相互了解；
（5）在得到学校和班主任同意的前提下，组织旨在了解社区的参观考察活动；
（6）利用勤工俭学收入买三台处理电脑，建立电脑兴趣小组；
（7）在班级报廊开辟"新视野"栏目，及时追踪国内改革动态和变幻的国际形势；
（8）设一个班长意见箱，定时开箱，加速信息反馈，有问必答。

我会是一个最民主的班长，常规性的工作要由班委会集体讨论决定，而不是由我一个人说了算。班级的重大决策必须经由"全民"表决。如果同学们对我不信任，随时可以提出"不信任案"，对我进行弹劾。

同学们，请信任我，投我一票，给我一个舞台，我会为我们班的服务和发展尽一份责任！我会经得住考验的，相信在我们的共同努力下，充分发挥每个人的聪明才智，我们的班务工作一定会搞得十分出色，我们的班级一定能跻身先进班级的行列，步入新的辉煌！

谢谢大家！

（来源：《演讲与口才》杂志，有删减）

这是一篇竞选班长的竞聘辞，竞聘者客观地分析了自己的优劣势所在，并变劣势为优势，提出以情联谊的同时以"法"治班，民主制订班委会工作规划并责任到人，以及任期内将为大家办八件好事一系列"施政方略"，还提出了希望大家支持的请求。

文章对竞选的职位，认识到位，见解独到，语言简洁，力求口语化，竞选态度鲜明，信心十足，能得到听众的认同并拉到选票，有较好的感染力和说服力。由于听众是同班同学，彼此熟悉，因而文章不必介绍自己的政治面貌、学历、职务等。

● 例文二

扬起自信的风帆
——在远帆文学社竞选大会上的演讲

尊敬的各位评委、亲爱的同学们：

我来自××班，拥有一个很大气的名字：许将军，所以我决心竞选社长一职。对此，我有足够的自信。

首先，我的文学成绩虽不十分出色，但也有一定影响：发表了数十篇文章，荣获过多项大奖。记得《中学生大观察报》常务总编国理才老师在给我的信中深情地写道："你有良好的天赋,用心去写,去亲近、感悟文字吧!"

其次,我干过两年的《大校园》学生记者,迄今仍被多家刊物聘为记者和会员,有一定的采访、办刊经验,如竞选顺利,我将轻车熟路,较别人更容易进入社长的角色。

再次,我和全国各地的一些校园刊物、文学社团都有密切联系。我将充分利用这一得天独厚的条件,扩大我社影响,提高我社知名度。

最后,也是最重要的,那就是我的激情,我的热忱。两年的创作实践,无论是学习,还是做人处事,都使我成熟了许多。其间经历的挫折和打击,反而更坚定了我对文学的热爱。我在《书剑如梦》一文中曾这样写道:"今生,无论何时何地,注定要以笔为剑,做着行侠仗义、笑傲红尘的迷梦。"这,是我一生不灭的追求!

在这充满竞争、弥漫着青春朝气的大舞台上,机会大家均等,但能力各有千秋,阐述的理由也各有特色。对于文学社具体工作的开展,我有一份详细的计划,在此我不想过多赘述,因为这只是写在纸上、说在口上的。如果我竞选社长成功,我将在老师的指导下开展工作,团结文学社全体成员和全校师生一道为我校的精神文明建设增光添彩。到那时,奉献给大家的必定是美好的现实。

谢谢大家!

这是一篇有针对性的竞聘辞,针对文学社长这一职务突出了竞聘者的个人文学上的优势。全文条理清楚,格式齐全,文学色彩较浓。

知识平台

一、竞聘辞的含义

竞聘辞又称竞聘演讲稿,是竞聘者为了实现竞争上岗,阐述自己对竞聘职务的认识,自己的竞聘条件、竞聘优势,以及被聘任后的工作设想、打算等的演讲稿。

二、竞聘辞的特点

1. 目标的明确性

目标的明确性,是竞聘演讲区别于其他演讲的主要特征。一方面演讲者一上台就要鲜明地表明自己所要竞聘的目标,另一方面,演讲的目的非常明确——使自己竞聘成功。而其他类型的演讲则不同,不管是命题演讲还是即兴演讲,虽然都有一定的目的,但其目标却有一定的模糊性、概括性和不具体性。

2. 内容的竞争性

在其他模式的演讲中,内容尽管可以谈古论今,说长道短,但一般都不是来"显示"自己的长处。但竞聘演讲则不同,它的整个过程都是听众在候选人之间进行比较、筛选的过程,竞聘者如果没有说出自己的长处,就不能战胜对手。因此演讲者必须尽可能地显示出自己独特的优势,有时,甚至还要把本来劣势的一面转变一个角度讲成优势。

3. 主题的集中性

所谓主题的集中,是指所表达的意思专一,重点突出。这就是说,阐述观点的时候,必须突出一个重点,围绕一个中心。不能企图在一篇演讲中解决和说明很多问题。

4. 材料的实用性

实用性，是指所选材料既是符合实际的，又是对自己竞争有利的。无论讲自己所具备的条件还是谈任职后的构想，都要从实际情况出发。听众听你的演讲时，也会掂量你的观点在现实中能否发挥作用取得效果。如果只是凭空喊话，听众也不会买账。

三、竞聘辞的格式与基本内容

1. 标题

通常有两种写法：

（1）文种式标题。如《竞聘组织部部长的演讲》。

（2）文章式标题。如《实实在在做事，踏踏实实做人——竞聘办公室主任的演讲词》。

2. 正文

（1）开头。竞聘演讲的时间是有限制的，因此，精彩而有力的开头便显得非常重要。

①用诚挚的心情表达自己的谢意。这种方法能使竞聘者和听众产生心理相融的效果。例如，我非常感谢各位领导、同志们给了我这次竞聘的机会。

②简要介绍自己的有关情况，如姓名、学历等，然后表明自己要竞聘的职务。

③概述竞聘演讲的主要内容。这种方法能使评选者一开始就能清楚明了演讲者演讲的主旨。例如，我今天的演讲内容主要分两部分：一是我竞聘××部门的优势；二是谈谈做好××工作的思路。

（2）主体。竞聘演讲的目的，就是要让评选者了解你的基本情况，了解你对竞聘岗位的认识和竞聘成功后的打算。所以，竞聘演讲的主体内容包括以下几个方面：

①介绍自己应聘的基本条件

所谓基本条件就是政治素质、业务能力和工作态度等。这一部分实际上是要说明为什么要应聘，凭什么应聘的问题。竞聘者在介绍自己的情况时，一定要有针对性，即针对竞聘的岗位来介绍自己的学历、经历、政治素质、业务能力、已有的成绩等。

②简要介绍自身的不足之处

竞聘者在介绍自己应聘的基本条件时，要尽可能地展示自己的长处，但这并不代表对自身的不足之处采取隐瞒的态度。

③表明自己任职后的打算

评选者更关心的还是竞聘者任职后的打算。因此，竞聘者在竞聘演讲时，一定要用简明扼要的语言亮明自己的观点，也就是说，要紧紧围绕着听众关心的热点、难点问题，提出明确的工作目标和切实可行的方案。

（3）结尾。好的结束语能加深评选者对竞聘者的良好印象，从而有利于竞聘成功。竞聘演讲常见的结尾方法有：

①表明对竞聘成败大度的态度。这种方法能使评选者感受到竞聘者的坦诚。

例如，作为这次竞聘上岗的积极参与者，我希望在竞争中获得成功。但是，我绝不会回避失败。不管最后结果如何，我都将堂堂正正做人，兢兢业业做事。

②表达自己对竞聘上岗的信心。

例如，我今天的演讲虽然是毛遂自荐，但却不是王婆卖瓜，自卖自夸。我只是想向各位领导展示一个真实的我。我相信，凭借我的政治素质，我的爱岗敬业、脚踏实地的精神，我的工作热情，我的管理经验，我一定能把工作做好。如果各位有疑虑，那就请给我一个机会，我决不会让大家失望。

③希望得到评选者的支持。

例如，各位领导、各位评委，请相信我，投我一票！

四、竞聘辞的写作要求

① 竞聘辞开头要开门夺气，主体部分展示自我时，要实事求是，要发自内心表达自己真挚的感情和真实的思想，切忌说大话、假话、空话、套话。结尾要恳切有力。

② 介绍个人简历时要讲求真实性、简要性，突出特殊性；要展示工作能力时要突出工作成绩、优化工作思路；提出的施政措施要目标明确、实在。

③ 竞聘辞要做到言之有理，观点鲜明。用简短的语言表达最丰富的内容，抓住重点、要点，清晰地阐述道理，用最朴实的语言解决最根本的问题。

知识拓展

● 知识卡片一

竞聘辞写作中如何注意与群众沟通

（1）了解听众的心态。作为演讲者不能只想着自己的讲稿，要注意听别人是怎么讲的，看听众有什么心态。只有随时把握场上气氛，及时修改开场白，与前一位竞选者做好衔接，才会给听众留下深刻印象。

（2）了解听众的精神状态。当你的演讲排序排在后面甚至最后时，要特别注意听众的精神状态。如果听众已经有倦意，就要及时调整演讲的内容，以吸引听众的注意力。

（3）了解听众的构成。听众的构成包括学历、职位、性别、信仰等，了解了这些情况，在演讲中适时地投其所好，能有效地帮助你拉到选票，助你成功。

一次竞选班长，前边的同学豪爽自信地说："如果我当上了班长，一定能让咱们班在全校、全区、全市闻名！"后面的人在一片掌声和笑声中上场了，显然台下听众仍处在兴奋中，谈论着前者。如果装作对刚才的事一无所知，按惯例自报家门，定会引不起听众的注意，影响演讲效果。于是这个同学上台是这样说的："我很佩服刚才那位朋友的勇气和胆量。和他比，我真是自愧不如！那么，我凭什么竞选呢？一定有人要问，我的回答是：我有三颗红心，那就是：热心、责任心和上进心。"

这两段竞选班长演讲词，前者体现了高涨的工作热情，高度的责任感和不断进取的精神。后者则更贴近群众。前者虚后者实，前者远后者近，实实在在者赢得了大家的信任。

● **知识卡片二**

演讲经验十二条

（1）准备周全的题材，并且做充分的预备和练习。

（2）演讲的前一晚必须睡眠充足，使喉咙获得良好的休息。

（3）穿着合宜得体的服装。

（4）演讲前不要进食。乳制品尤应禁止，因为它可能使你的喉咙充满黏液。准备一瓶水，喉咙干燥时就喝一口。

（5）心理上、情绪上、精神上保持放松，预先假设可能发生的事，但不要被它困扰。

（6）演讲前对自己说："你很棒！"上台前做几次张大嘴巴的动作，当然，大笑也可以，这样你的下颚会变得柔韧舒服。

（7）在讲台上，要轻松自在地站好。要开始说话时，保持微笑环视所有听众，然后做一次深呼吸。

（8）最应该注意的当然是演讲的内容。在做引言时，应先将重点主题陈述出来，然后在主文中，将主题一一剖析，并且赋予新的观点。试着多讲一些辞藻丰富、幽默风趣的话。注意强调重点，戏剧性地把它们说出来，随后降低声音，再安静下来。

（9）头几句要轻松一点，引领听众不由得发笑。

（10）在听众人群中找一两张快乐友善的脸，经常望望他们，这会令你觉得自己被重视。

（11）仔细听一听麦克风传来的自己的声音，以确定自己的嘴巴是应靠麦克风近一点，还是远一些。

（12）多用一些肢体语言，借此帮助你吸引听众的注意。

任务实训

一、阅读下面的案例后，回答后面的问题

有一回，美国著名作家马克·吐温听一个牧师说教。初听讲得很有激情，打算捐出带来的所有的钱。过了十分钟，牧师还在没完没了地讲，于是，马克·吐温准备只捐出很少的零碎钱。又过了十分钟，牧师还在啰唆，马克·吐温决定一点钱也不给了。等到牧师终于讲完，收款的盘子递到他眼前时，他气得不但没有捐款，反而从盘子里拿走了两块钱。马克·吐温为什么开始想捐款，又决定一点钱也不给了，最后反而从盘子里拿走了两块钱？谈谈你对这个案例的看法。

二、请指出这份竞聘辞存在的问题，并加以改正

竞聘院学生会主席的演讲

各位老师，各位同学：

大家好！

参加竞聘之前，我一直在想：我应不应该参加这次竞聘？我靠什么来参加这次竞聘？

思索再三，我想，我愿意把这次竞聘当成争取尽自己一份责任的机遇，更愿意把这个竞聘过程当做我向各位同学学习，接受各位评判的一个难得的机会。因为我是鼓着十二分的勇气，参加竞聘来的。

我知道，成为一名合格的院学生会主席很不容易。我之所以鼓起勇气参加院学生会主席的竞聘。首先缘于我对同学们的热爱和对学生工作的执著。我相信，一个人，只要他执著地热爱自己的事业，他就一定能把他的事业做好。当然，我也有过一些学生工作的经历，我曾经在高中时当过班长，对组织管理工作并不陌生。有人说，经历是一笔财富，而我更愿意把自己的经历当做一种资源，一种在我今后工作中可以利用、可以共享、可以整合的资源。

当然，我更清楚，成绩也好，经验也罢，它只能说明过去，并不能证明未来。

假如我能竞聘成功，我将脚踏实地，当好广大学生的"服务员"。大家知道，学生会的工作主要是为全体学生服务的。学生会要维护广大学生的权益，为他们排忧解难，协调各种工作、事务。所以说，严格意义上讲，学生会就是"服务会"，学生会的干部就是服务员。

说到这里，我想起了阿基米德的一句名言："给我一个支点，我可以撬起整个地球。"但在这里，我不敢高喊这类豪言壮语，我只想表达一个愿望，请投我一票，我会尽自己有限的能力给大家回报！

谢谢大家！

×××
××××年××月××日

三、写作实践

（1）大学生活丰富多彩，社团活动层出不穷。"心动不如行动"，面对各种社团协会的招聘启事，你想加入哪个团队大显身手呢？写一篇应聘演讲稿，让老师和同学们一起给你出主意吧。

（2）如果你要去参加院学生会主席的竞聘，请给自己写一篇竞聘词。

（3）班委会准备改选，选择你感兴趣的一个职务写一篇竞聘演讲词。

项目三　事务

情境导入

> 小叶是某公司的办公室主任，临近新年公司准备举办一场迎新年的歌舞晚会。提前半个月，小叶就写好了活动计划，做好了充足的准备。为顺利举办晚会，小叶写好了借条，从公司财务部预支了活动经费，并找到市中心人流量较大的广场，通过协商，签订了活动场地的租用合同。在大家的努力下，活动举办地非常成功，社会反响很好。小叶在活动结束后及时写好了工作总结，分析成功的经验以及归纳活动存在的小问题。叶玉深知，事务文书的写作，一定要细心谨慎。她写的这些文书，大家都会吗？

任务 1　条据

案例赏析

● **例文一**

请假条

刘老师：

　　我今天腹泻，四肢无力，经医生诊断，属于急性肠炎，需要休息三天（星期四、五、六）不能上课，特此请假，恳望批准！

　　附医生证明一张。

　　此致

敬礼！

××班　李晴
2018 年 5 月 10 日

　　这个请假条写得简洁明了。头行正中写明了便条的名称，下行顶格写明请假对象，正文写明了请假理由，提供了批假依据；写明了具体请假起止期限；"特此请假，恳请批准"强调了请假要求；"附医生证明一张"提高了获假率；"此致敬礼"表现了学生的礼貌，最后写明了请假人姓名、时间。

● **例文二**

便　条

小张：

　　我有急事外出一会，约二十分钟回来，你来后请稍等。

李
即日

● **例文三**

留言条

建平：

　　今天上午，我来约你一道去明明家，适逢你出外。明天下午三点，再来找你，望等候。

志武
2018 年 1 月 9 日

　　以上两则例文，格式规范，内容简介，语言明白晓畅。其中例文二是一则便条，例文三是一则留言条。

● **例文四**

收 条

今收到公司财务部预支商品促销活动经费人民币叁仟圆整。

此据。

××公司销售部　经手人：黄玉

××××年××月××日

● **例文五**

欠 条

原借杜小强同志人民币叁佰圆整，已还壹佰伍拾圆整，尚欠壹佰伍拾圆整，两个月内还清。

此据。

李刚

××××年××月××日

● **例文六**

借 条

今借到公司行政部单人靠椅壹佰张。借期一周，于本月二十日归还。

经手人：易星

××××年××月××日

● **例文七**

领 条

今领到办公室新发办公用品钢笔伍拾支、蓝墨水贰拾瓶、稿纸拾本。

教务科：张小红

××××年××月××日

以上四篇例文都是凭证性条据，篇幅短小精简，语言简洁明了。例文四收条交代了送款人的具体姓名、送款数目及送款理由。例文五欠条是原借钱物已归还了一部分，尚有一部分未还，因此要写下欠条，作为欠款物的凭据。例文六借条将个人从哪里借的，借的什么东西，数量多少，规格怎样，新旧程度以及归还的时间一一写清，言简意赅。例文七领条将领到的物品按种类数量分别列出，说明清楚。从上述四篇条据来看，凭证性条据写作"务陈言赘语"，该说则说，越简越好。

知识平台

俗话说："空口无凭，立字为据。"条据就是条子、字据，它在我们日常生活中非常重要，是一种凭证。

一、条据的概念

"条"指便条，"据"指单据。是人们在日常工作、学习、生活中，要处理某些事情或者发生财务往来时，写给对方的作为某种凭证的或有所说明的简约文书。

二、条据的特点

1. 简便性

条据无须当事人商议条文，写清楚具体内容即可生效。

2. 凭证性

如当事人发生财务往来的时候，条据起到凭证的作用。

3. 灵活性

条据一般都比较简短，形式多样，不受时间和地点的限制。

三、条据的分类

条据分为两大类：

1. 说明性条据（便条）

说明类条据的作用主要是告知对方某个信息，向对方说明某件事情。这类条据通常只起说明告知的作用。如请假条、留言条、便条等。

2. 凭证式条据（单据）

凭证类条据的作用是作为证据、凭证，如借条、欠条、收据、领条等。

四、说明性条据

（一）说明条据的写法

1. 标题

在条据正文上方，写明条据名称。如：留言条、请假条。便条可不写标题。

2. 称谓

在条据标题下的一行顶格写受文者姓名或称谓。如："××同志""××老师"等。

3. 正文

另起一行，空两格，写明告知、说明的事项。

4. 落款和日期

落款与日期写在正文的右下角。

（二）说明条据的写作要求

1. 请假条

如因病请假，要求附上相关证明，比如医生开具的住院凭证等，以便别人核查；请假的时间、原因就要具体明确；正文结束时，一般可写上"请批准""请准假"等请示语。

2. 便条

便条的署名可写得随意简单，如写昵称，或只写姓，对方理解即可。如果便条当天就能看到，日期可简写为"即日"。

五、凭证性条据

（一）凭证条据的写法

1. 标题

在条据正文上方，居中写明条据的名称。如："收条""借条""代收条"等。

2. 表明条据性质、关系语

凭证类条据一般不写称谓。在标题下第一行空两格直接写明条据的性质、关系。如："今收到""现收到""代领到"等。

3. 正文

正文紧接性质、关系语，写明钱物名称、数量、归还日期。

4. 尾语

凭证条据的尾语可在正文的下一行写明"此据"二字，亦可不写。

5. 落款与日期

写明当事人的姓名、日期。

（二）凭证性条据的写作要求

1. 条据上的金额、物品的数量（额）

必须用汉字大写，大写汉字为零、壹、贰、叁、肆、伍、陆、柒、捌、玖、拾，也可在金额后面以括号形式写上小写数字。款项金额前面应写上币种，如"人民币"；金额是整数后面要加上一个"整"字，以防涂改。

2. 忌不写条据日期

不写明日期的条据，一旦发生了纠纷，事实真相常常难以查清，对诉讼时效的确定也容易造成困难。

3. 条据写成后，不可涂改

需涂改时，应由出据单位或个人在涂改处签字盖章，以示负责。

4. 语言要精练、准确

条据内容切忌表述不清。有的条据将"买"写成"卖"，"收"写成"付"，"借给"写成"借"等，都极易颠倒是非。

5. 认真核对

请别人或由对方写的字据，应字字斟酌，认真审核，不能稀里糊涂地签字盖章。

6. 字迹要清楚、工整

如果书写潦草，辨认不清，则起不到凭据作用，只能用钢笔或签字笔书写。墨水的颜色可以是黑色，也可以是蓝色。不能用铅笔书写。

知识拓展

● 知识卡片

欠条与借条的区别

欠条和借条的性质是不一样的，它们形成的原因不同，借款主要是因借贷而产生，欠款则可能是因为买卖、租赁、利息等原因产生。借款如果没有约定还款日期，那么债权人可以在任何时间索要，时效从债务人拒绝还款时起算，最长时效不得超过三年，如果约定了还款期限，则时效从还款期满时起算。欠条如果没有约定还款期限，则诉讼时效从欠款形成之日起算，约定还款期的从还款期满时起算。

(1) 借条证明借款关系，欠条证明欠款关系。借款肯定是欠款，但欠款则不一定是借款。

(2) 借条形成的原因是特定的借款事实。欠条形成的原因很多，可以基于多种事实而产生，如因买卖产生的欠款，因劳务产生的欠款，因企业承包产生的欠款，因损害赔偿产生的欠款等。

(3) 人民法院进行合法性审查时适用的法律不同。

(4) 在未注明偿还日期的情况下，二者的诉讼时效期间的起始时间是不同的。约定了还款期的借条和欠条，时效是一样的；没有约定还款期的借条和欠条，则是有区别的。

● **逸闻趣事**

笑话一则

从前有个地主，为人吝啬。他希望自己的孩子长大后有出息，却又不肯给教他孩子的老师吃喝。因此，谁也不到他家去当教师。地主很着急，这时，当地一个很有教学经验的秀才却主动找到地主门上了，表示愿到地主家当教师。地主说："先生，我没好饭菜招待您。"秀才说："行。"地主又说："先生，您是名教师，听说每学期要收学费 30 两银子。我却没钱给您。"秀才说："行。我不要你招待我吃鸡鸭鱼肉，也不用你交 30 两银子的学费，豆腐白菜总该有吃的吧。"地主连连点头说："有，有。先生，就按您答应的，您给我写个字据吧。"秀才点头，提起笔写道：

东家：

无鸡鸭也可无鱼肉也可豆腐白菜不可少不得要学费银子 30 两。

××秀才

××××年××月××日

地主拿起纸条，看了一眼，害怕秀才反悔，赶紧叫人收到屋里去了。一学期快结束时，秀才就摔碟子打碗，嫌顿顿吃豆腐白菜都把身体吃垮了。地主一听，从柜子里拿出便条，跑到书房，对秀才说："先生，您可不能反悔。您写了字据哩。"秀才说："我写了什么字据？"地主拿出字据，秀才接过去，手持毛笔，边念边点标点：

东家：

无鸡，鸭也可；无鱼，肉也可；豆腐、白菜不可。少不得要学费银子 30 两。

××秀才

××××年××月××日

秀才念完，地主可傻了眼。只好杀鸡、杀鸭、蒸鱼、炖肉，招待先生，还交了学费银子 30 两。

任务实训

一、选择题

1. 下列不符合条据特点的是（　　）。

A. 凭证性　　　B. 一文一事　　　C. 简洁明快　　　D. 下行文

2. 下列属于条据写作过程中应注意的事项有（　　　）。
A. 物品写明名称、规格、数量　　　　B. 写明金额，数字大小写都可
C. 对方单位名称用全称　　　　　　　D. 字迹端正清楚，用钢笔或中性笔书写
3. 条据写作过程中需要忌讳的有（　　　）。
A. 忌大写、小写分不清楚　　　　　　B. 忌用褪色墨水书写
C. 忌不写条据日期　　　　　　　　　D. 忌还款时不索回条据

二、根据教材，请指出下列条据存在的问题

病文一

借　条

今借到张晓刚 650 元，3 天后归还。
此据。

李晓华

病文二

收　条

今收到人民币叁佰元整，此据。

二〇一九年三月三日

病文三

欠　条

原借赵晓捌佰元，现在还欠 300 元未还，此据。

张××

病文四

领　条

今领到计算器一个，此据。

领用人：王××
二〇一九年四月九日

病文五

请假条

王老师：
我因身体不适，不能坚持上课，请假两天，请批准。

2019 年 2 月 28 日

病文六

留言条

李老师没见到你，我晚上再来。

徐 伟

三、写作实践

1. 为举办新年联欢会，学生科派干事李玉于十月二十四日到市文艺学校借一架手风琴、五把吉它，十天后归还。请代李玉写张借条。

2. 某高校教务处向某新华书店订购《大学语文》教材2000本，可某新华书店只交付了1500本，余下500本需一周后交齐。请根据这个情况，写一份条据。

3. 某校举行"献爱心"活动，该校某班共募得捐款180.5元交给校团委。假如你是该校团委负责人，请以校团委的名义，为交来捐款的班级拟写一份收条。

4. 2018年5月10日，某公司张林的孩子病了，需到医院治疗，他想和公司王经理请一天假，请你替他写个请假条。

5. 2019年3月6日（星期二）早晨，长丰医疗器械公司财务部助理陈小刚于早上8:30分准时回到公司上班。他先到行政部领取了10本18栏明细账本和两个印台。刚回到财务部接收完下属营业部的年度财务报表，他就接到妈妈的电话：爸爸突然中风入院了，妈妈正在医院等他拿钱去办入院手续。

于是，陈小刚把去××审计师事务所取审计报告的事委托给同事曾蓉，然后经领导同意向公司出纳借了10000元，并写了请假条给财务部张经理后，到银行取出了自己仅有的15000存款就直奔省人民医院。到了医院才知道要交30000元，于是他想到了离住在医院不远的表哥。等他赶到表哥家时已经是11点了，不巧的是表哥已经外出了。他匆匆地写下一张请表哥帮忙筹钱的纸条后又回到医院。陈小刚在城里没有什么亲戚，表哥又一时联系不上，他急出了一身汗。这时他突然想起该医院主管财务的陈敏副院长和他曾经开过一次研讨会，而且与他是同乡。在陈副院长的帮助下，陈小刚终于为父亲办理好了入院手续，不足的那5000元则由陈副院长担保，由陈小刚向医院签下字据。

请根据以上情况，列出陈小刚需要写作的条据，并根据情境，为陈小刚拟写所有条据。

任务2 计划

案例赏析

● **例文一**

××职业技术学院××校区管理处
2018年度工作计划

在院领导的正确领导下，在各部门的积极配合下，我处根据学院年度工作要点的内容，紧紧围绕学院的中心工作，突出政治思想教育，坚持"育人为本""以生为本"的工作理念，强化"管理育人、服务育人、与时俱进、规范管理"的基本工作思路，努力做好各项常规管理工作，配合学院的教育、教学改革和校园的各项建设和发展，协同各部门开展好有关工作。

一、加强政治思想教育，不断提高部门成员的综合素质和管理水平

本年度，我们将根据院党委的政治学习计划，结合校区工作的特点，继续认真组织部门成员开展政治学习，认真学习，紧紧围绕学院教育、教学改革和建设、发展的主题，积极开展各项政治活动，并力求通过各项学习和活动，增强所有成员的凝聚力、向心力，增进彼此的团结、协作，促进大家认真领会党的路线、方针、政策，关心时事，与时俱进。在学习过程中，力求把自我学习与集体学习结合起来，把专题学习与系统学习结合起来，运用各种形式，促进大家更多地了解国内外形势，了解社会对教育工作者的基本要求，从而增进所有成员的工作紧迫感和竞争发展的危机感，强化工作责任心，提高服务意识、质量意识和"主人翁"意识，不断提高分析问题、解决问题的能力和工作效率，促进部门成员综合素质和管理水平的不断提高，推动校区精神文明建设的健康发展。

二、强化工作责任，确保校区工作适应学院发展

在2018年，我们将坚持"育人为本""以生为本"的工作理念，不断激发部门所属成员的工作积极性、主动性和创造性。从学习、宣传、贯彻学院质量体系文件入手，进一步明确各岗位的工作职责和管理目标，促使大家在做好自己的本职工作的基础上，搞好各部门、各岗位间的配合和协作。以岗位职责为落脚点，严格按照质量体系文件的内容搞好日常管理活动。以学院各项规章制度为立足点，严格执行各项管理制度，规范各项管理、服务活动，使各项工作做到有章可循。进一步强化部门所有成员的工作责任心，树立"一切为了学生，为了一切学生，为了学生的一切"的思想，变管理为服务，努力提高适应现代教育的能力。强化部门所有成员的自我教育，努力塑造"严谨自律、为人师表"的良好形象，力争做到"教书育人、管理育人、服务育人"。

三、提高日常管理质量，维持良好的教育、教学秩序

本年度，我们将针对校区的实际，切实抓好校区的日常管理工作和学生的德育工作。

（1）从强化学生法纪意识入手，切实开展学生的政治思想教育。我们将始终坚持以育人为根本的思想，关注学生的思想变化，力争及时把握学生的思想脉搏，认真开展学生的思想教育活动。认真组织各班级进一步学习国家的有关法律、法规以及《××职业技术学院学生手册》的有关内容，结合学院法制教育日活动，开展有关的法纪教育活动。贯彻"从小事做起、从现在做起、从自己做起"的校园生活指导思想，帮助学生及时处理好校园生活中的有关问题，使之自觉调整和规范校园生活的言行。

（2）进一步加强和改进学生思想道德教育和学生的日常思想教育工作。及时开展爱国主义、集体主义宣传和教育活动，增强校区师生员工的凝聚力、向心力、战斗力，促进学生综合素质的提高。加强学生管理工作的理论学习，认真研讨学生政治思想教育的新途径、新方法，努力提高政治思想教育的实效性。发挥班级的应有作用，充分利用广播、板报和网络等媒介，培养学生文明守纪的道德习惯，重点开展诚信教育，引导学生诚信待人。

（3）以班级为单位强化校区的常规管理工作。我们将突出班级在校区管理中的作用，

积极引导各班级参与到校区的日常管理活动中来。指导各班主任、辅导员充分发挥班级骨干的作用，努力调动班级学生干部的管理积极性，强化学生的校园主人翁意识，使班级管理规范化、制度化、常规化。

（4）充分发挥学生群团组织的作用，抓好学生日常行为的引导、监督和管理。认真开展校园常规管理的各项检查工作，采取有效措施，及时纠正校园管理中的有关问题。引导校区师生关注校园生活中的一言一行，定期反省自己，不断调整校园生活节奏，使师生们在个性发展方面有所突破。

（5）根据校区特点开展系列活动，丰富学生的业余生活。我们将结合社会发展的特点和学生的思想动态，借助"5·1""5·4""7·1""9·10""10·1"等重要节日以及重要纪念日、学院田径运动会、校园文化艺术节等重大活动，充分利用社区和校园两个平台，有目的、有计划、多形式地开展一系列有益于学生身心健康的校园活动，让学生们在活动中发挥自己的才干，体现自身价值，受到教育和熏陶。

（6）关注问题人群，开展学生个性心理指导和就业指导工作，帮助学生解决校园生活中的有关问题。我们将针对一些学生学习、思想、感情、人际交往、社会认知等方面存在的实际问题，做好心理健康教育的宣传普及工作。有目的地开展心理健康辅导和耐心细致的思想教育活动，帮助学生们克服心理障碍，释放心理压力，调整心理状态，认识理解社会，适应校园生活。

通过一系列的教育和活动，力争使校区的教育、教学秩序得以维持，学生的校园生活得到保障，校区的精神面貌有所改变。

四、切实做好校区综合治理工作，营造良好的教育环境

在新的一年里，我们将继续加强校区的各项综合治理任务的实施，为营造良好的教育、教学环境做出应有的贡献。我们要从后勤保障、教学保障、管理保障等方面下工夫，从提高管理、服务、维修质量入手，充分利用好现有的教育、教学资源，把握机遇，提高管理效率，团结协作，群策群力，用集体的力量，努力完成学院领导交给的各项工作。

我们将以教室、宿舍为重点，以"防火""防盗"为突破口，充分发挥管理服务人员、学生干部、建党积极分子等人员的作用，确保各项工作的顺利进行。建立一支能够在各类突发事件中真正发挥作用的队伍，及时掌握校园动态，定期排查安全隐患，采取有效措施，防患于未然，预防突发事件的发生。

加强校区辅导员、宿舍管理员及保洁员的管理和考核，努力提高管理的效率和质量。定期与校内、外有关部门和单位保持良好的信息交流和联系，及时上传下达各方面的情况，主动查纠工作中的不足。经常与各部门交流工作情况，互通信息，充分发挥校园网的作用，及时报道校区工作，听取师生对校区工作的意见和建议。

总之，在新的一年里，不管形势如何变化，我们定会加倍努力，勤奋工作，力求校区的各项工作能够有所突破，有所提高，为学院的"三个文明"建设，为学院的改革、发展作出我们应有的贡献。

××学院××校区管理处

二〇一八年二月五日

这份工作计划，前言指出了制订计划的依据，规定的任务和要求非常明确，措施具体到位，省略了结尾显得干脆利落，内容层次清楚，格式规范。本计划制订全面、详细，便于执行、检查。

● 例文二

××大学××学院团委学生会社团联合会工作计划

新学年伊始，××学院2018届团委学生会及社团联合会（以下统称学生会）选举终于落下帷幕，新一届以2016级同学为主要力量的领导班子也已经形成。本学期，学生会将在院党组织的领导和院团委的指导下，本着自我服务、自我管理、自我教育的宗旨，以加强自我管理、锻炼自身、以全心全意为全院师生服务为目标，发挥学生会的桥梁作用。配合学院中心工作，组织实施各项有益于学生身心健康的活动，丰富校园文化生活，引导广大同学以主人翁的姿态，共同关心、参与学院的建设发展，努力开创学生会工作的新局面。

一、工作目标

认真开展我院学生活动工作，大力推进院风和学院文化建设，提高我院学生的综合素质，增强学生会的整体实力；积极参加学校学生活动，并争创具有物理学院特色的全校性活动，增强我院学生会在全校范围内的影响力。

二、工作思路

（一）加强对我院学生的思想政治教育

新的一学期，学生会要紧密联系在院党总支的领导下，配合院团委认真开展各项思想政治教育工作，大力宣传党的路线、方针、政策，全面落实党的教育方针，以思想政治教育为核心，加强对学生的思想政治教育、理想信念教育、爱国主义教育、心理健康教育、行为规范教育、法制教育和诚信教育，提高学生的综合素质。学生会还要密切联系同学，深入了解学生们的思想动态，切实反映广大学生的心声，加强院学生的主人翁意识，增进社会责任感。

（二）加强学生会自身组织作风建设，全心全意为同学服务

学生会是联系学生和学院的桥梁和纽带，是学生的群众性组织，在为学生服务方面起了很大作用。而我们要想把我们的学生工作开展好，就必须要赢得广大同学的全力支持！所以在今后的工作中我们学生会全体成员会时刻谨记服务同学、锻炼自我的工作宗旨，在今后的工作中充分发挥学生干部自我管理、自我教育、自我服务、自我约束的作用，时刻维护学生会的优良形象，做好模范带好头。要时时以身作则，处处树立榜样，要敢于批评与自我批评，善于听取多方面的不同意见，不断完善和发展自己，以促进我们学生会工作更好地开展。我们不但要在同学们中树立自己的良好形象，而且要让同学们充分信任学生会，树立起学院学生会的良好威信，实现学生会工作的不断进步。另外在今后的工作中应该完善责任追究制，无论是主席、部长还是副部长、干事，为我院学生工作做出了贡献我们就要奖励，反之就要受到相应的惩罚，做到优则奖、劣则汰。

（三）大力推进我院学风建设，突出学生干部的带头作用

在以往几届学生会中，存在学生干部挂科甚至留级等现象，这不仅大大破坏了我院学

生干部在广大同学心中的良好印象，更对我院的学风建设有着恶劣的影响，因此新学期我们要狠抓学生干部的学习成绩，突出学生会成员在学习上的带头作用，以促进我院的学风建设！同时为了确保正常教学秩序，学生会要及时与院学工办联系，配合老师及时发现问题解决问题。学生会学习部更要认真思考，争取创新，努力促进广大学生的学习热情，提高学生学习能力。另外学生会各部门将全面配合院里的各项学生工作，加大宣传力度，开展各种精品讲座营造校园学术氛围。学生会利用各种方式深入展开向先进学习的教育活动，树立典型，以点带面，并做好表彰奖励工作，为学生之间的相互学习起个导向作用，以先进性的教育来带动更多的同学不断努力，共同进步，齐手创造院风建设的新突破。

（四）营造浓厚的校园文化氛围，增强学院凝聚力

大学始终是莘莘学子心驰神往的圣洁殿堂，更是我们塑造高尚品格的缤纷天地。作为学生组织，我们要在落实院团委各项工作的基础上，努力丰富同学们的精神生活，创建广大同学所喜闻乐见的校园文化，如联合其他兄弟学院举办开展多种形式的争先创优和文艺、趣味活动，既为校园活动增添了亮点，也使我院的每一名同学在良好的校园文化氛围中，奋发图强，以健康向上的心态迎接每一天的挑战，为此，我们的各部门也将革旧鼎新，紧跟时代步伐，向全校其他学院学生会学习，让我们学生会真正成为一个锻炼自我、提升自我的舞台，唱出当代大学生的新知和个性，体现当代大学生良好的精神风貌！

（五）继承传统，开拓创新，全力打造特色品牌学生活动

要想打造出特色精品活动首先我们应该继续抓好学生会基础工作，我们日常看似平淡的基础工作决定着全院学生工作的全方位运作。过去几届学生会的学长们在学习、卫生、文艺、体育、自律等各个方面均取得了辉煌的成绩，面对学长们为我们打下的坚实基础，我们要在传承优秀传统的基础上立足弘扬当代大学生的创新精神，例如外联部的方言大赛是我们学院在学校的首创，每年一次的活动也都会在学校范围内获得良好的反响和评价，已经逐渐建立品牌效应。所以新一届学生会各部门各活动将继续采用上届的总体形式，同时根据现况的发展，在很多细节上进行创新，达到真正懂得改革创新，培养当代大学生的实践能力和创造力。所以今后我们学生会各部门都要解放思想，积极发挥主观能动性，开拓我院学生综合素质，培养复合型人才，力创一些拥有我们物理学院特色的精品活动。

三、活动及时间安排

见附件

附件：2018—2019 学年第一学期××学院团委学生会社联活动一览表

××学院团委学生会、社团联合会

二〇一八年九月十日

（来源：百度文库，有删减）

这是一篇学生会工作计划，前言介绍了工作的指导思想，接下来分工作目标、工作思路、活动及时间安排三个部分拟定计划。其中活动安排以表格的形式放到了附件中，使计划更简明扼要。

知识平台

俗话说："一日之计在于晨，一年之计在于春。"有没有制订好计划，决定着工作是否有条理，而计划的好坏则直接影响到工作的质量与效果，决定着工作的得失与成败。从某种意义上说，计划对人们的未来发展起着非常重要的作用。

一、计划的概念

计划是一个统称，规划、纲要、安排、设想、方案、要点、打算等都属于计划的范畴。一般来说，规划、纲要是长远计划，而纲要比规划更概括；安排是短期计划；设想、打算是非正式的计划；方案的可操作性较强；要点是粗线条式的计划。

综上所述，计划是一个单位、部门或个人，对在一定时期内所要完成的工作或所要实现的目标事先做出的安排和打算。

目标任务、措施办法、具体步骤称为计划的"三要素"。

二、计划的特点

1. 预想性

计划是为完成未来的某项工作而制订的，制订计划的人必须对未来学习工作中可能发生的问题要有充分的估计，并提出切实可行的措施。所以制订计划要有预见，要看得广、看得远，要有充分的超前意识。

2. 指导性

计划一旦成文，就对实践起到控制和约束作用。计划是实践的反映，同时又反过来指导人们的实践。制订计划，是为了克服工作中的盲目性、随意性。

3. 可行性

要根据具体情况来制订具体可行的计划。目标定得过高，无法实现和完成；定得过低又无法起指导、激励作用。

计划的步骤、措施、要求、时限要写得具体、细致，以便于保证计划的顺利实现。

4. 明确性

计划是检验效果的依据，因而计划的各项指标及措施、方法的设置安排表达要明确，不能含糊其辞。明确的计划可以使人行有所依，查有所据。

5. 时限性

计划只在一个特定的时间范围内有效。离开了规定的时间范围，计划就失去了作用。

三、计划的种类

(1) 按性质分：有综合性计划和专题性计划。

(2) 按内容分：有工作计划、生产计划、学习计划、科研计划、教学计划等。其具体内容与各行各业的工作有密切关系。

(3) 按时间分：有长期规划、短期计划、年度计划、季度计划、月计划等。

(4) 按范围分：有国家计划、部门计划、单位计划、个人计划等。

(5) 按表达形式分：有条文式计划、表格式计划和文表结合式计划。

四、计划的写作方法

1. 标题

种类	格式	举例
完全式标题	单位 + 时限 + 内容 + 种类	××公司2018年财务工作计划
非完全式标题	时限 + 内容 + 种类	2018年语文学习计划
	单位 + 内容 + 种类	××市园林局公园建设及管理工作计划
	内容 + 种类	××产品销售计划
	事由 + 文种	关于进一步加强城市卫生管理工作计划

2. 正文

包括前言（导语）、主体、结尾三部分内容。

（1）前言，即开头。前言的作用是简要说明制订计划的依据和理由、指导思想或重要意义，也可分析前阶段的工作的基本情况、工作经验、存在问题，为制订计划提供可靠的依据。如果只是普通简要的计划，前言可省略。这部分要写得简明扼要，力戒套话、空话、大话。不同计划前言可以有不同的取舍和侧重。

举例：《成县园林局公园建设及管理工作计划》的前言部分：

公园是维持城市良好生态、追求人与自然健康和活力的自然生态系统，它为居民创造优美的绿色休息场所。本县公园的建设发展要服务于首都的地位和功能，按照"科学规划，合理布局，形成网络，改善生活，方便居民"的原则，制定公园发展规划，加大公园建设发展的力度，抓住撤县建市和旧城改造的机遇，实现同国际接轨，达到国际一流水平。

（2）主体部分。主体是计划的主要部分，一般要写明在什么时间内完成哪些任务并且写出完成任务的措施、方法和步骤。针对制订计划的侧重点不同，主体部分结构可以分三种：即条文式、表格式和综合式。

①条文式。就是把计划分成若干条款，通过文字叙述，逐一阐明计划的内容。逐项逐条地写明具体任务要求、措施办法、执行人员、完成时间等。要注意条文的逻辑顺序，可按各项工作的时间顺序写，或者按照工作的主从轻重安排先后顺序。

例如，《成县园林局公园建设及管理工作计划》的正文部分的条款：

一、公园建设的目标和任务（略）
　　（一）公园建设规划的总目标是：（略）
　　（二）公园建设规划的具体目标是：（略）
二、实施绿水绿树绿色管理计划，实现管理达到国际一流水平（略）
三、加强东河水上公园设施建设，服务水平达到国际一流（略）

②表格式。就是用表格来表达计划内容。表内栏目通常包括任务、执行部门、完成时间、具体措施等方面内容。这种格式适用于时间较短，内容较单一的具体计划。

这种写法一目了然，直观性强。如生产计划、招生工作计划、学校的教学工作计划等经常采用表格式，也有的把它叫做工作日程安排表、行事日历。

③综合式。这种格式综合上面两种形式，既有文字叙述，又有表格说明。有的以文字叙述为主，附加表格；有的以表格为主，加以文字说明。

使用的时候，具体采用哪种格式，主要是根据实际情况来决定。不管你采用哪种格式，一般都包含任务和要求、方法和措施、进程和完成时间三部分内容。

（3）结尾。结尾部分可以说明注意事项，可以提出号召和希望，激励大家为实现计划而努力，可以简要强调任务的重点和工作的主要环节。若是请求上级批转的文件计划，最后可以用征询用语收结，如"当否，请批示"。结尾部分应根据需要，灵活运用，有的计划甚至可以不写结尾。

例如，《成县园林局公园建设及管理工作计划》结尾部分：

文化建园不仅是中国园林的优秀传统，而且是适应新世纪园林发展的必然要求，因此要坚持理论联系实际的原则，继承优秀的传统文化，深挖历史文化内涵，同时要创造新时代的园林文化，建设各具特色的、具有现代文化水平的新型东河水上公园。在东河水上公园的建设和管理过程中，要善于运用科学理论和科研成果，增加东河水上公园的科技含量和人文知识含量，不断提高东河水上公园的科学管理水平。

3. 落款

要写明制订计划的单位名称或个人姓名，以及制订计划的日期。如果在计划标题上已标明了单位名称，落款可省略。

五、计划的写作要求

（1）制订计划要立足实际，计划中的指标、措施都应从实际情况出发，目标的设定要留有余地，如果是不能实现的目标，那么制订的计划就毫无意义。

（2）突出重点，加强预见性，也要有一定的挑战性。计划要有积极进取的精神，所提的任务和要求要在可能范围内尽力定出最高目标。指标过低，缺乏吸引力，也不利于充分调动积极性。

（3）内容要具体明确，表达要简明准确，有条有理。

知识拓展

● 逸闻趣事

五年后你在做什么？
——李恕权的故事

一九七六年的冬天，李恕权当时十九岁，在休士顿太空总署的太空梭实验室里工作，同时也在总署旁边的休士顿大学主修电脑。纵然忙于学校、睡眠与工作之间，这几乎占据了他一天二十四小时的全部时间，但只要有多余的一分钟，他总是会把所有的精力放在音乐创作上。

李恕权深知写歌词不是自己所擅长的，所以通过一番努力，终于找到了一个好搭档，她的名字叫做薇乐莉（Valerie Johnson）。

一个星期六的周末，薇乐莉热情地邀请他至她家的牧场烤肉。薇乐莉知道他对音乐有着无比的执着与热情，然而，面对那遥远的音乐界及整个美国陌生的唱片市场，他们不知道下一步该如何走。突然间，薇乐莉冒出了一句话：

"想像你五年后在做什么？"

李恕权沉思了几分钟，开始告诉她："第一，五年后，我希望能有一张唱片在市场上，而这张唱片很受欢迎，可以得到许多人的肯定。第二，我住在一个有很多很多音乐的地方，能天天与一些世界一流的乐师一起工作。"

薇乐莉说："好，既然这样，我们就把这个目标倒算回来。如果第五年，你有一张唱片在市场上，那么你的第四年一定是要跟一家唱片公司签上合约。"

"那么你的第三年一定是要有一个完整的作品，可以拿给很多很多的唱片公司听，对不对？"

"那么你的第二年，一定要有很棒的作品开始录音了。"

"那么你的第一年，就一定要把你所有要准备录音的作品全部编曲，排练就位准备好。"

"那么你的第六个月，就是要把那些没有完成的作品修饰好，然后让你自己可以逐一筛选。"

"那么你的第一个月就是要把目前这几首曲子完工。"

"那么你的第一个礼拜就是要先列出一整个清单，排出哪些曲子需要修改，哪些需要完工。"

"好了，我们现在不就已经知道你下个星期一要做什么了吗？"薇乐莉笑笑说。

"喔，对了。你还说你五年后，要生活在一个有很多音乐的地方，然后与许多一流的乐师一起忙着工作，对吗？"她急忙地补充说。"如果，你的第五年已经在与这些人一起工作，那么你的第四年照道理应该有你自己的一个工作室或录音室。那么你的第三年，可能是先跟这个圈子里的人在一起工作。那么你的第二年，应该不是住在德州，而是已经住在纽约或是洛杉矶了。"

次年（一九七七年），李恕权辞掉了令许多人羡慕的太空总署的工作，离开了休士顿，搬到洛杉矶。

不敢说是恰好五年，但大约可说是第六年。一九八三年，李恕权的唱片在亚洲开始销售起来，他一天二十四小时几乎全都忙着与一些顶尖的音乐高手，日出日落地一起工作。

别忘了！在每个人的生命中，上帝已经把所有"选择"的权力交在他们自己的手上了。

任务实训

一、选择题

1. 集体或个人对一定时期内的任务预先设想、部署、安排的一种应用文体是（　　）。
   A. 请示　　　B. 申请　　　C. 计划　　　D. 总结

2. 计划的依据包括在（　　）部分。

A. 主体　　　B. 结尾　　　C. 标题　　　D. 前言

3. 计划的重点是（　　）。

A. 前言　　　B. 结尾　　　C. 标题　　　D. 主体

4. 计划是对未来的规定，难免有预测不到的地方，因此，计划在写作时要求（　　）。

A. 模糊不清　　　　　　B. 论证充分

C. 实事求是　　　　　　D. 留有余地

5. 计划的主体一般包括（　　）。

A. 阐述依据　　　B. 任务和目标　　　C. 措施和方法　　　D. 步骤和注意事项

二、比较下面两位同学的暑期计划，你觉得哪份计划具有可行性

暑假计划

　　不知不觉中，快到暑假了，在提示着我们在这一年里学习方面到底做得怎样。在学习日语方面我们到底掌握了多少日语，再想想在这一年里，我们是如何度过的，我们应该好好掌握这个暑假努力去学习日语我觉得我们在这学期学到的知识实在太少了，所以除了书本上学到的，我们可以到书城汲取更多的知识，可以买多点日剧回来看，多听点日语磁带，使我们的知识面更广。

张华
2018 年 6 月

暑期安排

　　在为期两个月的暑假里，做以下安排。

　　一、第一个月去找暑期工，体验上班生活，为日后的就业做准备。

　　二、在第二个月的前半月里，为了应对即将到来的二级考试，我将对所学内容进行全面复习，温故而知新。不能荒废了学业，在后半月，除了在复习之余要不断地扩充自己的知识量，报名参加各种培训班，让自己更能适应现在知识年代的社会里的生存。

罗兵
2018 年 6 月 20 日

三、根据教材，请指出这份计划存在的问题

2018 年工作计划

（1）总结 18 年工作和部署 19 年工作。

（2）以"学雷锋月"为契机，三月份在全校掀起学习雷锋新高潮。如打扫卫生死角、敬老院、植树、进行青年志愿者服务一条街活动等。

（3）利用清明节扫墓、举行十八岁成人宣誓、"保护地球"等活动为契机，对青年团员进行爱国主义、集体主义和环保教育。

（4）深化"实践党的群众路线教育行动工作。

（5）开展"五四"系列纪念活动。如拍摄"青春"风采系列专题片，举行"五四"表彰、举办第二届青年文化节等。

（6）开展首届"十杰"青年评选活动。

（7）成立青年联合会。

（8）召开"党建带团建"工作会议。

（9）举办党员干部、团干部辅导员培训班。

（10）召开全校团的工作会议。

（11）召开第四次团员代表大会。

（12）举行团体操比赛。

四、写作实践

1. 请你根据所学知识，联系本专业近期的实习任务，写一篇适合自己专业的学习计划。

2. 在全班实施"梦想成真"工程，选择一个你一直想实现的愿望，然后写一份计划。无论你的愿望最终能否实现，这份计划一定要有可操作性、可行性。

任务 3 总结

案例赏析

● **例文一**

园林学院学生会 2017—2018 年工作总结

斗转星移，时间飞逝，园林学院第六届学生会在过去的一年里，在大学党委的亲切关怀下，在大学团委的正确指导下，在第六届学生会全体同学的通力配合下，秉承学院优良传统，本着"务实创新，锐意进取"的精神，圆满地完成了学院交予的各项工作任务。现将本年度的工作总结如下：

一、拓宽渠道，立体宣传，出版了学生会自己的报纸，进一步推进了校园文化建设

为了加大我院学生会的对外宣传力度，加强与各学院学生会和其他高校学生会的交流与合作，我们在学院领导的具体指导下，编辑出版了《××大学生报》，在报纸中我们可以及时了解大学的各项方针政策及有关学习的各种信息，并为广大同学提供了一个展示文采的机会。这份报纸不仅架起了园林学院学生会与其他各学院学生会之间交流的桥梁，而且还拉近了学生会与广大同学之间的距离，成为我们学生会对外宣传的一个重要渠道。

二、以重大节日为契机，思路开阔、方式新颖地开展丰富多彩的校园文化活动，进而推进校园文化建设进程

第六届学生会工作期间，分别从文艺、体育、科技、学习等方面入手，开展了大合唱、健美操比赛、科技创新大赛、征文大赛、英语演讲大赛等一系列活动。在第十二届校运会，学生会成功组织同学们参加，并取得总分第一的好名次；2018 年 4 月份举办的园林

学院技能节得到了全校师生的好评;尤其是在两次科技创新大赛中,充分的调动了广大同学主动参与到社会实践活动和科技创新活动中的热情,为营造校园良好的科研氛围起到了积极的丰富了校园生活,活跃了校园文化氛围,推进了校园文化进程。

三、以全心全意为同学服务为宗旨,充分发挥学生会桥梁纽带作用,积极主动地维护广大学生的利益

1. 开辟各种渠道,收集各方信息,架起学校与学生沟通的桥梁

本届学生会自成立以来坚持维护学生利益,反映学生心声。怎样更好地维护学生利益一直是我们想得最多的事情,我们通过主席及部长例会、座谈会、调查问卷、学生会网站等形式,广泛收集同学们的意见和建议,及时准确地获得信息,以做到工作有的放矢。本年度学生会共收发调查问卷一次近8000份,组织全校主席交流会8次,全校部长级会议12次,收到了良好的效果。

2. "想同学之所想,急同学之所急",组织开展与同学们学习生活息息相关的活动

第六届学生会利用课后休息时间,组织了考研交流会、实习经验交流会和女生美容健身讲座等,在学习上为同学们指明努力的方向,在生活上为同学们增添了积极向上的活力。

四、大胆选拔干部,唯才是举,任人唯贤,"不拘一格降人才"

"长江后浪推前浪,江山代有才人出"。为了挖掘真正的人才,第六届学生会一改往日的用人制度,"不拘一格降人才",采取学院推荐和学生自荐的方式,把思想积极、能力突出、对学生工作具有极高热情的优秀同学选拔上来为广大同学服务。新成员的加入必将为这个组织注入新的活力,为大学学生会的发展增添了新鲜的血液。

回首一年的历程,我们第六届学生会虽然取得了累累硕果,但是也存在一定的不足。主要存在的问题有:学生会有个别的同学学习没有跟上,致使出现了挂科现象;有些学生会成员忙于工作,和班级同学之间关系冷淡;制度还不够完善,管理不是十分到位;有个别学生会成员自视颇高,把自己凌驾于老师和同学之上;工作缺乏主动性,导致出现等、推、靠的现象等。今后学生会将完善各项规章制度,加大考核力度,以广大同学切身利益为出发点开展各项工作,将第七届学生会工作推上新台阶。

园林学院第六届学生会
2018年6月2日

这是一篇学生会的工作总结。从标题到正文,环节要素齐全,表述规范。前言体现了工作的指导思想和总体思路等,主体部分从成绩说起,并在此基础上得出体会和经验,接着指出不足并提出今后的工作希望。整篇总结逻辑清晰、结构严谨。

● 例文二

2018年个人工作总结

2018年即将过去,回顾这一年,在公司领导的关心栽培和同事们的支持帮助下,我热衷于本职工作,严格要求自己,按照公司的要求,履行好岗位职责。在思想方面有了更进一步的提高,对本职工作有了更深入的熟悉和理解。现将一年来的工作情况总结如下:

一、思想方面

作为一名年轻的企业员工，本人自觉加强政治学习，提高政治思想觉悟；作为一名中国共产党员，我始终严格按照党员标准要求自己，加强政治意识，树立大局观念，增强服务意识，改进工作作风，廉洁自律，遵纪守法，团结同志。通过电视新闻、网络、杂志认真学习和领会"十九大"精神，认真贯彻党的基本路线方针政策，并以此指导个人的言行。思想上的领悟和提高使我明白，不论做任何事，必须竭尽全力。

二、工作方面

在这一年里，我本着认真负责的工作态度，完成了以下本职工作：

（1）搞好水费计算、审核工作，做到精确无误。每月对客户用水量进行用水情况分析，对于用水量变化较大的，及时通知便民服务队，分析查找原因，并及时与客户沟通解决。

（2）热心的为客户提供业务咨询服务，心系客户，想之所想，尽自己所能为客户排忧解难，对客户提出的咨询做到有问必答，及时回复，为客户提供优质热忱的服务。

（3）每月抄表前完成抄表流程表的录入和打印工作，月初登记新增用户卡片，将已填满的用户卡片更新，用户信息重新整理填写。

（4）通过信息平台发送短信通知用水客户及时缴纳水费。在规定时限内对欠费用户进行催缴，对欠费超过两个月拒不缴纳的，报送至便民服务队进行停水整顿。

（5）对用水客户的姓名和联系电话进行登记和更新，月底整理当月新增的客户信息，打印好并存档。

（6）通过发送邮件等方式向部分乡镇邮局传达代收水费明细报表，为较远地区打卡客户提供详细的用水信息。

三、今后打算

总结这一年的情况，我在工作上尽管没有出现较大的失误，但离上级领导的要求和同事的期望还存在着一定的差距，还存在着办事心切，处事不够干练，想问题不够全面，不够深刻等不足，个别工作做得还不够完善。今后，我将努力找出工作上不足，以便在以后的工作中加以改进，认真学习与工作有关的文件资料，掌握好专业知识，提高自己的工作能力，加强工作责任感，不断地总结与反省，提高业务水平和工作效率，以适应时代和企业的发展，与公司共同进步、共同成长。

×××

2018 年 12 月 28 日

这是一篇个人工作总结，概述了一年以来在思想、工作方面的情况，并对今后工作提出了自己的打算。总结层次分明，条理清晰，值得借鉴。

知识平台

一、总结的概念

总结是单位、部门或个人在工作、学习、生活告一段落后，对此做出的回顾、检查、分析和评价，从前一段的实践活动中分析成功的经验以及存在的问题，以此指导今后的工作而形成的一种书面材料。

总结与计划有着不可分割的联系。从总结的角度来看，总结是计划执行的结果，做总结既要以计划为依据，也要对计划做全面审核；从计划的角度来看，计划是上阶段总结的发展，定计划是以上阶段的总结为依据，同时做好下阶段工作的打算。

二、总结的特点

1. 回顾性

总结是对已经过去的一个时期的工作、学习或活动开展情况进行回顾的应用文书。对于已有的成绩，可提炼成功的经验，归纳带有普遍性的规律；对不足之处要进行理性的分析，以便今后吸取教训，采取措施加以改进。

2. 真实性

写总结应坚持实事求是的原则。对取得的成绩不要夸大其词，人为拔高，对存在的问题不能轻描淡写地一笔带过甚至干脆隐瞒。总结所用的材料都必须真实可靠，不能夸大、缩小、随意杜撰或歪曲事实。只有客观真实地进行总结，才能发挥出总结应有的作用。

3. 平实性

总结不必把事情的经过写得完整而详细，更不必进行细节描写，只要用平实的语言去概述"做了哪些""做得怎样"就可以了。总结不必引经据典、反复论证，只需要用实实在在的事例和数据去证明自己的观点，也不追求华丽的辞藻，而要求语言平实、准确。

三、总结的分类

总结按照不同的标准，可以分为多种类型。

根据内容的不同，可以把总结分为工作总结、思想总结、学习总结、教学总结、会议总结等。

根据范围的不同，可以分为全国性总结、地区性总结、部门性总结、单位总结、班组总结等。

根据时间的不同，可以分为年度总结、阶段性总结等。

根据性质的不同，可以分为全面总结和专题总结。

四、总结的写作方法

1. 标题

种类		构成	举例
公文式标题	完全式标题	单位+时限+内容+种类	贵阳市交通技工学校2013年教学工作总结
	非完全式标题	时限+内容+种类	2013年财务工作总结
		内容+种类	销售工作总结
新闻式标题	单行标题		层层抵押承包，人人共担风险
	双行标题		探索道路上的得与失——我校两年来教育体制改革情况总结

2. 正文

正文通常包括前言、主体、结尾三部分内容：

（1）前言。正文的开头一般可以先简明扼要地介绍基本概况。通常简述工作或者任务是在什么形势下，遵循什么思想完成的，采取了哪些措施，基本过程如何和工作成绩有哪些等。

（2）主体。主体部分是总结的中心部分，一方面，要介绍经验、做法和体会，重在分析取得的成绩以及取得成绩的原因和做法，总结出带有规律性的经验；另一方面，要找到存在问题的根源和教训，问题和教训要写得具体，方便今后工作中改进。

（3）结尾。结尾部分可写明今后努力的方向和工作意见。主要包括对下一步工作的设想、安排意见等。这部分要写得切实可行，文字要简洁，避免空喊口号。

3. 落款

标题上没有标明单位的，应该在正文结束后写上单位；以主要负责人的名义所做的总结，可署名在标题下；以单位或党政机关名义总结或发表的，署名可在标题下也可在文末；个人总结在文末写上个人姓名，然后再写日期。

五、总结的写作要求

1. 忌累赘

材料要有选择，要有取舍。数字、举例不在多，在于能否准确地说明问题。

2. 忌笼统

"一般""一定的""比较""较为""基本上""大体上""部分的"这些模糊字眼不能随便出现。

3. 忌夸张

写总结要实事求是，注意推敲，用词选句要恰当。

知识拓展

● 知识卡片一

总结的常见形式

1. 独体式

全篇总结围绕中心，从开头到结尾，一气贯通。一般分成开头、正文、结尾三段。有的甚至可以不要结尾。

2. 排列式

也称作小标题式。在开头部分概述情况，主体部分可分成若干段，每一段都标上小标题。小标题的设定能够鲜明醒目地显示出各部分的主要内容，使人一目了然。

3. 序数式

把要总结的问题用"一、""二、""三、""四、"或"第一""第二""第三""第四"等顺序的形式，一个一个地分别叙述。

● 知识卡片二

个人总结与述职报告的区别

1. 写作的内容不同

述职报告主要介绍自己担任什么职务，负有哪些职责，履行职责的表现如何，对自己的评价如何；个人总结则写做了哪些工作，取得哪些成绩，有什么经验教训。

2. 侧重点不同

述职报告要讲清自己的德、能、勤、绩、廉；个人总结重点在工作上的得失，总结经验与教训。

3. 取材范围不同

述职报告围绕称职与否选材，一般来说所讲的事情必须在自己职责之内；个人总结则是自己做过的事情，都可以归纳到自己的总结中去。

任务实训

一、不定项选择题

1. 《××市卫生系统2018年工作总结》一文的标题属于（   ）。
   A. 双标题　　　B. 文件式标题　　　C. 文章式标题　　　D. 单标题
2. 无论是综合性总结还是专题总结，如果面面俱到地罗列现象，就不能说明问题，更不能提高规律性的借鉴，因此，总结在写作时要求（   ）。
   A. 议论充分　　　B. 分析正确　　　C. 具有说服力　　　D. 突出重点
3. 总结的正文包括（   ）。
   A. 基本情况　　　　　　　B. 成绩和体会
   C. 存在的问题或教训　　　D. 今后努力的方向
4. 下列标题不属于总结的是（   ）。
   A. 读书剪报，我积累知识的一种途径
   B. 借风扬帆，我县乡镇企业发展外向型经济的经验
   C. 学书法的秘诀
   D. 大学生的昨天、今天和明天
5. 总结的"成绩和做法"部分的写作，在内容上强调的是（   ）。
   A. 形势背景　　　B. 事实和数据　　　C. 指导思想　　　D. 有关政策

二、根据教材，请指出这份总结存在的问题

2018学年我的个人总结

烈日当空，天上没有一丝云彩，火辣辣的太阳简直叫人不敢出门，空中没有一点风，只有知了在树上不停地叫着，好像在说："放假啦，放假啦。"又一学年过去了，我应该利用暑假对这一学年的学习情况做一些总结，以迎接新学年的到来。

在这一学年里，我学习了成本会计、管理会计、审计原理、经济法、计算机应用、外

贸会计、大学英语、应用文写作、体育、职业道德、概率论等课。其中成本会计82分，管理会计86分，审计原理77分，经济法89分，计算机应用90分，外贸会计90分，大学英语72分，应用文写作68分，体育是中，职业道德是优，概率论是中。总的来说，成绩还是可以的，在班上属中等水平。其中计算机应用和外贸会计成绩好些，而大学英语、概率论和应用文写作差些。下一学期，我要继续努力，争取取得更好的成绩，最好都在80分以上，这样就可以获得奖学金，减轻家庭的经济负担，更可以在择业时增加自己的实力。所以下学期开始我要努力学习。

药学班
×××

三、写作实践

根据自己本学期的学习情况，写一份个人学习总结。

任务4　合同

案例赏析

房屋转让合同

转让方（以下简称甲方）：刘×× 　　　　身份证号：××××
受让方（以下简称乙方）：陈×× 　　　　身份证号：××××

根据《中华人民共和国合同法》及有关规定，经双方协商达成一致，甲方将自己合法拥有的一套房屋转让给乙方，双方就房屋转让相关事宜达成以下协议：

第一条　转让房屋及车库等基本情况

转让房屋（以下简称该房屋）位于衡阳市××区光辉路×号，车库位于该栋×号。房屋建筑面积131平方米，车库20平方米。除房屋及车库外，转让对象还包括甲乙双方共同认定的房屋内家具和电器。

第二条　转让价格

双方商定该房屋及车库等转让价格为人民币柒拾贰万元整。办理房屋产权过户应缴税费及甲方房屋转让个人所得税均由乙方承担。

第三条　付款方式

乙方在双方签订转让协议之日一次性付清购房款。

第四条　房屋交付

甲方应于本合同生效之日起30日内，将上述房屋及车库的全部钥匙交付乙方，并在双方在场的情况下由乙方验收。

第五条　房屋过户

房屋交付乙方后，甲方配合乙方在15日内办理该房屋的过户手续，将该房屋的产权证办理到乙方名下。办理上述手续时产生的契税、印花税、交易费、营业税、权属登记费等相关费用，由乙方承担。

房屋过户手续办理完成后，乙方在甲方配合下 30 日内完成管道煤气、水、电、有线电视、光纤宽带等用户变更手续。甲方将房屋钥匙交予乙方后至上述手续办理完成前所产生的水、电等费用由乙方承担。

第六条　甲方的承诺保证

甲方保证自己对该转让房屋拥有处理权，转让该房屋不存在法律上的障碍。甲方保证本合同签订前该房屋购房款已全部付清。

第七条　本协议未尽事宜，由双方另行协商，并签订补充协议，补充协议和本合同具有同等法律效力。

第八条　本协议在履行中发生争议，由双方协商解决。协商不能解决的，双方均有权向该房屋所在地的人民法院提起诉讼。

第九条　本协议自甲、乙双方签字之日起生效。

第十条　本合同一式二份，甲、乙双方各执一份，具有同等法律效力。

甲方：刘×× 　　　　　　　　　　　　　　　　乙方：陈××

××××年××月××日　　　　　　　　　　　　××××年××月××日

这是一篇房屋买卖合同。标题由合同标的、合同性质加文种组成。双方当事人除了清楚标明了甲方、乙方，还留下双方的身份证信息。正文包含了合同依据、目的；双方协议内容、合同的期限、份数及保存等。全文语言准确严谨，格式规范，条款完备，既充分考虑了必备条款，又为合同主体处理特殊约定事项留有余地。

知识平台

一、合同的概念

合同又称协议、契约。1999 年 3 月 15 日全国人大审议通过的《中华人民共和国合同法》（以下简称"合同法"）第二条指出："合同是平等主体的自然人、法人、其他组织之间设立、变更、终止民事权利和义务关系的协议。"合同是平等主体的各类经济实体在商务交往活动中为实现各自经济目的、明确相互权利义务关系而签订的协议。

二、合同的特征

1. 合同是平等主体之间的协议

《合同法》第三条规定："合同当事人的法律地位平等，一方不得将自己的意志强加给另一方。"第五条规定："当事人应当遵循公平原则确定各方的权利和义务。"合同主体享有权利义务和法律地位的平等。

2. 合同是当事人协商一致的协议

协商是确定合同关系的必经程序。合同必须经过当事人相互协商意见达成一致，意见不一致，合同就不能成立。当事人在协商过程中，必须真实自愿。

3. 合同是具有法律约束力的协议

《合同法》第八条规定："依法成立的合同，对当事人具有法律约束力。当事人应当按照约定履行自己的义务，不得擅自变更或者解除合同。依法成立的合同，受法律保护。"

订合同不仅是一种经济行为，而且是一种法律行为，合法的合同关系受国家法律保护，任何人不得随意侵犯。任何一方违反合同，损害另一方的合法权益，要承担相应的法律责任和经济责任。

三、合同的种类

根据《合同法》的规定合同按内容分为15类：买卖合同，供用电、水、气、热力合同，赠与合同，借款合同，租赁合同，融资租赁合同，承揽合同，建设工程合同，运输合同，技术合同，保管合同，仓储合同，委托合同，行纪合同，居间合同。

按照订立合同的方式可以分为书面合同、口头合同和其他形式的合同。法律、行政法规规定采用书面形式的，应当采用书面形式。当事人约定采用书面形式的，应当采用书面形式。书面形式是指合同书、信件和数据电文（包括电报、电传、传真、电子数据交换和电子邮件）等可以有形地表现所载内容的形式。

四、合同的签订原则

1. 平等原则

根据《中华人民共和国合同法》第三条"合同当事人的法律地位平等，一方不得将自己的意志强加给另一方"的规定，平等原则是指地位平等的合同当事人，在充分协商达成一致意思表示的前提下订立合同的原则。这一原则包括三方面内容：①合同当事人的法律地位一律平等。不论所有制性质，也不问单位大小和经济实力的强弱，其地位都是平等的。②合同中的权利义务对等。当事人所取得财产、劳务或工作成果与其履行的义务大体相当；要求一方不得无偿占有另一方的财产，侵犯他人权益；要求禁止平调和无偿调拨。③合同当事人必须就合同条款充分协商，取得一致，合同才能成立。任何一方都不得凌驾于另一方之上，不得把自己的意志强加给另一方，更不得以强迫命令、胁迫等手段签订合同。

2. 自愿原则

根据《中华人民共和国合同法》第四条"当事人依法享有自愿订立合同的权利，任何单位和个人不得非法干预"的规定，民事活动除法律强制性的规定外，由当事人自愿约定。包括：第一，订不订立合同自愿；第二，与谁订合同自愿；第三，合同内容由当事人在不违法的情况下自愿约定；第四，当事人可以协议补充、变更有关内容；第五，双方也可以协议解除合同；第六，可以自由约定违约责任，在发生争议时，当事人可以自愿选择解决争议的方式。

3. 公平原则

根据《中华人民共和国合同法》第五条"当事人应当遵循公平原则确定各方的权利和义务"的规定，公平原则要求合同双方当事人之间的权利义务要公平合理具体包括：第一，在订立合同时，要根据公平原则确定双方的权利和义务；第二，根据公平原则确定风险的合理分配；第三，根据公平原则确定违约责任。

4. 诚实守信原则

根据《中华人民共和国合同法》第六条"当事人行使权利、履行义务应当遵循诚实信用原则"的规定，诚实信用原则要求当事人在订立合同的全过程中，都要诚实，讲信用，不得有欺诈或其他违背诚实信用的行为。

5. 善良风俗原则

根据《中华人民共和国合同法》第七条"当事人订立、履行合同，应当遵守法律、行政法规，尊重社会公德，不得扰乱社会经济秩序，损害社会公共利益"的规定。包括以下内涵：第一，合同的内容要符合法律、行政法规规定的精神和原则。第二，合同的内容要符合社会上被普遍认可的道德行为准则。

五、合同的格式和写作内容

1. 标题

合同的名称。一种是由合同性质加文种组成，如"赠与合同""运输合同"；一种是由合同标的、合同性质加文种组成，如"建筑工程承包合同""房屋租赁合同"。

2. 约首

位于标题下面，包括签订合同当事人的名称等相关信息。为方便正文表述，通常在当事人名称前注明"甲方、乙方""供方、需方"等代称，或在后面括号内注明"以下简称××"字样。

3. 正文

正文的内容一般有三个方面：

（1）双方签订合同的依据和目的

通常用"根据……法律的规定，为……，甲乙双方在平等、自愿的基础上，经充分协商，就……事宜达成以下协议"等习惯性过渡语引出下文。

（2）双方协议的内容

分条列写合同的各项条款内容。《合同法》第十二条规定，合同一般包括以下条款：当事人的名称或者姓名和住所；标的；数量；质量；价款或者报酬；履行期限、地点和方式；违约责任；解决争议的方法。

①标的。指合同双方权利义务共同指向的对象，即双方要达到的目的。如借款合同中的货币，购销合同中的某种产品等。标的一定要明确，否则容易产生纠纷。

②数量和质量。是标的的外在表现。数量是衡量标的，确定双方权利义务的大小尺度，要具体、准确；质量指标的特征，包括产品的品种、型号规格、质量指标等。质量也是衡量标的的尺度，也须具体、明确。

③价款或报酬。是标的的价值反映。价款是支付对方产品的代价；报酬指支付对方劳务或智力成果的代价。这些代价用货币数量表示。计算时，国家有价格的应当遵守；议价的，由事人协商议定。价款和酬金数字必须用大写汉字，以防人涂改。

④履行的期限、地点和方式。期限指完成合同规定任务的时间；地点指双方当事人完成承担义务的地点；方式指当事人以什么方式履行义务，如交货方法、结算方式等。

⑤违约责任。是违反合同约定的过错方应当承担的法律和经济责任。承担违约责任一般以违约金和赔偿金方式体现，签订合同时应明确具体。

⑥解决争议的方法。解决合同争议的方法一般有四种：协商、调解、仲裁和诉讼。当

事人各方可以事先约定好彼此发生争议后解决争议的程序、办法。

（3）与合同有关的事项说明。包括合同的有效期限、份数及保存；合同的附件，如有表格、图纸等附件，应附在正文后面，并注明名称和份数。附件与正文效力相同。

4. 签署

要写明签订合同的当事人双方单位名称、代表姓名，及签订合同的日期，并签名盖章。还应写上合同当事人的有效地址、邮政编码、电话、开户银行、账号等信息。

六、写作注意事项

（1）签订合同，首先要进行资信审查。包括对合作方进行资格审查和信用审查。

（2）签订的合同要合法。《合同法》第七条规定："当事人订立、履行合同，应当遵守法律、行政法规，尊重社会公德，不得扰乱社会经济秩序，损害社会公共利益。"

（3）签订的合同要合理。合理，既指签订合同应在平等互利、协商一致、等价交换三项原则的基础上进行，也指签订合同时，应坚持实事求是，根据自身的生产能力、市场需求等因素签订合同，不可盲目、急功近利，导致不能履行合同而引起纠纷。

（4）签订的合同要明确、完善。明确，指签订合同时，要用准确的语言把合同的内容具体清晰地表达出来，不能模糊和产生歧义；完善，指合同的内容要尽可能的齐全、周密、严谨，不得有遗漏。

（5）要严肃合同纪律。合同一经签订，双方都要严格执行，不可单方面修改或违约。

知识拓展

● 知识卡片一

通常订立合同的方式，可以采用口头、书面、鉴证、公证等形式。但为避免发生纠纷，以及发生纠纷以后有据可依，订立合同以书面形式为妥。口头形式虽然快捷，但无据可查，不利于纠纷的解决，它一般只适用于集市贸易、市场零售等小额交易。

● 知识卡片二

合同背后的故事

合同，从古罗马时就开始有到拿破仑时民法典至今，合同自由无处不在。在大陆法系的国度合同自由的元素构成主要有五方面：一是缔结合同契约的自由；二是选择订约主体或者说相对人即合同双方当事人自由；三是合同内容自由；四是合同的形式自由可书面可口头；五是合同的变更和解除自由。而当现代社会强大的企业公司与弱小的消费者、劳动者、小工业者形成对立阵营时，合同双方的地位明显出现了不平等：大企业合同格式合同，完全成了弱势群体只能填表格订合同，契约合同谈判双方不再有合同法上的合意，有的更多是顺从强势。在显失公平的交易市场形式下，合同正义就进入了我们的法律视野……亚里士多德说过："正义有两种：分配的正义和交换的正义。"而合同就属于后者，比如在当今生活必需品市场像自来水，供电等具垄断性质的大企业，为保证公民正常生活，只要需求一方提出要约，对方就应该依法依理承诺。这种表现称之为强制性缔约。通过程序的正义保障实体正义：美国哲学家罗尔斯《正义论》说过一个典型的切蛋糕的故事：一位母亲要把蛋糕分给两小孩，都知她无论怎么切都有可能产生抱怨情绪！为此该母亲先让老大先切、老二先拿，这样老二选择时肯定选择老大切的那块相对比较大的，这样最终会使兄弟俩满意选择结果。

任务实训

一、选择题

1. 合同的本质是（　　）。
   A. 合理　　　B. 合法　　　C. 合情　　　D. 合意
2. 合同条款中的"标的"指的是（　　）。
   A. 合同中的价款和酬金　　　B. 双方当事人权利和义务的共同指向
   C. 合同中买卖的货物　　　　D. 合同中劳务
3. 经济合同的签约人之间的关系必须是（　　）。
   A. 平等的自然人、法人　　　B. 平等的法律主体
   C. 权利、义务对等　　　　　D. 国家与下级机关的计划任务关系
4. 下列选项中，（　　）不属于合同的基本内容。
   A. 标的　　　　　　　　　　B. 履行期限、地点和方式
   C. 违约责任　　　　　　　　D. 当事人近亲属的名称和地址
5. 不论在什么情况下，合同中都不能用来指代当事人的是（　　）。
   A. 买方、卖方　　B. 供方、需方　　C. 甲方、乙方　　D. 你方、我方
6. 约首中对合同各方使用"甲方""乙方"等代称是为了（　　）。
   A. 便于排序　　B. 方便叙述　　C. 显示公平　　D. 说明关系

二、请指出这份商务合同存在的问题，并加以改正

合同

甲方：西州大学实验中心办公室

乙方：程惠明（五强建筑工程公司总经理）

甲方因教学科研需要，经有关部门批准，建造一座实验大楼。经双方协商，订立本合同。

（1）甲方委托乙方建造实验大楼一座。

（2）建造费用为987万元。

（3）付款办法：甲方争取在2018年5月前预付部分款项，余款完工以后支付。

（4）大楼建造工期等乙方准备好后，择日开工。乙方力争1年内完工。

（5）本合同一式两份，双方各执一份。

甲方代表：周一宁
乙方代表：程惠明
18年4月8日

三、写作实践

汪晓是一名大学毕业生，毕业后准备和朋友一起开办一所公司自己创业，正巧邻居张太太有一套闲置房屋，愿意租赁给他们做公司办公场所。经协商，拟签订一份三年期合同，月租2000元。每两位同学为一组，分配双方角色，共同拟写这份合同。

项目四　活动

情境导入

> 小宁是学校学生会主席，学生会准备在市区做一个大型公益活动。老师建议小宁先去通过调查，确定活动主题。于是，小宁带着学生会的同学在全市做了一番调查，确定了以环境保护为主题内容。根据调查情况，小宁在老师的帮助下完成了一份活动策划方案，布置了学生会各部门的工作任务。为了让活动更具影响力，小宁将场地设置为市中心人流量较大的晶珠广场，并邀请学校主管学生工作的副院长参加活动启动仪式并为活动致辞。因为做好了充分的准备工作，这次公益活动举办得很成功，社会反响很好。这次活动中，小宁学会了调查报告、活动方案以及活动致辞的写作与运用，并锻炼了自己组织协调等各方面的能力。如果你是小宁，你会写这几种文书吗？

任务1　调查报告

案例赏析

2017年我市营商环境调查报告（第25期）

改善投资和市场环境，进一步深化"放管服"改革，降低市场运行成本，营造稳定公平透明、可预期的营商环境是经济可持续发展的重要保障。为了科学评估我市的营商环境，舟山市统计局于近期开展了一次企业发展环境专项调查，听取企业在政府服务、企业发展以及项目投资等方面的意见和建议，为市委、市政府决策提供参考依据，现将调查结果汇总分析如下：

一、调查概况

本次调查是浙江省统计局在全省范围开展的一项重要专项调查，按照上级要求，本次调查在四上企业中展开，我市实际调查有效样本195家，其中工业企业42家，建筑企业23家，房地产企业26家，交通运输企业45家，批发零售企业21家，住宿餐饮企业21家，社会服务业企业17家。市、县（区）两级统计局严格执行调查方案，科学组织，精心部署，于6月30日完成了全部企业的网上问卷调查填报工作。

二、当前企业经营发展情况

调查结果显示，我市企业积极应对当前的宏观经济形势，生产经营总体保持正常，对企业发展预期谨慎乐观，但也面临人工成本上升、资金紧张、税费较重等诸多困难，经济运行效益仍有待提高的状况。

（一）企业综合经营状况总体正常，预期谨慎乐观

调查显示，在对当前本行业综合经营状况进行判断时，27.2%的企业认为"良好"，65.6%的企认为"一般"，还有7.2%的企业认为"不佳"。

在对下半年本行业综合经营状况进行预判时，认为"良好"的企业占36.9%，认为"一般"的企业占59.0%，认为"不佳"的企业占4.1%。预计下半年企业固定资产投资额比去年同期"增加"的占10.8%，"持平"的占69.2%，"减少"的占20.0%。

（二）人工、资金、税费是企业经营发展中的主要三大困难

调查显示，人工成本上升、资金紧张、社保税费较重等困难排在前三位。在企业认为影响企业发展的最大困难选项中（可多选），54.4%的企业认为人工成本上升是最大困难，42.1%的企业认为资金紧张是最大困难，40.0%的企业认为社保税费较重是最大困难。同时，原材料价格上涨、缺乏人才、行业产能过剩和货款拖欠严重等困扰企业发展。其中23.1%的企业认为原材料价格上涨是最大困难，20.0%的企业认为缺乏人才是最大困难，16.9%的企业认为行业产能过剩是最大困难，15.4%的企业认为货款拖欠严重是最大困难。

（三）企业在技改、实施创新驱动方面投入较少

调查显示，上半年68.7%的企业在技改、实施创新驱动发展战略方面无专门举措；3.1%的企业在技改、实施创新驱动发展战略方面有举措且成效很明显；15.4%企业在技改、实施创新驱动发展战略方面有举措且有一定成效；10.8%企业在技改、实施创新驱动发展战略方面有举措但成效不大。预计下半年企业在技改、实施创新驱动发展战略方面比去年同期增加的占6.2%，持平的占79.5%，下降的占14.3%。

三、企业对我市系列营商环境的评价

调查结果表明，企业对我市投资发展环境总体评价良好，认为政府对企业及民营经济较为重视，机关服务企业的意识不断增强。但调查也反映出我市社会公众的创业意识有待进一步激发，政府在服务外来企业后顾之忧方面有待进一步改善。

（一）四成以上企业认为政府降成本政策有成效

2016年来，省政府为进一步减轻企业负担，降低实体经济成本，出台了《关于进一步降低企业成本优化发展环境的若干意见》《关于进一步减轻企业负担降低企业成本的若干意见》和《浙江省供给侧结构性改革降成本行动方案》等政策文件，企业对舟山市在政府落实省政府相关政策文件的成效评价如下，3.6%的企业认为成效明显，38.5%的企业认为有一定成效，23.1%的企业认为成效不大，4.1%的企业认为没有成效，30.7%的企业表示不了解相关政策或文件。

（二）八成以上企业对"最多跑一次"改革成效表示满意或基本满意

调查显示，24.1%的企业对"最多跑一次"改革表示满意，58.5%的企业表示基本满意，2.1%的企业表示不满意，15.3%的企业表示对"最多跑一次"改革不了解。在对改革发挥的作用方面，29.7%的企业认为"最多跑一次"改革规范了政府行政权力运行；

88.7%的企业认为方便了企业办事；42.6%的企业认为创新政府管理方式，提高行政效率；30.8%的企业认为激发市场活力，降低社会成本；2.6%的企业认为改善了营商环境。

1. 企业对政府支持创业创新工作的总体满意率达83.6%

在对当地政府支持企业创业创新的工作力度进行评价时，表示"满意"的占22.1%，表示"比较满意"的占22.6%，"基本满意"的占38.9%，三者合计为83.6%。认为"不太满意"或"不满意"的仅占1%，"不了解"的占15.4%。

2. 近八成企业认为营商环境评价较为认可

在对当地政府营造"尊商、亲商、兴商"的社会氛围进行评价时，表示"满意"的占21.0%，表示"比较满意"的占24.6%，"基本满意"的占32.8%，三者合计为78.4%。认为"不太满意"或"不满意"的仅占1%，"不了解"的占20.5%。

3. 八成以上企业对政府支持企业发展投资政策评价良好

在企业对当地政府支持企业投资发展的政策措施进行评价时，表示"满意"的企业占21.5%，"比较满意"的占19.5%，"基本满意"的占39.5%，三者合计为80.5%。认为"不太满意"或"不满意"的仅占1%，18.5%"不了解"。

四、企业对进一步优化发展环境的建议

调查中，企业对政府如何进一步改进服务、优化经济发展环境提出了四方面的意见和建议：

（一）政府支持企业发展政策应重点在针对性和引导力等上进一步着力

在问及政府在支持企业投资发展的政策措施应在哪些方面着力时，企业认同率最高的是"针对性，政策更符合本地情况，解决企业实际困难"，认同率达79.0%；其次是"引导力，引导当地产业转型升级、引导企业创新发展"，认同率为38.0%。还有"吸引力，深化改革，要素保障更加优惠，吸引创业创新"，认同率为36.9%；"亲和力，关爱引进人才、外来投资者和优秀企业家"，认同率为19.0%；"稳定性，短期政策、中期政策、长期政策相结合"认同率为29.7%等。

（二）政府在降低实体经济成本方面应着力"放管服"和提高政策"精准性"等上进一步着力

调查显示，在问及政府降低实体经济成本方面应在哪些方面进一步着力时，企业认同率从高到低依次为：持续深化"放管服"改革，推进"最多跑一次"改革为68.2%，加强"降成本"的政策顶层设计，提高政策精准性为57.4%，加强相关"降成本"优惠政策宣传，提高企业对政策知晓度为42.6%，相关部门加强配合，形成"降成本"工作合力为48.7%，加强督查和检查，查处涉企业乱收费行为为23.6%，打造公平竞争的市场秩序为29.2%，提高服务意识，引导企业转型升级、创新发展为29.2%，建立实体经济运行成本指数实施动态监测和考核为11.3%。

（三）政府在企业投资发展要素保障方面应重点在税费、融资和公共公益设施配套等上进一步着力

企业希望政府在要素保障上进一步着力认同率最高的是"税费"，认同率为55.9%；

其次为"融资"和"公共、公益设施配套",认同率达 36.9% 和 35.9%;"人才引进""技术创新支持平台""用工""水电成本"和"土地"的认同率则依次为 22.1%、19.5%、19.5%、15.9% 和 14.9%。

(来源:国家统计局舟山调查队,下载于中国舟山政府门户网站:http://www.zhoushan.gov.cn/art/2017/8/8/art_ 1275934_ 9365352.html)

这是一篇格式规范,内容丰富,数据详实的调查报告。前言部分简明扼要地介绍调查根据、意义和采用的调查方法。主体部分详细介绍并分析的调查发现的问题,并提出了解决办法。全文行文自然流畅,语言简洁精炼,结构紧凑,条理清晰,对问题的分析也较为全面和透彻,不失为一篇优秀的范文。

知识平台

一、调查报告的概念

调查报告是对某项工作、某个事件、某个问题,经过深入细致的调查后,将调查中收集到的材料加以系统整理,分析研究,以书面形式向企事业单位和领导汇报调查情况的一种文书。除了商事活动使用之外,有时候政府、企事业单位等进行决策时也会使用。

二、调查报告的类型

调查报告从不同角度可分为不同的类型。

(1) 按性质分:综合调查报告、专题调查报告。

(2) 按内容分:情况调查报告、典型经验调查报告、考察性调查报告、问题调查报告、历史事实调查报告、介绍新生事物调查报告等。

(3) 按范围分:区域性调查报告、全国性调查报告、国际性调查报告。

三、调查报告的特点

1. 写实性

调查报告是在占有大量现实和历史资料的基础上,用叙述性的语言实事求是地反映某一客观事物。充分了解实情和全面掌握真实可靠的素材是写好调查报告的基础。因此,调查报告需要详细而全面的数据支持。

2. 针对性

调查报告一般有比较明确的意向,相关的调查取证都是针对和围绕某一综合性或是专题性问题展开的。因此,调查报告反映的问题集中而有深度。

3. 典型性

调查报告离不开确凿的事实,但又不是材料的机械堆砌,而是对核实无误的数据和事实进行严密的逻辑论证,探明事物发展变化的原因,预测事物发展变化的趋势,提示本质性和规律性的东西,得出科学的结论。因此,只有典型的对象和事例才能出现在调查报告。

4. 时效性

调查报告要回答的是当前工作中迫切需要解决的问题，必须快速反映情况，具有较强的时效性，才能及时地为相关部门提供决策是对参考意见。

四、调查报告的写作方法

调查报告一般由标题、正文和结尾组成。

1. 标题

标题常见的有两类写法：

（1）公文式标题。由"调查对象+调查内容+文体名称"组成，如《中小企业财务调查》就是这样的标题，其中"中小企业"是调查对象，"财务"是调查内容，"调查"显示文体是调查报告。或者由"调查内容+文体名称"组成，如《大学生消费问题调查报告》。

（2）自由式标题。常见的写法有陈述式、提问式和正副标题结合式三种。陈述式，即直接陈述事实，如《东北师范大学硕士毕业生就业情况调查》；提问式，如《为什么大学毕业生择业倾向沿海和京津地区》；正副标题结合式，正题陈述调查报告的主要结论或提出中心问题，副题采用公文式写法，如《高校发展重在学科建设——××××大学学科建设实践思考》等。

2. 正文

正文一般分前言、主体、结尾三部分。

（1）前言。有几种写法：第一种是写明调查的起因或目的、时间和地点、对象或范围、经过与方法，以及人员组成等调查本身的情况，从中引出中心问题或基本结论来；第二种是写明调查对象的历史背景、大致发展经过、现实状况、主要成绩、突出问题等基本情况，进而提出中心问题或主要观点；第三种是开门见山，直接概括出调查的结果，如肯定做法、指出问题、说明中心内容等。前言起到画龙点睛的作用，要精练概括，直入主题。

（2）主体。这是调查报告最主要的部分，这部分详述调查研究的基本情况、做法、经验，以及分析调查研究所得材料中得出的各种具体认识、观点和基本结论。这部分的材料丰富、内容复杂，在写作中最主要的问题是结构的安排。通常采用纵式结构（递进、时间先后等）、横式结构（并列等）或纵横结合式结构进行写作。

主体部分一般包括情况、分析和建议三个部分。首先，对调查情况加以描述和说明，不是简单的材料罗列，而是条理清晰的整理归纳。其次，由感性认识上升到理性认识，分析是调查报告的核心所在，这部分包括事物的本质及规律，针对调查目的得出调查结论。最后，根据结论提出建议及相关措施，这是调查报告的落脚点，也是调查报告的目的。针对情况及分析，提出建议和措施来指导现实及将来的工作。

（3）结尾。结尾可有可无，如果主体部分已经有了明确的建议和措施，结尾可以省略。一般情况下，结尾会总结全文的主要观点，进一步深化主题；或提出新问题，引发人们的进一步思考；或展望前景，发出鼓舞和号召。

五、写作注意事项

（1）要有明确的调查目的。通过对已了解或掌握的基本情况进行分析，明确调查的目的，要根据目的选择调查对象，划定调查范围，进行深入细致的市场调查，掌握充分的材料和数据，为写作打下良好的基础。

（2）要讲究方法，精心选材。运用多种方式进行调查，得到大量复杂的材料后，不能简单的堆积材料，要根据需要对材料进行严格的鉴别和筛选，选出典型事例和精确的数字，给材料归类，并分清材料的主次轻重，将有价值的材料组织到文章中去。

（3）要实事求是地表达调查成果。调查报告要从实际出发，实事求是地反映真实情况，对情况的介绍要详尽而准确，不能夸大或缩小，注意语言的得体。

知识拓展

● 知识卡片

如何设计调查问卷

在调查中，我们一般有多种方法，如开座谈会、个别访谈、现场察访、统计调查、网络调查等。其中问卷作为一种省时省力，又能对事物进行比较全面系统的调查方式在日常工作中备受青睐，但调查问卷作为实现调研目的和收集数据的必要手段在设计中要求也更为严格。调查项目的提问形式、提问方法，甚至题目编排顺序都会影响资料的真实性。那么如何设计调查问卷呢？

一、调查问卷的结构

要有一个醒目的标题。能让被调查者很快明白调查的意图。

调查问卷的结构一般包括三个部分：前言、正文和结束语。

1. 前言（说明语）

首先是问候语，并向被调查对象简要说明调查的宗旨、目的、对问题回答的要求和调查资料保密等内容，引起被调查者的兴趣，同时解除他们回答问题的顾虑，并请求当事人予以协助。（如果是留滞调查，还应注明收回的时间。）

例如，您好，谢谢您参加我们的调查！本次调查只需要占用您两分钟的时间。对于您能在百忙之中填写此问卷再次表示感谢！

2. 正文

该部分是问卷的主体部分，主要包括：被调查者信息、调查项目、调查者信息三个部分。

被调查者信息：主要是了解被调查者的相关资料，以便对被调查者进行分类。一般包括被调查者的性别、年龄段、职业、受教育程度等，一般不需要了解被调查者姓名。这些内容可以了解不同年龄阶段，不同性别，不同文化程度的个体对被调查事物的态度差异，在调查分析时能提供重要的参考作用，甚至能针对不同群体写出多篇有针对性的调查报告。

调查项目：是调查问卷的核心内容，是组织单位将所要调查了解的内容，具体化为一些问题和备选答案。

调查者信息：是用来证明调查作业的执行、完成，和调查人员的责任等情况，并方便于日后进行复查和修正。一般包括：调查者姓名、电话、调查时间、地点、被调查者当时合作情况等。

3. 结束语

在调查问卷最后，简短地向被调查者强调本次调查活动的重要性以及再次表达谢意。例如，为了保证调查结果的准确性，请您如实回答所有问题。您的回答对于我们得出正确的结论很重要，希望能得到您的配合和支持，谢谢！

二、问卷项目设计

问卷项目可以从一个引起被调查者兴趣的问题开始，再问一般性的问题、需要思考的问题，而将敏感性问题放在最后。要注意问题的逻辑顺序，可以将问题按时间顺序、类别顺序进行列框。

问卷项目按问题回答的形式一般可以分为封闭式问题和开放式问题。封闭式问题放前面，开放式问题放后面。其中封闭式问题包括两项选择题、单项或多项选择题、李克特量表（Likert scale）等。开放式问题一般有完全自由式、语句完成式等。

不同的题型都有各自的优缺点，在使用时怎样做到扬长避短是设计调查项目的重点所在。那么应该如何设计调查项目？

1. 两项选择题

由被调查者在两个固定答案中选择其中一个，适用于"是"与"否"等互相排斥的二择一式问题。

两项选择题容易发问，也容易回答，便于统计调查结果。但被调查人在回答时不能讲原因，也不能表达出意见的深度和广度，因此一般用于询问一些比较简单的问题。并且两项选择必须是客观存在，不能是设计者凭空臆造，需要注意其答案确实属于非 A 即 B 型，否则在分析研究时会导致主观偏差。

2. 单项或多项选择题

是对一个问题预先列出若干个答案，让被调查者从中选择一个或多个答案。

例如，决定您对应聘者取舍的重要因素是：

A. 仪表　　B. 谈吐　　C. 学历或职称　　D. 专业素质或工作经验

这类题型问题明确，便于资料的分类整理。但由于被调查者的意见并不一定包含在拟定的答案中，因此有可能没有反映其真实意思。对于这类问题，我们可以采用添加一个灵活选项，如"其他"来避免。

3. 程度性问题

当涉及被调查者的态度、意见等有关心理活动方面的问题，通常用表示程度的选项来加以判断和测定。

例如，您认为博物馆通过各种文物陈列，举办文物展览，对公众进行科学文化知识、爱国主义和革命传统教育时，作用发挥得如何：

A. 好　　B. 较好　　C. 差　　D. 不了解

但这类问题的选项,对于不同的被调查者有可能对其程度理解不一致。因此有时可以采用评分的方式来衡量或在题目中进行一定的说明。

4. 开放式问题

是一种可以自由地用自己的语言来回答和解释有关想法的问题。即问卷题目没有可选择的答案,所提出的问题由被调查者自由回答,不加任何限制。但在分析整理资料时由于被调查者的观点比较分散,有可能难以得出有规律性的信息,并会导致调查者的主观意识参与,使调查结果出现主观偏见。

任务实训

一、选择题

1. 下面不属于调查报告写作格式的是（　　）。
   A. 横式结构　　　　　　　　B. 纵横式结构
   C. 总—分—总结构　　　　　D. 纵式结构
2. 下面不是调查报告别称的是（　　）。
   A. ××调查记　　　　　　　B. ××调查
   C. ××情况报道　　　　　　D. ××考察报告

二、写作实践

以小组为单位,组织开展一次对大学生看网络小说的情况及网络小说对他们学习及生活的影响等问题的调查,并拟写一份调查报告。

任务 2　活动方案

案例赏析

展望"2016"明天会更好
××有限公司 2016 年年终晚会策划方案

第一部分　活动概括

一、年会主题:

"喜迎新春、凝心聚力,团结协作、展望未来",预示"明天会更好"的企业愿景。

二、年会精神:

(1) 通过年会丰富员工的业余文化生活,给员工一个展示自己的舞台,增强员工的归宿感。

(2) 表彰优秀员工、增强员工干劲,为未来的工作和生活创造良好的精神环境。

(3) 展示公司企业形象,庆祝公司成立至今在建设、投产、发展等方面取得的较大进步,人才队伍实现逐步壮大。

(4) 加强管理者与员工之间的沟通、理解、信任、增强团队精神;加强部门之间合作联谊能力。同时也能锻炼内部人员，为以后公司活动储备人才。

（5）增加公司内部员工的向心力与凝聚力，提高员工活动力与表现力，为2016年更大的突破储备动力。

（6）将"用品质叙述一生的故事"的企业服务理念在活动过程中体现在每一个细节。

三、年会基调：团结、轻松、温馨、活泼、感恩

四、年会时间：2016年1月29日（旧历腊月20日，星期五），下午2点—6点。

五、年会地点：公司味府楼

六、参与人员：公司全体员工、政府领导、邀请嘉宾

七、参与总人数：待定

八、时间规划：

2015年12月18—20日 方案讨论、制定实施计划

2015年12月21—22日 方案落实下发各部门，策划小组人数确定

2015年12月25日之前 报节目、人数、周边道具设计（门票、邀请函、舞台、导视牌等）

2016年1月1日前 节目初选

2016年1月7日前 定人数、排座位

2016年1月11日 节目确认验收

2016年1月13—14日 音响灯光调试

2016年1月14日 确定所有上场节目并安排节目次序，制定节目单

2016年1月15日 第一次排练

2016年1月18日 第二次排练

2016年1月22日 奖品到位

2016年1月25日 第三次排练，邀请函发放

2016年1月28日 场地布置，灯光音响再次调试，所有人员彩排

2016年1月29日 场地布置，现场执行

第二部分　工作人员及项目组

一、年会工作组织结构

1. 总负责人：×××

2. 项目执行团队及工作组主要部门：

活动策划2名、通讯组1名、主持人组、节目组（每部门节目一位联络人）、采购及后勤保障组1名、外联组3名、视频音频组1名、舞台布置组1名、音响灯光组1名、化妆组、现场机动及摄影报道组2名

二、活动策划组2人，成员：待定

职责：负责节目的整体策划、拟订方案、确定流程；负责全场的节目效果，统筹全场流程；负责联系其他相关工作人员，并在现场导演执行。

三、主持人组2人，成员：待定

职责：负责节目词的拟定，负责节目当场的串场及营造积极、热烈的现场氛围，负责邀请嘉宾和领导讲话。

四、通讯组1人，成员：待定

职责：疏通、整理方案流程及策划书，负责沟通联系各工作组，按照方案流程及时间表及时提醒执行计划。

五、节目组，负责人：×××，成员：各参加节目人员，具体人员待定

职责：负责联系晚会节目参演人员，按照策划方案及时间表对节目进行上报、初审、彩排、确保节目效果、保证节目质量等。

六、游戏抽奖/后勤保障组2人，负责人：××，成员：待定

职责：负责拟订抽奖游戏方案及抽奖，游戏环节礼品发放；负责准备所有奖品和游戏道具并及时处理紧急情况；负责其他物品采购及负责所有人员的入场与退场。

七、外联组3人（兼职），负责人：××，成员：待定

职责：根据策划方案及时间表确定晚会的邀请嘉宾，发送邀请函。

八、视频音频组1人，成员：待定

职责：根据晚会及节目需要制作音频视频等，与各节目负责人讨论节目效果。

九、舞台布置组3人（可兼职），负责人：××，成员：待定

职责：负责舞台的布置，背景的制作；负责舞台及周边整体的舞台布置效果，并正确引导演员前往。

十、音响灯光组1人，负责人：××

职责：负责全场节目的音乐播放以及灯光调试。

十一、化妆组1人，负责人：××

职责：负责联系化妆造型队伍、监督化妆效果、安排节目演员按次序化妆、更换演出服。

十二、现场机动及摄影报道组，负责人：××，成员：待定

职责：负责全场节目的盯场、按节目单催场，负责节目道具搬运，负责执行导演的其他要求，负责处理其他紧急情况并及时通知导演，负责全程的摄像、照相、采访、会后评论稿。

第三部分　年会流程设计

2016年1月29日年会活动具体流程安排：

（1）13：30—14：00，员工报到时间，签字并领取门票；同时参会客人到场。

（2）主持人作开场讲话；介绍来宾，介绍年会时间、晚餐安排；并请董事长上台讲话。

（3）董事长致迎新词。

（4）总经理讲话，作年度工作总结，明年工作计划，假期安排。

（5）优秀员工介绍，优秀员工代表发言。优秀员工建议评选6名，其中××车间3名，销售部1名，工程部1名，其他部门选1名。优秀员工建议发现金奖励和优秀员工荣誉

证书。

(6) 董事长和总经理为优秀员工颁奖并合影。

(7) 优秀员工合唱《相亲相爱一家人》。

(8) 部门节目表演。

(9) 部门节目表演。

(10) 年会第一轮抽奖活动,公司副总上台抽奖并颁发奖品。设置幸运奖4名,三等奖3名,二等奖2名,一等奖1名。员工抽奖活动奖品建议发实物。

(11) 部门节目表演。

(12) 部门节目表演。

(13) 年会第二轮抽奖活动,公司副总上台抽奖并颁发奖品。设置幸运奖4名,三等奖3名,二等奖2名,一等奖1名。员工抽奖活动奖品建议发实物。

(14) 部门节目表演。

(15) 部门节目表演。

(16) 年会第三轮抽奖活动,公司副总2名上台抽奖并颁发奖品。设置幸运奖4名,三等奖3名,二等奖2名,一等奖1名。员工抽奖活动奖品建议发实物。

(17) 部门节目表演。

(18) 部门节目表演。

(19) 年会幸运奖抽取,共20名,实务奖品发放。

(20) 评选参演节目奖,最佳创意奖、最佳表演奖、最佳合作奖。由总经理颁发奖金!

(21) 合唱《明天会更好》!年会结束,

(22) 主持人作总结发言!

(23) 年会结束后员工准备就餐!

第四部分 经费预算

(1) 优秀员工奖金:6名,每人奖金1000元。共计6000元。

(2) 节目参与奖:单人节目5个,每人300元。多人节目5个,每个节目600元。共计4500元。若节目数量调整,节目参与奖金控制在6000元左右。

(3) 一二三等奖抽奖费用:一等奖3名,发放实物,实物价格600元左右,共计1800元;二等奖6名,发放实物,实物价格400元左右,共计2400元;三等奖9名,发放实物,实物价格200元左右,共计1800元。

(4) 幸运奖12+20名:以实物发放,每人费用控制在60元左右,共计1920元。

(5) 充气拱门和立柱,租,加上制作字,费用计划1000元。

(6) 制作邀请卡和抽奖卡,费用计划1000元。

(7) 匹配视频制作,声控需要外协单位合作,计划费用3000元。

(8) 购买或租赁其他物质:气球、道具、服装、瓜子花生糖果等,计划费用3000元。

(9) 其他不可预见支出5000元。

以上费用总计33920元,费用上限35000元。在上限目标内以实际支出为准,不包含晚餐及酒水费用。

特别说明：

（1）时间：从下午2点开始，预计6点结束，6点20分开始晚餐，所有节目确定后才能计划具体完成时间，若预计时间有差异，则按节目完成时间顺延晚餐时间。但是尽量控制在6点30分前完成。

（2）节目：目前计划2个合唱节目，8个部门自报节目，根据报上来的节目内容，用时长短，可调整部门节目数量，最多安排12个部门节目。部门节目内容涵盖：独唱、小品、相声、游戏、乐器、舞蹈等。

（3）表演人员：建议所有人员从公司内部挑选，一能节约费用，二能锻炼人员、展示公司形象。除了专业的视频和音控设计需要外部单位配合外，其他人员均由内部解决。

（4）物质和道具：本着节约目的，尽量利用公司现有资源！

以上为年会初步设计方案，供参考！

（来源：百度文库）

这是某公司2016年年会活动策划方案，该方案按照活动策划方案写作要求进行，特别是时间节点以及人员安排尤为明确。方案围绕公司"明天会更好"的理念展开，借助年会这个平台提升公司凝聚力、员工活跃度。方案精心确定了"喜迎新春、凝心聚力，团结协作、展望未来"的活动主题，活动进程安排的合理有序，尤其注重了活动的实际效果。当然，方案还有一些可以完善的问题，对于活动的宣传问题，应邀者的具体范围等没有具体安排。对于流程及人员、时间安排等也可以用图表等形式表述。

知识平台

一、活动方案的概念

活动方案指的是对某一次活动的具体行动实施进行策划，对每个活动过程进行详细分析、研究，形成活动办法、细则、步骤等内容的书面文书。常见的活动包括对外接待、参观、开业、庆典、年会、新闻发布会、记者招待会、竞赛、捐助等大型活动。这些活动是为了达到一定的目的，在一个特定的时期、特定的场合下，让每一个参与者都能体会到直接性的某种刺激媒介。为了使活动顺利、圆满进行，一份有创意、具有可行性的活动方案非常重要。

二、活动方案的特点

1. 大众传播性

活动往往围绕整个组织机构的组织形象策略和公关目标而进行，并且往往注重受众的广大性以及受众的参与性。不论什么活动，都要耗费很多资源，包括人力、物力。没有目的而耗费资金做活动是不可能的，方案也没有意义。

2. 周密的计划性

方案是人们在一定思考以及调查的基础之上进行的科学预测，因此具有一定的计划性。在组织大型活动的过程中，给我们成功的机会只有一次，每一次活动都是现场直播，一旦出现失误无法弥补。因此，在活动之前要周密地安排每一个活动细节，保障策划活动取得圆满成功。

3. 与众不同的创意

活动方案要具有创意，方案是人们思维智慧的结晶，方案是一种思维的革新，具有创意的活动方案，才是真正的方案，活动方案的灵魂就是创意。有创意的活动方案有利于活动目的被大众接受，产生良好的传播效果，具有更大的社会影响力。活动方案的创意可以体现在主题、实际项目等事项上。

三、活动方案的写作

活动方案的写作由于主题不同，其要求也不一样，不可能千篇一律。以下就活动方案比较常规的写作内容来进行介绍。

1. 标题

标题尽可能概况活动的主题，可以由"活动内容+文种"组成，如"校园十佳歌手大赛活动策划书"；也可在前面加上单位名，如"××大学××专题活动策划方案"；还可以用正副标题的形式表述，如"聚无限才艺 展自信青春——研究生才艺大赛策划书"。

2. 活动背景

这部分内容应根据策划书的特点在以下项目中选取内容重点阐述，具体项目有：基本情况简介、主要执行对象、近期状况、组织部门、活动开展原因、社会影响以及相关目的动机。其次应说明问题的环境特征，主要考虑环境的内在优势、弱点、机会及威胁等因素，对其做好全面的分析，将内容重点放在环境分析的各项因素上，对过去现在的情况进行详细的描述，并通过对情况的预测制订计划。如环境不明，则应该通过调查研究等方式进行分析加以补充。

3. 活动主题

主题是对活动内容的高度概括，是策划所要达到具体目的的主要理念，是统领整个活动、连接各个项目和步骤的纽带。好的主题能使活动内容深入人心。主题既要虚拟、向上，又不能空洞、口号化，必须贴近受众心理。

4. 活动目的、意义和目标

活动的目的与意义应用简洁明了的语言将其要点表述清楚。在陈述目的要点时，该活动的核心构成或策划的独到之处及由此产生的意义（经济效益、社会利益、媒体效应等）都应该明确写出。活动目标要具体化，并需要其满足重要性、可行性、时效性等。

5. 活动内容

活动内容一般包括活动时间、地点、活动对象、活动的组织、流程、人员安排等。语言要简洁明了，使人容易理解，但表述方面要力求详尽，写出每一点能设想到的东西，没有遗漏。在此部分中，不仅仅局限于用文字表述，也可适当加入统计图表等。对策划的各工作项目，应按照时间的先后顺序排列，绘制实施时间表有助于方案核查。人员的组织配置、活动对象、相应权责及时间地点也应在这部分加以说明，执行的应变程序也应该在这部分加以考虑。

6. 落款

在右下角写上活动策划单位的名称和日期。

四、写作注意事项

（1）策划方案要有可操作性。好的活动主题、好的创意策划加上好的执行团队，是成功策划的先决条件。而活动执行是否成功，则取决于策划方案是否具有可操作性。策划要做到切实可行，除了需要进行周密的思考外，详细的活动安排也是必不可少的，在具体安排上应尽量周全。

（2）策划时要考虑活动经费预算。通常，经费预算并不写入方案中，有时候是根据单位既定的预算来考虑活动方案，有时候是根据方案需要考虑和审批预算。不管什么活动方案都不能离开财力的支撑，因此，必须在活动经费能够承受的范围内来考虑具体方案，达到少花钱办好事的目的。

（3）策划时应考虑活动细节及可能出现问题，制定预案。内外环境的变化，不可避免地会给方案的执行带来一些不确定性因素，因此，当环境变化时是否有应变措施，损失的概率是多少，造成的损失多大，应急措施等也应在策划中加以考虑。例如，活动实施当天气变化怎么办；发生意外事件（突然停电、人群拥挤）时，如何积极有效处理。

知识拓展

● **知识卡片**

活动方案策划的技巧

策划的技巧很多，主要有两种方法。

一是创造活动的"眼"。"眼"的概念是从文章的文眼、歌曲的歌眼中引申出来的。文章有"文眼"，歌曲有"歌眼"。活动策划同样需要创造这样一个非常精彩的地方，要有高潮，这是活动创意的核心和关键。

二是应该有一个比较能够表达我们主题的氛围设计。我们应该重视通过场地的设计、气氛的设计，把活动的主题氛围带出来，这点往往有很多人不太重视，他们只考虑某一个活动环节上的创意，而忽略了场地上的创意。

任务实训

一、阅读下面以下案例，回答后面的问题

2018年3月，某地一个商场"妇女节"促销，推出了一个策划项目：凡是手持百元人民币号码尾数为"38"的可当200元消费。结果顾客手持"中奖"人民币蜂拥而至，柜台被挤坏，还有人员受伤，主办商家只好提前宣布活动中止。这次活动招致顾客不满，还受到中国人民银行的警告，工商部门也上门来干预。

(1) 以上策划活动失败的原因是什么？
(2) 为什么会出现这种结果？
(3) 假如让你来策划这家商场的促销活动，你有什么好的创意？

二、写作实践

(1) 4月23日是世界读书日，某高职院校学生会准备开展与大学生读书有关的主题活动，假如你是学生会成员，请你为这个活动写一份活动策划方案。

(2) ××食品饮料有限公司主营"怡情"牌系列包装水。总部位于深圳高新技术产业园区，并拥有深圳、广州、成都三个生产基地和若干个加工基地，总投资3.2亿。该企业加大投资，具有了强大的系统监控能力，能实时跟踪出厂的每一桶水，杜绝假水，让消费者喝的放心；同时，桶装水专卖店强大的服务系统和管理系统，全市统一的客服中心，与各专卖店电脑联网，进行实时信息交换，极大提高了配送和服务效率，为用户不断创造价值，提升生活品质。

为树立企业良好形象，企业策划一次大型公益活动，呼吁人们保护水资源，活动以"假如没有水，生活将会怎样"为主题，活动经费控制在30万以内。请你为该企业拟写一份活动策划方案。

任务3　活动致辞

案例赏析

● 例文一

在纪念五四运动100周年大会上的讲话
（2019年4月30日）
习近平

共青团员们、青年朋友们，同志们：

100年前，中国大地爆发了震惊中外的五四运动，这是中国近现代史上具有划时代意义的一个重大事件。

今年是五四运动100周年，也是中华人民共和国成立70周年。在这个具有特殊意义的历史时刻，我们在这里隆重集会，缅怀五四先驱崇高的爱国情怀和革命精神，总结党和人民探索实现民族复兴道路的宝贵经验，这对发扬五四精神，激励全党全国各族人民特别是新时代中国青年为全面建成小康社会、加快建设社会主义现代化国家、实现中华民族伟大复兴的中国梦而奋斗，具有十分重大的意义。

青年朋友们、同志们！

五四运动，爆发于民族危难之际，是一场以先进青年知识分子为先锋、广大人民群众参加的彻底反帝反封建的伟大爱国革命运动，是一场中国人民为拯救民族危亡、捍卫民族尊严、凝聚民族力量而掀起的伟大社会革命运动，是一场传播新思想新文化新知识的伟大思想启蒙运动和新文化运动,以磅礴之力鼓动了中国人民和中华民族实现民族复兴的志向和信心。

五四运动,以彻底反帝反封建的革命性、追求救国强国真理的进步性、各族各界群众积极参与的广泛性,推动了中国社会进步,促进了马克思主义在中国的传播,促进了马克思主义同中国工人运动的结合,为中国共产党成立做了思想上干部上的准备,为新的革命力量、革命文化、革命斗争登上历史舞台创造了条件,是中国旧民主主义革命走向新民主主义革命的转折点,在近代以来中华民族追求民族独立和发展进步的历史进程中具有里程碑意义。

——五四运动以全民族的力量高举起爱国主义的伟大旗帜。五四运动,孕育了以爱国、进步、民主、科学为主要内容的伟大五四精神,其核心是爱国主义精神。爱国主义是我们民族精神的核心,是中华民族团结奋斗、自强不息的精神纽带。五四运动时,面对国家和民族生死存亡,一批爱国青年挺身而出,全国民众奋起抗争,誓言"国土不可断送、人民不可低头",奏响了浩气长存的爱国主义壮歌。

历史深刻表明,爱国主义自古以来就流淌在中华民族血脉之中,去不掉,打不破,灭不了,是中国人民和中华民族维护民族独立和民族尊严的强大精神动力,只要高举爱国主义的伟大旗帜,中国人民和中华民族就能在改造中国、改造世界的拼搏中迸发出排山倒海的历史伟力!

——五四运动以全民族的行动激发了追求真理、追求进步的伟大觉醒。五四运动前后,我国一批先进知识分子和革命青年,在追求真理中传播新思想新文化,勇于打破封建思想的桎梏,猛烈冲击了几千年来的封建旧礼教、旧道德、旧思想、旧文化。五四运动改变了以往只有觉悟的革命者而缺少觉醒的人民大众的斗争状况,实现了中国人民和中华民族自鸦片战争以来第一次全面觉醒。经过五四运动洗礼,越来越多中国先进分子集合在马克思主义旗帜下,1921年中国共产党宣告正式成立,中国历史掀开了崭新一页。

历史深刻表明,有了马克思主义,有了中国共产党领导,有了中国人民和中华民族的伟大觉醒,中国人民和中华民族追求真理、追求进步的潮流从此就是任何人都阻挡不了的!

——五四运动以全民族的搏击培育了永久奋斗的伟大传统。早在80年前,毛泽东同志就指出:"中国的青年运动有很好的革命传统,这个传统就是'永久奋斗'。"通过五四运动,中国青年发现了自己的力量,中国人民和中华民族发现了自己的力量。中国人民和中华民族从斗争实践中懂得,中国社会发展,中华民族振兴,中国人民幸福,必须依靠自己的英勇奋斗来实现,没有人会恩赐给我们一个光明的中国。

历史深刻表明,只要中国人民和中华民族勇于为改变自己的命运而奋斗牺牲,我们的国家就一定能够走向富强,我们的民族就一定能够实现伟大复兴!

五四运动以来的100年,是中国青年一代又一代接续奋斗、凯歌前行的100年,是中国青年用青春之我创造青春之中国、青春之民族的100年。

100年来,中国青年满怀对祖国和人民的赤子之心,积极投身党领导的革命、建设、改革伟大事业,为人民战斗、为祖国献身、为幸福生活奋斗,把最美好的青春献给祖国和人民，谱写了一曲又一曲壮丽的青春之歌。

实践充分证明，中国青年是有远大理想抱负的青年！中国青年是有深厚家国情怀的青年！中国青年是有伟大创造力的青年！无论过去、现在还是未来，中国青年始终是实现中华民族伟大复兴的先锋力量！

青年朋友们、同志们！

今天，在中国共产党领导下，我们开辟了中国特色社会主义道路，形成了中国特色社会主义理论体系，建立了中国特色社会主义制度，发展了中国特色社会主义文化，推动中国特色社会主义进入了新时代。中国人民拥有了前所未有的道路自信、理论自信、制度自信、文化自信，中华民族伟大复兴展现出前所未有的光明前景！

新时代中国青年运动的主题，新时代中国青年运动的方向，新时代中国青年的使命，就是坚持中国共产党领导，同人民一道，为实现"两个一百年"奋斗目标、实现中华民族伟大复兴的中国梦而奋斗。

青年是整个社会力量中最积极、最有生气的力量，国家的希望在青年，民族的未来在青年。今天，新时代中国青年处在中华民族发展的最好时期，既面临着难得的建功立业的人生际遇，也面临着"天将降大任于斯人"的时代使命。新时代中国青年要继续发扬五四精神，以实现中华民族伟大复兴为己任，不辜负党的期望、人民期待、民族重托，不辜负我们这个伟大时代。

第一，新时代中国青年要树立远大理想。青年的理想信念关乎国家未来。青年理想远大、信念坚定，是一个国家、一个民族无坚不摧的前进动力。青年志存高远，就能激发奋进潜力，青春岁月就不会像无舵之舟漂泊不定。正所谓"立志而圣则圣矣，立志而贤则贤矣"。青年的人生目标会有不同，职业选择也有差异，但只有把自己的小我融入祖国的大我、人民的大我之中，与时代同步伐、与人民共命运，才能更好实现人生价值、升华人生境界。离开了祖国需要、人民利益，任何孤芳自赏都会陷入越走越窄的狭小天地。

新时代中国青年要树立对马克思主义的信仰、对中国特色社会主义的信念、对中华民族伟大复兴中国梦的信心，到人民群众中去，到新时代新天地中去，让理想信念在创业奋斗中升华，让青春在创新创造中闪光！

第二，新时代中国青年要热爱伟大祖国。孙中山先生说，做人最大的事情，"就是要知道怎么样爱国"。一个人不爱国，甚至欺骗祖国、背叛祖国，那在自己的国家、在世界上都是很丢脸的，也是没有立足之地的。对每一个中国人来说，爱国是本分，也是职责，是心之所系、情之所归。对新时代中国青年来说，热爱祖国是立身之本、成才之基。当代中国，爱国主义的本质就是坚持爱国和爱党、爱社会主义高度统一。

新时代中国青年要听党话、跟党走，胸怀忧国忧民之心、爱国爱民之情，不断奉献祖国、奉献人民，以一生的真情投入、一辈子的顽强奋斗来体现爱国主义情怀，让爱国主义的伟大旗帜始终在心中高高飘扬！

第三，新时代中国青年要担当时代责任。时代呼唤担当，民族振兴是青年的责任。鲁迅先生说，青年"所多的是生力，遇见深林，可以辟成平地的，遇见旷野，可以栽种树木的，遇见沙漠，可以开掘井泉的"。在实现中华民族伟大复兴的新征程上，应对重大挑战、抵御重大风险、克服重大阻力、解决重大矛盾，迫切需要迎难而上、挺身而出的担当精神。只要青年都勇挑重担、勇克难关、勇斗风险，中国特色社会主义就能充满活力、充满后劲、充满希望。青年要保持初生牛犊不怕虎、越是艰险越向前的刚健勇毅，勇立时代潮头，争做时代先锋。一切视探索尝试为畏途、一切把负重前行当吃亏、一切"躲进小楼成一统"逃避责任的思想和行为，都是要不得的，都是成不了事的，也是难以真正获得人生快乐的。

新时代中国青年要珍惜这个时代、担负时代使命，在担当中历练，在尽责中成长，让青春在新时代改革开放的广阔天地中绽放，让人生在实现中国梦的奋进追逐中展现出勇敢奔跑的英姿，努力成为德智体美劳全面发展的社会主义建设者和接班人！

第四，新时代中国青年要勇于砥砺奋斗。奋斗是青春最亮丽的底色。"自信人生二百年，会当水击三千里。"民族复兴的使命要靠奋斗来实现，人生理想的风帆要靠奋斗来扬起。没有广大人民特别是一代代青年前赴后继、艰苦卓绝的接续奋斗，就没有中国特色社会主义新时代的今天，更不会有实现中华民族伟大复兴的明天。千百年来，中华民族历经苦难，但没有任何一次苦难能够打垮我们，最后都推动了我们民族精神、意志、力量的一次次升华。今天，我们的生活条件好了，但奋斗精神一点都不能少，中国青年永久奋斗的好传统一点都不能丢。在实现中华民族伟大复兴的新征程上，必然会有艰巨繁重的任务，必然会有艰难险阻甚至惊涛骇浪，特别需要我们发扬艰苦奋斗精神。奋斗不只是响亮的口号，而是要在做好每一件小事、完成每一项任务、履行每一项职责中见精神。奋斗的道路不会一帆风顺，往往荆棘丛生、充满坎坷。强者，总是从挫折中不断奋起、永不气馁。

新时代中国青年要勇做走在时代前列的奋进者、开拓者、奉献者，毫不畏惧面对一切艰难险阻，在劈波斩浪中开拓前进，在披荆斩棘中开辟天地，在攻坚克难中创造业绩，用青春和汗水创造出让世界刮目相看的新奇迹！

第五，新时代中国青年要练就过硬本领。青年是苦练本领、增长才干的黄金时期。"青春虚度无所成，白首衔悲亦何及。"当今时代，知识更新不断加快，社会分工日益细化，新技术新模式新业态层出不穷。这既为青年施展才华、竞展风采提供了广阔舞台，也对青年能力素质提出了新的更高要求。不论是成就自己的人生理想，还是担当时代的神圣使命，青年都要珍惜韶华、不负青春，努力学习掌握科学知识，提高内在素质，锤炼过硬本领，使自己的思维视野、思想观念、认识水平跟上越来越快的时代发展。

新时代中国青年要增强学习紧迫感，如饥似渴、孜孜不倦学习，努力学习马克思主义立场观点方法，努力掌握科学文化知识和专业技能，努力提高人文素养，在学习中增长知识、锤炼品格，在工作中增长才干、练就本领，以真才实学服务人民，以创新创造贡献国家！

第六，新时代中国青年要锤炼品德修为。人无德不立，品德是为人之本。止于至善，是中华民族始终不变的人格追求。我们要建设的社会主义现代化强国，不仅要在物质上强，更要在精神上强。精神上强，才是更持久、更深沉、更有力量的。青年要把正确的道德认知、自觉的道德养成、积极的道德实践紧密结合起来，不断修身立德，打牢道德根基，在人生道路上走得更正、走得更远。面对复杂的世界大变局，要明辨是非、恪守正道,不人云亦云、盲目跟风。面对外部诱惑,要保持定力、严守规矩,用勤劳的双手和诚实的劳动创造美好生活,拒绝投机取巧、远离自作聪明。面对美好岁月,要有饮水思源、懂得回报的感恩之心,感恩党和国家,感恩社会和人民。要在奋斗中摸爬滚打,体察世间冷暖、民众忧乐、现实矛盾,从中找到人生真谛、生命价值、事业方向。

新时代中国青年要自觉树立和践行社会主义核心价值观,善于从中华民族传统美德中汲取道德滋养,从英雄人物和时代楷模的身上感受道德风范,从自身内省中提升道德修为,明大德、守公德、严私德,自觉抵制拜金主义、享乐主义、极端个人主义、历史虚无主义等错误思想,追求更有高度、更有境界、更有品位的人生,让清风正气、蓬勃朝气遍布全社会!

青年朋友们、同志们!

中国共产党自成立之日起,就始终把青年工作作为党的一项极为重要的工作。一代又一代中国共产党人,大多数都是在青年时代就满怀信仰和豪情加入了党组织,并为党和人民奋斗终生。党的队伍中始终活跃着怀抱崇高理想、充满奋斗精神的青年人,这是我们党历经百年风雨而始终充满生机活力的一个重要原因。中国共产党立志于中华民族千秋伟业,必须始终代表广大青年、赢得广大青年、依靠广大青年,用极大力量做好青年工作,确保党的事业薪火相传,确保中华民族永续发展。

把青年一代培养造就成德智体美劳全面发展的社会主义建设者和接班人,是事关党和国家前途命运的重大战略任务,是全党的共同政治责任。各级党委和政府、各级领导干部以及全社会都要充分信任青年、热情关心青年、严格要求青年,关注青年愿望、帮助青年发展、支持青年创业,做青年朋友的知心人、青年工作的热心人、青年群众的引路人。

我们要主动走近青年、倾听青年,做青年朋友的知心人。当代青年思想活跃、思维敏捷,观念新颖、兴趣广泛,探索未知劲头足,接受新生事物快,主体意识、参与意识强,对实现人生发展有着强烈渴望。这种青春天性赋予青年活力、激情、想象力和创造力,应该充分肯定。同时,青年人阅历不广,容易从自身角度、从理想状态的角度来认识和理解世界,难免给他们带来局限性。这是青年成长的规律,我们要尊重这个规律。信任是理解的前提。要尊重青年天性,照顾青年特点,经常到青年中去,同青年零距离接触、面对面交流,了解他们的思想动态、价值取向、行为方式、生活方式,倾听他们对社会问题和现象的看法,对党和政府工作的意见和建议。即便听到了尖锐的甚至是偏颇的批评,也要有则改之、无则加勉,成为青年愿意讲真话、交真心、诉真情的知心朋友。青年要向年长者学习,年长者也要向青年学习,相互取长补短,相互信任帮助。

我们要真情关心青年、关爱青年,做青年工作的热心人。青年处于人生道路的起步阶段,在学习、工作、生活方面往往会遇到各种困难和苦恼,需要社会及时伸出援手。当代青年遇到了很多我们过去从未遇到过的困难。压力是青年成长的动力,而在青年成长的关键处、要紧时拉一把、帮一下,则可能是青年顶过压力、发展成才的重要支点。我们要关注青年所思、所忧、所盼,帮助青年解决好他们在毕业求职、创新创业、社会融入、婚恋交友、老人赡养、子女教育等方面的操心事、烦心事,努力为青年创造良好发展条件,让他们感受到关爱就在身边、关怀就在眼前。

我们要悉心教育青年、引导青年,做青年群众的引路人。青年要顺利成长成才,就像幼苗需要精心培育,该培土时就要培土,该浇水时就要浇水,该施肥时就要施肥,该打药时就要打药,该整枝时就要整枝。要坚持关心厚爱和严格要求相统一、尊重规律和积极引领相统一,教育引导青年正确认识世界,全面了解国情,把握时代大势。既要理解青年所思所想,为他们驰骋思想打开浩瀚天空,也要积极教育引导青年,推动他们脚踏实地走上大有作为的广阔舞台。当青年思想认识陷入困惑彷徨、人生抉择处于十字路口时要鼓励他们振奋精神、勇往直前,当青年在工作上取得进步时要给予他们热情鼓励,当青年在事业上遇到困难时要帮助他们重拾信心,当青年犯了错误、做了错事时要及时指出并帮助他们纠正,对一些青年思想上的一时冲动或偏激要多教育引导,能包容要包容,多给他们一点提高自我认识的时间和空间,不要过于苛责。要积极鼓励青年到艰苦的一线吃苦磨炼、增长才干,放手让青年在重要领域和重要岗位上攻坚克难、施展才华,积极为青年创造人人努力成才、人人皆可成才、人人尽展其才的发展条件。

青年朋友们、同志们!

自古英雄出少年。在漫漫历史长河中,人类社会青年英雄辈出,中华民族青年英雄辈出。《共产党宣言》发表时马克思是30岁,恩格斯是28岁。列宁最初参加革命活动时只有17岁。牛顿和莱布尼茨发现微积分时分别是22岁和28岁,达尔文开始环球航行时是22岁,爱因斯坦提出狭义相对论时是26岁。贾谊写出"西汉一代最好的政论"时不到30岁,王勃写下千古名篇《滕王阁序》时才20多岁。在我们党领导人民进行革命、建设、改革的伟大历史进程中更是青年英雄辈出。中共一大召开时毛泽东是28岁,周恩来参加中国共产党时是23岁,邓小平参加旅欧中国少年共产党时是18岁。杨靖宇牺牲时是35岁,赵一曼牺牲时是31岁,江姐牺牲时是29岁,红三十四师师长陈树湘牺牲时是29岁,邱少云牺牲时是26岁,雷锋牺牲时是22岁,黄继光牺牲时是21岁,刘胡兰牺牲时只有15岁。守岛32年的王继才第一次登上开山岛时是26岁,航天报国的嫦娥团队、神舟团队平均年龄是33岁,北斗团队平均年龄是35岁。这样的青年英杰数不胜数!我们要用欣赏和赞许的眼光看待青年的创新创造,积极支持他们在人生中出彩,为青年取得的成就和成绩点赞、喝彩,让青春成为中华民族生气勃发、高歌猛进的持久风景,让青年英雄成为驱动中华民族加速迈向伟大复兴的蓬勃力量!

青年朋友们、同志们!

共青团是党的助手和后备军,是党的青年工作的重要力量。在中国青年运动的光辉历程中,共青团发扬"党有号召、团有行动"的优良传统,为党争取青年人心、汇聚青年力量,在革命、建设、改革各个历史时期作出了积极贡献、发挥了重要作用。党旗所指就是团旗所向。共青团要毫不动摇坚持党的领导,增强"四个意识"、坚定"四个自信"、做到"两个维护",坚定不移走中国特色社会主义群团发展道路,不断保持和增强政治性、先进性、群众性,坚持把培养社会主义建设者和接班人作为根本任务,把巩固和扩大党执政的青年群众基础作为政治责任,把围绕中心、服务大局作为工作主线,认真履行引领凝聚青年、组织动员青年、联系服务青年的职责,不断创新工作思路,增强对青年的凝聚力、组织力、号召力,团结带领新时代中国青年在实现中华民族伟大复兴中国梦的进程中不断开拓创新、奋发有为。

关心和支持青年是全社会的共同责任。一切党政机关、企业事业单位，人民解放军和武警部队，各人民团体和社会团体，广大城乡基层自治组织，各新经济组织和新社会组织，都要关心青年成长、支持青年发展，给予青年更多机会，更好发挥青年作用。

青年朋友们、同志们！

青年是国家的未来，也是世界的未来。中国梦与世界梦息息相通，中华民族应该对人类社会作出更大贡献。新时代中国青年，要有家国情怀，也要有人类关怀，发扬中华文化崇尚的四海一家、天下为公精神，为实现中华民族伟大复兴而奋斗，为推动共建"一带一路"、推动构建人类命运共同体而努力。

青年朋友们！一代人有一代人的长征，一代人有一代人的担当。建成社会主义现代化强国，实现中华民族伟大复兴，是一场接力跑。我们有决心为青年跑出一个好成绩，也期待现在的青年一代将来跑出更好的成绩。衷心希望新时代中国青年积极拥抱新时代、奋进新时代，让青春在为祖国、为人民、为民族、为人类的奉献中焕发出更加绚丽的光彩！

再过几天，就是五四青年节了。在这里，我代表党中央，向全国各族青年致以节日的热烈祝贺！

（来源：新华网）

这是中共中央总书记、国家主席、中央军委主席习近平在纪念五四运动100周年大会上发表的重要讲话。习近平总书记深切缅怀五四先驱崇高的爱国情怀和革命精神，高度评价五四运动的历史意义，明确提出了新时代发扬五四精神的重要要求，满怀深情寄语当代青年，为广大青年重绘百年前烽火中的青春画卷；谆谆讲述先人之精神、气魄再燃当代青年之青春志气；以殷殷之关切寄语今朝青年之使命、信念。

● **例文二**

向美而行
——在清华大学2017级本科生开学典礼上的讲话

清华大学校长　邱　勇

亲爱的同学们、老师们：

今天，3700多名2017级新同学来到清华园，成为这里的新主人。我代表全校师生员工，对你们的到来表示热烈的欢迎，祝愿你们在美丽的清华园里实现自己的人生理想！

年轻的你们如此优秀，作为校长我感到无比高兴和自豪。你们当中有立志从事新闻工作、来自西藏拉萨的藏族姑娘次旦央吉同学；有年仅13岁、来自安徽合肥的盛一博同学；有热爱中国文化、来自美国加利福尼亚的Roan Guinan（秦荣）同学。祝贺次旦央吉、盛一博、Roan Guinan（秦荣）通过自己的努力成为清华的一员，也祝贺全体2017级同学圆梦清华！

同学们，从今天开始，你们将在美丽的清华园展开新的人生画卷。你们将在这里领悟自强不息、厚德载物的校训，行胜于言的校风和中西融汇、古今贯通、文理渗透的办学风格。你们将在宁静的图书馆里博览群书，在热烈的师生交流中求真论道，在丰富的社会实践中增长阅历，与志同道合的伙伴一起砥砺前行、挥洒青春、收获情谊。我希望某一天在校园里骑车与你们偶遇，在游泳馆里看见你们矫健的身姿。我更希望，经过大学四年的学习生活，你们具有健全人格、宽厚基础、创新思维、国际视野和社会责任感。我相信，你们会经历清华新的变化，感受更好的清华，也会成为更好的自己！

　　成为更好的自己，需要涵养性情、陶冶情操、提升人生品位。清华国学院四大导师之一的王国维先生认为："美育者一面使人之感情发达，以达完美之域；一面又为德育与智育之手段，此又教育者所不可不留意也。"美，引导人们超越自身利害的局限和有限生命的束缚；美，有助于拓宽胸襟、更新气象，构筑丰满、积极的精神世界。美育的首要职责是让人懂得如何感受美、欣赏美。希望你们从今天起，不仅能感受、欣赏水木清华的美，更能努力培育美的素养，塑造美的心灵。

　　你们要学会欣赏艺术之美和自然之美。欣赏美的过程是丰富人生意趣、增强生命力量的过程。艺术是自然和生活在艺术家心灵中的投射。贡布里希在《艺术的故事》中说，"我们想欣赏那些作品，就必须具有一颗赤子之心，敏于捕捉每一个暗示，感受每一种内在的和谐"。王羲之的兰亭集序、莫奈的睡莲，艺术家留给人类的瑰宝，展现了深厚的人文底蕴和敏锐的生命直觉。长河落日、疏雨梧桐，大自然或雄伟或秀美的景色，带给人们或开阔或静谧的心境。明代地理学家、旅行家徐霞客曾说："大丈夫当朝碧海而暮苍梧。"在几十年的游历中，他"登不必有径""涉不必有津"，尝尽了旅途的艰辛，同时饱览了大自然的雄浑壮阔和秀美绮丽，也给我们留下了文采斐然，堪称"真文字、大文字、奇文字"的《徐霞客游记》。欣赏艺术之美和自然之美，需要有开放的心态，也需要有探索的勇气。徜徉在艺术和自然的天地里，你们的世界必将更加精彩，你们的人生也必将通向更加高远宽广的境界。

　　你们要用心感受科学之美。科学崇尚真理，科学是美与真的统一，良好的审美感觉有助于发现真理。杨振宁先生在一次题为"美在科学与艺术中的异同"的演讲中谈到：物理学家了解的宇宙结构，到最后就是一组方程式，比如牛顿运动方程式、麦克斯韦方程式、爱因斯坦相对论，无论是星云之大还是基本粒子之小，无论漫长的时间还是短短一瞬，都受几个基本科学规律控制，这是一种大美。法国数学家、物理学家、天文学家庞加莱说，"我们特别喜好探索简单的事实和浩瀚的事实，因为简单和浩瀚都是美的"。科学之美在于科学理论的简洁、对称、和谐、统一，是一种客观的、无我的、内在的美，需要深入探索和思考才能发现和感知。广阔的科学世界蕴含着无限的大美和惊喜，你们要勤于思考、勇于探索，努力去品味科学中最美妙的诗篇。

　　你们要用一生去追求人性之美。人性之美永远照亮人类前行的方向。悲天悯人的情怀、坚毅不屈的精神是人性之美。美国第16任总统亚伯拉罕·林肯献身于人生来平等的理想，他因为坚定推动解放黑人奴隶的事业，倒在了冰冷的枪口之下。但他不妥协、不退却的身影，永久定格在人类史册中。淡泊名利的风骨、谦和包容的胸怀也是人性之美。曾任清华大学中文系主任的著名散文家、诗人朱自清先生，为人诚恳、谦虚、温和、朴素，总给人如沐春风的感觉。在他心中，每个笨拙的背影都蕴藏着可敬的人生与爱；夏夜失眠带给他的也不是烦躁，而是一篇隽永美文《荷塘月色》。"月光如流水一般，静静地泻在这一片叶子和花上"，他的人品学问文章，也如清澈的流水，静静滋润慰藉人们的心灵。我希望你们以那些坚守理想价值、具有高尚品格的人为榜样，在完善自己、铸就个人美好人生的同时，温暖整个世界。

同学们，世界是多彩的，希望你们与美相伴；人生是漫长的，希望你们向美而行。杨绛学长曾说："我在许多学校上过学，最爱的是清华大学。"确实，在很多校友心中，清华园是他们最热爱的地方。清华是这样的美，入心入梦、终生难忘；清华更是孕育美的地方，无数清华人从这里出发，创造出美好未来。

亲爱的同学们，从今以后，清华将成为你们新的家园。我相信，美丽的清华园一定会因你们而更加精彩，你们的青春足迹也一定将为清华园所铭记！

谢谢大家！

（来源：清华大学网）

这是2017年清华大学本科开学典礼上的致辞，致辞中邱勇校长对新生的入学表示热烈欢迎，并且寄语他们感受更好的清华，成为更好的自己，满怀热情地提出了希望。

知识平台

一、活动致辞的概念

致辞，也称致词，是用文字或语言向人们表达思想、传递信息的方式。是有一定身份的人在特定场合中，如在迎送宾客、重大节日、重要会议、开业典礼等活动仪式或集会上，宾主双方或一方所发表的表示欢迎、感谢、祝贺等的一种礼仪讲话。其主要作用是传递信息，了解情况；交流感情，增进友谊；营造环境，活跃气氛。

二、活动致辞的特点

1. 欢愉性

"有朋自远方来，不亦乐乎"，所以致辞者当有一种愉快的心情，言词用语务必富有激情和表现出致辞人的真诚。只有这样才可给客人一种"宾至如归"的感觉，为下一步各种活动的圆满举行打下好的基础。

2. 口语性

致辞本意是现场当面向宾客口头表达的，所以口语化是欢迎词文字上的必然要求，在遣词用语上要运用生活化的语言，即简洁又富有生活的情趣。口语化会拉近主人同来宾的亲切关系。

三、活动致辞的分类

活动致辞按内容不同主要分为以下几种：

（1）节日致辞（如元旦致辞、春节致辞、五一劳动节致辞等）；

（2）庆典活动致辞（重大工程建设奠基、竣工典礼致辞、工作交流会致辞等）；

（3）欢迎词、欢送词、答谢词；

（4）祝酒词、祝寿词、婚礼祝词；

(5) 文体活动致辞（文艺活动致辞、联欢活动致辞、体育活动致辞等）。

四、活动致辞的写作

活动致辞主要包括标题、称谓、正文、落款等部分。

1. 标题

标题写法一般为两类，一类为单标题写法，主要包括"文种"及"事由+文种"两种。一类为新闻式标题，也就是双标题写法，如《聚英才 展宏图——2017年新春招聘会致辞》。

2. 称谓

顶格写称呼，称呼要讲究礼仪，姓名要写全，要用尊称，即在姓名后加上职务、职称等，还要在主宾姓名前加上表示亲切或敬意的修饰词，如"尊敬的××部长，尊敬的××女士"。如果对象是一个群体，就要根据具体情况加以称呼，如"各位来宾，各位朋友""女士们、先生们、朋友们"等。

3. 正文

第一部分，即开头部分。对宾主表示热烈欢迎、诚挚的问候和致意或感谢。如"在这群山吐翠、百花争艳的美好季节里，我们非常荣幸地邀请大家参加这次活动。在此，我代表组委会并以我个人的名义，向出席活动的各位领导、来宾表示最诚挚的欢迎！向活动的召开表示热烈的祝贺！"。

第二部分，即核心部分。根据致辞所处的活动类型，主要写明与活动内容有关的情况。可能包括所在区域的总面积、行政划分、地理位置、气候、资源优势等，区域发展的基本情况、经济社会状况等，活动主题、活动开展情况和取得成绩等。也可以阐述和回顾宾主双方在共同的领域所持的共同立场、观点、目标、原则等内容，较具体地介绍来宾在各方面的成就及在某些方面做出的突出贡献，同时要指出来宾本次到访或光临对增加宾主友谊及合作交流所具有的现实意义和历史意义等。

第三部分，即结束语。通常在结尾处再次向来宾表示欢迎，并表达自己对今后合作的良好祝愿，语言一定要谦和。如"这次运动会在我省召开，充分体现了中央国务院对我省工作的信任和支持，使我们备受鼓舞。借此机会，向关心支持我省发展的各位领导、各界人士表示衷心的感谢！"

4. 落款

落款要署上致辞单位名称、致辞者的身份、姓名，并署上成文日期。现场致辞一般没有落款。

五、写作注意事项

1. 注意活动场合及主题

致辞要集中、有效地围绕议题把话讲好，不要走题或把话讲错。一般情况下，先列提纲再写作。

2. 注意通俗化和口语化

致辞的听众有可能是普通民众，他们只能接受自己听得懂、容易理解的内容，因此不要过多运用专业化语言。

知识拓展

● 知识卡片一

活动致辞写作技巧

一是善于从活动所处的社会大背景下提升活动高度；二是善于从内容角度挖深度，让与会者更多的了解推介内容；三是善于从听众角度谋效率，一定要让听众听到、听懂与自己有关的内容。四是善于从逻辑角度寻准度，不要出现前后重复、对象不清、相互矛盾的问题。

● 知识卡片二

欢迎辞写作注意事项

欢迎辞是出于礼仪的需要而使用的，因此要十分注意礼貌。具体而言，要注意以下几点：

（1）称呼要用尊称，感情要真挚，要能较得体地表达自己的原则立场。

（2）措辞要慎重，勿信口开河，同时要注意尊重对方的风俗习惯，应避开对方的忌讳，以免发生误会。

（3）语言要准确、热情、友好、温和、礼貌。

（4）篇幅精简，言简意赅。一般的欢迎辞都是一种礼节性的外交或公关辞令，宜短小精悍，不必长篇大论。

任务实训

写作实践

1. 2017 年 5 月 11 日，华夏银行总行举办"践行协同发展 服务首都建设——华夏银行与北京市重点企业合作洽谈会暨签约仪式"，华夏银行与北京首都创业集团有限公司等 15 家北京市属国有企业签署战略合作协议。在签约仪式结束后，请您以华夏银行行长的名义草拟一份致辞，为这次活动的成功举办致辞。

2. 2018 年 9 月，2018 某地经济发展论坛胜利召开，根据所查询资料，请您为某市市委书记草拟一份论坛开幕会致辞。

第二篇 专业文书

项目一 科技

情境导入

> 王星进入了大学最后一学年的学习。这一年，学校安排他和同学去一家知名企业进行毕业实习。实习期间，王星以认真扎实的工作态度赢得了部门领导和同事的一致好评。四个月的实习顺利结束，回到宁静的学校，老师要求王星针对自己的实习经历写一份实习报告，并告诉他要开始准备撰写毕业论文了。实习报告该怎么写，毕业论文又该如何准备呢？王星陷入了思索。他把以前写过的实验报告都翻了出来。功夫不负有心人，凭借着扎实的专业功底，王星终于想到了一个好主题。在大学学习中，实验报告、实习报告、毕业论文是每个大学生都要完成的任务，只有完成这些，才能顺利毕业，信心十足地走向你的职场生涯。亲爱的同学们，你们是否也像王星一样，认真对待每一次学习的机会，为将来撰写毕业论文做好充分的准备？

任务1 实验报告

案例赏析

心灵力量米饭试验实验报告

课程：心理

实验人员：2010届高二（22）班全体同学

实验日期：2009年5月—6月

试验地点：汕头一中505室生物实验室

实验内容

实验背景：心理课上老师介绍了《生命答案水知道》这本书，并提到了台湾一教师做的米饭试验，声称心灵的力量影响着周围的一切物质。本着"实践是检验真理的唯一标准"的原则及科学谨慎的怀疑态度，高二（22）班攻坚部门联合全体同学组织试验。

实验目的：验证米饭试验，探究情感是否可以影响生活。

猜想与假设：台湾米饭实验结果无法重复，三份米饭发霉程度相对情感并不能影响生活。

实验器材：培养皿×3、等量白米饭×3、胶纸、照相机、显微镜。

实验步骤：

将米饭装入三个培养皿中，密封。分别给三个培养皿做记号。（图略）

三份米饭安排如下：

1号米饭"喜欢它"：

(1) 课下同学自由对其进行赞美。

(2) 每天由全班同学集体鼓掌、欢呼一次。

2号米饭"讨厌它"：

(1) 课下同学自由对其进行辱骂。

(2) 每天由全班同学集体喝倒彩、奚落一次。

3号米饭"不理它"：不予理睬。

实验过程（略）

实验结果（图略）：

1号：喜欢它

处理方式：每天由全班同学集体鼓掌、欢呼一次；课下自由赞美。

生长速度：最快

所含真菌：

(1) （大部分）呈橙黄色，后渐渐转金褐色，表面有绒毛，底下类似黑糯米，疑为"金黄色葡萄球菌"。

(2) 少量蓝灰色真菌，表面有较长绒毛。

(3) 少量黄灰色真菌，表面有类碎屑物。

味道：酒精味。

其他：质软，含水。

2号：讨厌它

处理方式：每天由全班同学集体喝倒彩、奚落一次；课下自由辱骂。

生长速度：较慢

所含真菌：

(1) （大部分）呈白色，后渐渐转灰褐色、黑褐色，白色真菌状若蛛丝，黑褐色真菌状若"通心粉"疑为"米根霉"。

(2) 少量黄色真菌。

(3) 少量黄灰色真菌。

味道：无味，一丝味道也没有。

其他：质硬，排水，不浸润。

3号：不理它

处理方式：不予理睬。

生长速度：最慢

所含真菌：
(1) 约 20%灰黑色真菌。
(2) 少量黑色真菌。
(3) 微量酱色真菌。
(4) 微量白色、丝球状真菌。
(5) 约 15%乳白色真菌。
(6) 少量浅黄色真菌。
(7) 微量橙黄色真菌。
(8) 少量灰色真菌。

味道：硬纸板味。

其他：约 35%质软，约 65%质硬，潮湿；发现一小甲虫。

分析和讨论：

(1) 不像传言所述，1 号米饭拥有对真菌惊人的抵抗力，反而真菌繁殖得最快。然而真的像传说的一样发酵了。对此，作出解释如下：

大米本是水稻的种子，经蒸煮后已丧失生命力，实质上无法感知我们的情感。抛开个人的喜恶，对于真菌这类生命来说，虽然我们没有直接赞美它，但是赞美着他们的家园，使得真菌在一个美好的环境中得以快速地生长、繁殖，并使环境往美好方向发展。如果我们热爱我们的家园、善待我们的环境，相信也会生活得更好。

(2) 2 号米饭上的真菌生活在一个被唾弃的环境中，并没有发黑、发臭，这点与以往试验记录不符。反而它没有一丝味道，连本来的米饭的味道都没有；并且在试验结束清洗时，发现 2 号米饭排斥水，水滴在上面像滴在荷叶上一样，对此作出解释如下：

这应该是一种自我封闭。不同的人在出身让人看不起、生活环境为人所唾弃时会有不同的表现。有的人会自暴自弃、自甘堕落，换在真菌身上可能就表现为发黑发臭；有的人则会自我封闭，不再接触外面的世界，一直活在内心的阴影中，对于真菌，生活在这种环境下的完全有理由"闭关锁国"，不让一丝气味流失，也不允许一滴水的进入。也有少部分人则会奋发自强，苦难的环境无法阻止他的进步，甚至会比普通人做得更好，由此看来，可能会有部分真菌在被奚落的环境下成长得比赞美环境下的更好，但考虑真菌与人类的智商差异，此类现象出现可能性极低。这点尚需实验证实。

(3) 3 号米饭菌种繁多、杂乱无章。对此，作出 2 种可能解释：

①在一个不予理睬的环境中，没有基本的规范，没有使真菌定向发展的推动力，任其自生自灭，便会显得杂乱无章，混乱不堪。

②实验结束时在 3 号培养皿中发现一小甲虫，由此猜测 3 号培养皿密封工作有疏忽，与外界接触使其多了许多不可控因素，导致实验结果错误。

结论：尽管实验现象跟传言不尽相同，但仍可以说明情感可以影响生活，赞美拥有强大的力量。

(来源：百度文库，有删减)

这是一篇实验报告。标题采用单一式，简练明确地反映了文章内容。正文包含了实验报告的背景、目的、猜想与假设、实验步骤等。全文结构严谨，条理清晰，格式规范，语言简洁精炼。

知识平台

一、实验报告的概念及特点

实验报告是在实验的基础上，通过分析整理，客观如实地将实验目的、材料、方法、过程与结果等记录下来的一种科技文书。

实验报告与科技论文的不同点在于：科技论文强调的是学术性和创造性，它不需要对实验的全过程作详细叙述，而是以阐述作者的科学见解为目的，而实验报告则只要求如实记录实验过程与结果，而不管其内容新旧或结论正误。

实验报告具有以下三个特点：

1. 客观性

报告的内容要求实事求是，依据实验过程如实记载，不能弄虚作假。注意记载时要认真仔细，数据要认真核对。

2. 以说明和叙述为主要表达方式

要求用简练、确切的文字，客观表述实验过程和结果。

3. 多采用图表等辅助说明方法，便于读者了解实验装置和工作原理

图表的特点是直观、简洁，可以节省许多叙述性语言。

二、实验报告的种类

实验报告按其性质和内容，可以分为检验型实验报告和创新型实验报告。

1. 检验型实验报告

检验型的实验报告，是重复科学史上前人已经做过的实验，然后再做一次检验得到的实验报告。其实验步骤和方法一般由教师预先拟定，目的是为了验证某一学科的定律或结论，训练学生的动手操作能力。这种检验性的实验，主要用于教学。政治、教育、心理等专业所做的实验属于这种实验，他们写的报告就是这种检验型实验报告。

2. 创新型实验报告

创新型的实验报告，是科学工作者进行一项新的研究所做实验的报告。这类科技实验报告，由于其实验过程或实验手段有所创新，或者是实验结论前所未有，不是简单重复和再现别人的成果，其写作重点是创新，有填补"空白"的意义，具有文献价值。

三、实验报告的写作方法

实验报告没有一个固定的模式，但有常用的格式。其主要构成要素有：

1. 标题

实验名称，它是实验内容的集中反映。标题要求简练、明确、醒目地反映实验研究的内容。实验报告的标题有单一式和复合式两种。单一式的标题直接点题，如《中学语文比

较教学实验报告》。复合式标题有正题和副题组成，如《电工电子实验报告——EWB 虚拟电子实验平台》。

2. 正文

包括前言、主体两部分。

（1）前言（引言）。前言是科技实验报告的开头，常用高度概括的语言介绍研究的对象、目的、经过、意义等，使读者在通读正文之前对研究过程有所了解，为阅读正文作准备。前言与摘要不同，摘要主要说明研究对象是什么，有什么创新成果；前言主要说明为什么从事本课题研究，预期达到什么目标。如例文《GGR 在苹果梨树上应用结果实验报告》的"前言"，首先介绍了实验对象苹果梨的特点，接着说明实验的目的——为了探索提高果品品质和增产之路，最后强调该实验带来的经济效益十分显著，达到预期目标。

（2）主体。实验报告的核心是实验设计和实验，通过对实验结果的分析、讨论，得出关于物质运动的规律认识。其主体一般由下列各部分组成：

①实验原理。写明实验所依据的基本原理，如主要定律、公理、公式等，要写得准确、充分、有理有据。

②实验材料、方法和步骤。这是实验报告的重要组成部分，写这部分要具体交代用什么实验材料、方法和步骤以及取得的结果，使同行能够按照作者提供的条件重复实验，核对结果。这部分的内容包括：

• 实验材料及设备。要求择要介绍实验用的原料、样品、试剂等。凡是标准产品，只需列出规格和型号；若属非标准产品，还应该说明化学成分、物理和制备方法。凡是属通用设备、仪器，只要注明型号、规格即可；若是自制设备，需要作简要说明，并附有构造图或线路图。说明实验装置时，一般按照空间顺序表述。

• 实验方法及步骤。实验所采用的方法及步骤的说明一般按时间顺序表达，要求简单、明了、清晰，一般要求标注序号。如例文 2 在"测定方法"中，关于实验的测定方法，都是根据实验的要求和进行的顺序来设计的。其中，介绍实验步骤和操作方法严格有序，交代溶液的体积和浓度也十分精确。这都体现了实验的科学性。

③实验结果。这部分是科技实验价值的反映和体现，问题的讨论由此引出，结论由此产生。在此要写出实验观察到的现象、取得的数据，为了真实、准确、形象地表达实验结果，常借助图表，按照问题性质分类进行说明。如例文 1 在"试验结果与分析"中，有关结果的表达，除了用文字作比较说明外，还重点运用图表形式来说明。图表比项齐全、对比关系清楚、数据准确，这样，一目了然，省去了文字解说的繁杂，也可避免引起不必要的误解。

④误差分析。在实验中，由于实验条件、测量仪器、测量方法以及测量技术等因素的影响，使得测量值与客观真值之间存在着差值，这个差值叫做误差。因此，要对测量值与真值进行误差分析。误差分析可从下面两方面入手：一是系统误差。其特点是：在相同实验条件下，对同一量进行反复多次测量时，误差总保持不变，或者测量条件改变时，误差可按一定规律变化。它产生的原因有：①由于仪器本身缺陷，或者实验者方法误差，没有

按规定条件使用造成的误差。②由于实验者的原因，如估计不准确。消除系统误差，可用精度测量或多次测量。二是随机误差。其特点是：在相同条件下，对同一定量进行多次测量时，在极力消除或者改正一切明显误差后，每次测量的误差以不可预知的方式变化着，这叫做随机误差。

⑤分析和讨论。这是在上述实验方法和实验结果的基础上进行的论证、分析，是一种由感性认识上升到理性认识的过程。讨论的重点是：本实验理论上的解释，符合什么原理；将本实验的结果与前人的研究进行比较，指出异同之处，并分析原因。若这部分内容不多，没有必要从理论上加以详细分析，可以与实验结果合并在一起写，如例文1就是这样写的，显得行文紧凑。

3. 结尾

结尾是对实验报告全文的总结。它是对实验结果，通过分析、判断、推理得出的对事物本质和规律的认识，是全篇报告的精华所在。结论的写作，要求简洁、明确，不含糊其辞，不模棱两可；对成果的评价恰如其分；在内容与文字上要避免与"结果"重复。

4. 实验报告的写作要求

不同学科的实验，其报告的写法有所差异，但也存在着共同的标准，这就是1930年Ward. G. Reeder 提出的五项原则，即正确性、客观性、公正性、确证性、可读性。具体来说有下面几点写作要求和注意事项：

（1）写实验报告必须坚持实事求是、严肃认真的科学态度。报告中陈述的原理、方法、现象和数据，必须是实验过程的真实记录，不能伪造。分析问题，判断、结论必须从实验的实际情况出发，要有理论和事实依据，要强调科学性。

（2）实验报告是一种说明文体，不像科技论文那样注重理论性和学术性，也不像文学作品那样要求具有文艺性和形象性。实验报告强调的是报道性，它是实验过程的真实记录，因此，主要采用说明的方式，用简练、清晰、确切的文字和专业术语，客观地表述实验过程和实验结果，语法要规范，要注意可读性。

（3）图表是解释和说明文字的有效手段，比文字叙述直观、简洁、明了，写报告时要充分利用。

任务实训

写作实践

请在专业老师的指导下进行相关实验操作，并根据实验记录认真写出一份完整的实验报告，要求处理相关实验数据，对实验现象进行解释，对实验进行讨论并做出结论。实验报告的形式可以是文字的，也可以是表格式的。

任务 2　实习报告

案例赏析

工商管理系××实习报告

今年7月7日上午开始，我在中港第一航务工程局第二工程公司附属单位科利公司进行了工商管理实习工作。在实习中，我在公司指导老师的热心指导下，积极参与公司日常管理相关工作，注意把书本上学到的工商管理理论知识对照实际工作，用理论知识加深对实际工作的认识，用实践验证所学的工商管理理论，探求日常管理工作的本质与规律。简短的实习生活，既紧张，又新奇，收获也很多。通过实习，使我对日常管理工作有了深层次的感性和理性的认识。

我所实习的科利公司，隶属于中港第一航务工程局第二工程公司。中港第一航务工程局第二工程公司成立于1953年，是以水工、市政、工民建、路桥、安装工程等为主要经营项目的国有大型骨干建筑施工企业，具有航务工程总承包一级、房建二级、市政、水利水电三级、地基与基础一级、钢结构一级、机电设备安装一级、商砼与预制构件二级、勘察设计甲级、计量二级、建筑材料试验甲级等资质。公司现有正式职工3000余名，先进的工程技术装备千余台；拥有2.6万平方米的高层办公楼和30多万平方米的生产基地；近700米的工作船码头和4万余平方米的海域，固定资产达3亿多元。公司于1998年通过了ISO9002质量体系认证；1999年通过了ISO10012国际标准认证，取得了"计量保证确认合格证书"；××年通过了ISO9001国际质量管理体系认证。

回顾实习生活，感触是很深的，收获是丰硕的。实习中，我采用了看、问等方式，对科利公司的日常管理工作的开展有了进一步的了解，分析了公司业务开展的特点、方式、运作规律。同时，对公司的"浇注明天"的服务品牌，"构筑精品，造福社会"的企业使命，"务实求新、敢争一流"的企业精神有了初步了解。

一、坚持以经营为龙头，不断开拓山东地区传统施工领域

抢抓水工市场快速发展的良好机遇，进一步加大了对青岛港、烟台港、日照港等大型水工工程的跟踪公关力度，认真作好了北船重工搬迁、奥运基础设施建设的经营工作，承揽到北船重工大坞、烟台港三期二阶段、奥运会青岛国际帆船中心标段、日照港中港区东部岸线等工程，确保了传统市场战略项目不丢失。同时，发挥地域优势广览信息，积极跟踪，承揽到东营港扩建和蓬莱国电等工程，在开拓传统工程领域发面取得了新进展。

二、强化三标一体管理体系运行，有效地促进了企业管理水平的提高

切实加大三标一体管理体系运行力度，进一步强化了体系检查、文体整改和业务指导，对内审发现的问题及时进行了整改追踪检验，建立了基层单位与机关部室双向评价体系，不合格报告同比降低了50%，符合率和得分率较前年有了增长，三标一体管理体系得到有效的运行。

三、坚持以经营为龙头，积极实施"1433"经营举措，促进经营持续发展

××年公司经营工作思路确定为"1433"，即要成立一体化经营领导小组，建立四个经营分公司运行体制，坚持三位一体的经营原则，充分发挥经营工作的三个积极性，不断开拓山东地区、南方、桩基和陆域市场。

"1433"经营思路具体内容是：公司成立一个精干高效、信息反馈迅速的公司经营领导小组，切实加强对经营工作的领导；建立经营分公司、厦门分公司、上海分公司和陆域经营分公司四个经营分公司的经营运行体制，增强开拓市场的能力；坚持以市场价中标、不投亏损标，诚信合作、互惠共赢三项经营原则；充分调动公司经营部、经营分公司和经营人员三方面经营积极性。

在新的经营思路指引下，公司将继续加大对山东地区传统市场的开拓力度，全力以赴地做好前湾港、日照港、烟台港新建码头、黄岛招商国际码头、青黄复线、青黄隧道、东营港后续工程等工程项目的跟踪公关工作，紧盯不放，志在必得，巩固传统市场，力争在承揽特大型工程项目上有所突破。继续坚定不移地开拓南方市场，干好厦门、温州、海南等在建项目，赢得业主满意，树立企业形象。发挥经营分公司的作用，加大对重点工程的经营公关力度，做好投标工作，确保目标工程不丢失。以项目为依托，在开拓新的市场上有所作为，保持南方地区经营产值持续增长。坚定不移地开拓桩基市场，切实加大桩基设备投入，锻炼桩基施工队伍，进一步增强桩基施工能力。坚持水陆并进，提高规模效益。利用房建施工总承包一级资质，认真总结路桥施工经验、教训，加大陆域市场开拓力度，实现陆域市场的稳步发展。

同时通过实习我发现中港第一航务工程局第二工程公司附属单位科利公司也存在问题：

（1）市场观念和经营体制不适应公司快速发展的要求，市场开拓的步伐与企业快速发展的要求有差距；经营体制还不完善，经营队伍、经营人员的责权利还有待于进一步提高。

（2）施工组织管理观念有待进一步转变，在施工过程中按照施工合同要求进行施工组织管理的意识不强，施工管理现状与施工管理科学化、规范化存在较大差距，致使我们有的项目在开工初级阶段和施工过程中难以进入状态，不能满足业主要求。

（3）成本意识不强，成本控制水平不高，个别项目存在管理粗放、施工大手大脚的现象，向管理要效益、向科技创新要效益的意识还没有牢固树立起来，以至于我们的成本控制与先进的施工企业还存在较大的差距，市场竞争力不强。

（4）对分包队伍的管理制度和管理程序化还不完善，在分包合同管理方面存在程序不衔接、管理不闭合的现象；项目部对分包队伍管理的重视程度不够，在管理手段和制度落实上存在薄弱环节。

（5）依法治企、依法维权和自我保护意识不强，不能够充分运用法律手段维护企业利益，特别是领导干部的法律知识和依法治企的意识还不适应市场经济的要求。

本文的标题直接指明了实习的性质，明确地反映了文章内容。文章开头概述了实习期

的情况，实习的时间、地点，实习表现及对其意义的认识等。开头简明扼要，紧扣主题。主体主要包括以下两个方面：实习单位介绍以及实习总结和体会。

知识平台

大学毕业实习结束，一般要求学生结合实习过程写实习报告，将实习内容系统化，巩固专业知识，提高专业技能，为毕业论文（设计）打下基础。那么，实习报告该怎么写呢？

一、实习报告的概念

实习报告是学生在某项实习活动中，把实习目的、实习时间、实习地点、实习单位和部门、实习过程、实习体会和收获等，用简洁的语言写成的书面报告。实习报告是完全根据自己的实习经历所撰写。

二、实习报告的特点

1. 实习报告的理论性强

实习报告的写作都是以本专业所学的基本知识为基础的，所以实习报告要求作者在掌握原始资料的基础上，运用本学科所学的基本原理、基本理论、基本方法对材料进行分析、研究、提炼。

2. 实习报告的针对性很强

实习报告是在实习的基础上写出的报告，并且实习总是在一定的时间、地点，针对一定的问题而进行的。通常，实习报告都是针对诸如生产流程、现场管理、技术改进、组织结构、人力资源管理、财务管理、营销管理、战略管理等某一个或几个方面来研究、调查的，目标明确。

3. 实习报告的学术性强

学术性又叫学术化。写作实习报告时首先要求作者的主观态度必须一定程度的中性化，即在研究某一问题之前不先作价值评析，而是以客观的、科学的态度对待自己的研究对象；其次，在研究某一问题时，注意理论预设、研究方法、资料来源、创新性观点等要持之有据，论证充分，逻辑严密，并有自己的一套学术话语体系，总的来说要有学术规范。

4. 实习报告的灵活性强

说实习报告的灵活性强是说实习报告的内容、表达方式、结构等方面都可以根据实际的需要而灵活选择和组合。

5. 实习报告的时效性强

一般情况下，学校和指导老师都对实习报告的完成时间有明确的要求，因此，同学们在写实习报告时必须严格按照学校和指导老师的要求去按质按量地完成。

三、实习报告的种类

按照实习时间和实习目的的不同，一般可以将实习报告分为认识实习报告、专业实习报告和毕业实习报告三种类型。

1. 认识实习报告

所谓认识实习报告是指使学生获得本专业的感性知识，为学习专业课程打下基础，安排在上专业课前进行写作的实习报告。写作认识实习报告的目的是为了使学生对将要学习的专业知识有一个感性认识，培养学习兴趣，为以后专业知识的学习提供强大的驱动力。

2. 专业生产实习报告

所谓专业生产实习报告是为了使学生巩固已学理论知识，并增强学生将专业理论知识运用于实际工作中的能力而撰写的实习报告。

3. 毕业实习报告

所谓毕业实习报告是指主要为毕业论文（设计）打下一定的基础而写作的实习报告。毕业实习报告有三个特点：总结性强、针对性强和学术性强。

四、实习报告的写作方法

实习报告的结构由标题和正文两部分组成。

1. 标题

实习报告的标题写法一般有3种。

（1）一般都直接写"实习报告"。

（2）标明实习的性质、任务和范围，如《××附一医院实习专题报告》《个人学科毕业实习报告》等。

（3）也可以在标题"实习报告"后加副标题，如《实习报告——利用价值工程降低MH126压缩机成本》。

2. 正文

包括前言或绪言、主体、结尾三部分。

（1）前言或绪言。主要是用来概述实习期的情况，即实习的目的、意义、要求，实习的时间、地点、内容（课程）及主要收获；实习表现及对其意义的认识等。前言的内容应该简明扼要，紧扣主题，高度概括。

（2）主体。主体是实习报告的主要部分，必须进行全面的、深刻的叙述、说明和议论，详细阐述作者观点。可以按照实习大纲的要求，把掌握的材料分章节地写出来。主体包括以下几个方面：

①实习目的：言简意赅，点明主题。如果引言中已经详细说明了实习目的，那么主体部分可省略该项内容或者只需简单提及。

②实习单位及岗位介绍：扼要介绍接受实习单位的情况，要求详略得当、重点突出，重点要放在实习岗位的介绍上。

③实习内容及过程：这是重点，要求内容详尽、层次清楚；侧重实际动手能力和技能的培养锻炼和提高，切忌记账式的简单罗列。

④实习总结及体会：这部分是精华，要求条理清楚、逻辑性强；着重写出对实习内容的总结、体会和感受。

3. 结尾

正文的小结部分，结合实习单位对自己完成实习工作任务的评价简要地、实事求是地归纳此次实习取得的成绩和不足之处，对实习作出客观正确的评价。总结自己的实习体会，分析实习的成功经验和失败教训，对今后的实践活动提出指导方向。

五、实习报告的写作要求

（1）必须在深入细致的实习调研的基础上写作实习报告。深入细致的现场调查，是写作实习报告的前提和基本要求。"巧妇难为无米之炊"，没有认真细致的现场实习是不可能写出高质量的实习报告的。

（2）实习报告的写作必须与本专业的专业知识紧密结合。实习报告的一个显著的特点就是理论性强。实习是为了更加深刻地理解和掌握专业知识，专业知识又可以使我们的实习更加卓有成效。所以说，实习与我们的专业知识是紧密相连、不可分割的。

（3）报告必须写自己的实习经历，可参考别人的资料，但不能抄袭，如有引用或从别处摘录的内容要表明出处。参考文献的标注方法一律采用文后注释，书写顺序为：如著作类：著者、书名、出版地、出版者、出版年、起止页码；如期刊类：作者、论文名、刊名、出版地、出版者、卷号或期号、起止页码。

知识拓展

● 知识卡片一

实习报告、实习总结和实习小结的区别

实习报告：报告都有基本的格式，就像政府工作报告，主要表述这一年或这一段时间的工作、计划实施情况，就是一种公布式的报告，让别人知道你在这一段时间的情况。

实习总结：就是实习完成后进行的整体性总结和概括。在期间遇到的困难，并且是如何克服的。总结自己获得的经验和解决问题的方法。

实习小结：就是在实习的过程中，某段时间内小范围的总结、反思，对以后的实习和工作有指导性的作用。

● 知识卡片二

优秀实习报告的内容构思

一份好的实习报告可以帮助学生获得理想的就业岗位，要写好实习报告可以从以下几个方面进行构思：

（1）加深了对职业的认识，获得了所从事领域的较为高深的知识。

（2）如何理论联系实际，面对和解决了实习中出现的困难和障碍。

（3）增强了工作能力，如：团队精神、创造能力、吃苦耐劳等。

任务实训

一、根据教材，请指出这份实习报告存在的问题

实习报告

进入公司的当天，商标部杨经理提醒我，"你虽然是名实习生，但是也要跟普通员工一样先得学习企业文化"，她还特别强调了学习企业文化的重要性。了解了企业文化，"想别人不曾想的事，才能创造新的奇迹；走别人没走过的路，才能达到新的顶峰"的发展信念，与"敬业进取，实现自我价值；协作奉献，强化团队力量"的执业理念，已经深刻得印入了我的脑海，指导着我日后的工作。

随后我对商标的种类及其特点，国内注册知识包括商标审查、初审公告、注册公告、领取商标注册证、商标注册的途径、商标注册申请所需书件及要求、商标注册申请人等，代理业务的分门别类……这一系列有关商标代理业务逐一消化吸收。

入世啦，我国企业在进军国际市场之前，必须做好知识产权国际保护计划，提前在相应的国家注册自己的商标，避免其被他人抢注而给企业造成不可估量的损失。作为一个商标代理人，这是我对新客户首先应该提示的内容之一。

向新客户介绍了申请商标注册的重要性与必要性，接下来即介绍清楚向国外申请商标注册的途径的几种方式……当然，对于相关涉外咨询、代理事项的熟知，毋庸质疑成了我实习工作中一个攻关性的首要课题。而我就必须弄明白有关马德里国际注册的一些常识；另外，我生来对数字不敏感，但是在工作中决不允许出现这样的低级错误。于是我背了几个早晨，终于把那个《注册收费项目及标准》记熟了。

类似以上需要商标代理人必须掌握的还有好多，在实习的前半个月里，它们塞得我的脑袋都要爆炸了。但是这些日子里我过得紧张而又充实，与校园生活的轻松是不能比的。我学习和掌握了不少知识和技能，清楚了委托代理的手续，也弄明白了注册申请业务那些繁琐的部门类别。

由于商品和服务项目的不断更新、发展，市场交易的状况也不断发生变化，类似商品和服务的关系并非一成不变，作为商标代理人，在工作中必须结合实际情况，不断总结经验。

在实习生活接近尾声的时候，回顾这段紧张而又美好的时光，真让我受益匪浅。而这是我真正步入社会的开始，将成为我职业生涯中浓墨重彩的一笔。带领我实习的杨经理那丰富的商标注册、异议和诉讼代理经验让我明白了一个道理：不管我今后从事什么工作，都要在做好本职工作的同时，继续研究自己所学的专业。决不能前功尽弃，毕竟那是我的志趣所在。

（来源：www.ky530.com，有删减）

二、什么是实习报告？实习报告有什么特点？

三、写作实践

根据你的某次实习情况写一则实习报告，要求语言流畅，格式规范，字数不少于300

任务3　毕业论文（设计）

案例赏析

案例一　论我国服装行业营销渠道管理研究

摘要： 对于服装行业而言，营销渠道管理可谓是最核心的因素，对服装企业的发展起着十分关键的作用。本文通过对我国服装行业营销渠道管理现状的分析和研究，找出现阶段我国服装行业营销渠道管理中存在的问题，进一步明晰营销渠道管理对服装行业的重要性，及企业在今后发展中在渠道选择，渠道开拓，以及渠道管理方面应该注意的问题，并根据问题找出相关管理的恰当对策，对服装企业的发展提供有力的借鉴。

关键词： 服装行业；营销渠道；营销渠道管理；策略

服装企业发展中营销渠道管理问题已逐渐成为其发展的瓶颈，企业要跟得上时代的发展趋势，就必须保持和不断增强营销渠道管理的优势。而市场经济条件下生产同消费之间存在着时间、地点、数量以及所有权等方面的差异，只有克服这些差异和矛盾，产品才能更好地从生产方转到消费者一方。在整个转移过程中，离不开中间商或其他机构，因此如何更好地管理中间商以及如何选取销售渠道，成为重中之重，也是营销企业提高生产和收益的关键因素。本文主要以服装业营销渠道管理为研究对象，通过对我国服装行业营销渠道管理现状的研究，找出该行业目前存在的问题，并结合所学理论知识及市场未来的发展需求，总结出服装行业营销渠道今后发展的方向以及需要注意的问题。从问题出发，寻找出解决方案，以促进我国服装行业的快速健康发展。

一、加强我国服装行业营销渠道管理的重要性

一个企业要想取得长久的发展就必须拥有持久战略优势，所谓持久战略优势指竞争对手无法迅速模仿或不易模仿的竞争优势。在战略营销工具"产品、价格、促销、渠道"这四个基本因素中，企业采取对产品，价格，促销这三个因素进行改变，通过这些战略获取竞争优势已经变得越来越困难了。对于竞争对手来说，营销渠道在短时间内难于模仿，对获得竞争优势来说营销渠道策略比其他三个因素更能提供潜在的力量，原因主要体现在以下三个方面：渠道战略需要花大量的时间来计划和实施，对于很多竞争对手来说，他们不愿意花费更多的精力来模仿渠道的设置；渠道战略通常需要一小组织结构，而这样的组织结构是通过花费大量的时间，精力来选拔，培训的；渠道战略是基于关系和人的，渠道战略的成功直接依赖于在各种不同组织中各岗位上人员有效的合作，渠道关系是不容易建立和维持的，对于竞争对手来说他们更宁愿选择产品，价格，促销方面来竞争。因此渠道管理就成为企业取得竞争优势，占据市场最高点的重要因素。

（一）营销渠道内涵（略）

（二）加强我国服装行业营销渠道管理的重要意义（略）

二、我国服装行业营销渠道管理的现状及问题

（一）我国服装行业营销渠道管理现状

1. 渠道选择现状（略）
2. 渠道同质化现象严重（略）

（二）我国服装行业营销渠道管理的问题

1. 生产商和经销商矛盾突出（略）
2. 渠道窜货现象严重（略）
3. 渠道恶性冲突严重

渠道冲突主要表现在：垂直渠道冲突、水平渠道冲突、多渠道冲突。（略）

4. 企业对中间商的控制力度不够（略）

三、影响我国服装行业营销渠道管理的主要因素

我国服装行业营销渠道管理的现状和问题已经明确化，究竟是什么原因影响了我国服装行业营销渠道管理的正常运作？原因归纳为以下几点：

（一）缺乏创新思维（略）

（二）信息化技术落后（略）

（三）对渠道管理不够重视（略）

（四）相关法律滞后，权责分工不明确（略）

四、提高我国服装行业营销渠道管理措施及建议

（一）调整渠道结构

1. 精耕细作提升店面（略）
2. 更新渠道模式（略）

（二）规避渠道冲突

1. 合理挑选渠道商（略）
2. 建立激励措施（略）
3. 培养渠道商的忠诚度（略）
4. 加强渠道信息化管理（略）
5. 健全培训体系（略）

（三）积极借鉴国外成熟服装企业营销渠道管理经验（略）

五、总结

随着我国市场经济的不断发展，企业所处的市场营销环境也在不断地发生变化，市场竞争越来越激烈，营销渠道的管理关系着服装行业的发展，建立合理的营销渠道关系已成为服装业发展的重要工作。本文在对服装行业营销渠道管理中遇到的问题具体研究分析的基础上，探讨如何更有效预防、控制、解决公司所面临的各种各样的渠道问题，研究采用了理论联系实际的写作思路，实务性较强，但是研究可能还不是特别的完善和详细，希望能对未来我国服装行业的营销渠道管理员进一步研究有所帮助。

致谢（略）

参考文献：

[1]（美）科特勒（Kotler, P.），（美）阿姆斯特朗（Armstrong, G）. 市场营销原理（第11版）. 郭国庆等译. 北京：清华大学出版社, 2007.5.

[2] 张广玲, 邬金涛. 分销渠道管理. 武汉：武汉大学出版社, 2005.1.

[3] 宁俊. 服装营销管理. 北京：中国纺织出版社, 2007.1.

（来源：西南科技大学本科生毕业论文，有删减）

这是一篇毕业论文。全文结构严谨，条理清晰，语言准确精练。标题明确地反映了文章内容。正文包括前言、本论、结论、参考文献和致谢。论文格式规范，资料丰富，内容完整，分析透彻。

案例二 "禅之旅"——衡山宗教体验两日游线路设计

产品名称："禅之旅"——衡山宗教体验两日游线路设计

一、内容简介

（一）背景与意义

宗教旅游以活动形式多样、文化性、体验性强的特点，受到了越来越多游客的青睐，已经成为一种重要的专项旅游活动，参与人数众多。南岳衡山为我国五岳名山之一，素以五岳独秀、宗教圣地、文明奥区、中华寿岳著称于世。是著名的佛教圣地，在这里有寺、庙、庵、观等200多处。衡山同时也是国家级重点风景名胜区、全国文明风景旅游区示范点和国家AAAA级旅游区。这里也有着非常优美的自然景观，这里四季常青，有着众多的珍稀植物如金钱松、红豆杉、伯乐树等。据统计，南岳现有的风景林等各种植物，达到1700多种。衡山还是湖湘学派、程朱理学发源地，有很深的湖湘文化积淀。正是这些吸引了众多的游客慕名前来。

中国老龄化程度不断的加深，2014年65岁及以上老年人人数达到了1.37亿人，越来越多的旅行社把他们目光转向了这个庞大的市场，想占领这个市场。据调查，中国60岁及以上有宗教信仰的老年人有大约2092万人，占11.78%，65岁及以上老年人有宗教信仰的占12.37%。因此以老年宗教信徒作为目标人群来设计一条以宗教旅游为主题的衡山两日游是有着现实意义和可操作性的。

（二）方案设计

1. 行程安排

D1：长沙—衡阳

早上（7:00）在长沙火车站集合，驱车前往五岳名山-南岳衡山（车程约2.5h）。抵达后前往参观佛道共存的江南最大古建筑群——南岳大庙，在这里将会给游客介绍南岳祭祀文化、传统烧香仪式，让游客体验放生、撞钟、击鼓等活动。（游览时间约1.5h）。接下来前往佛教圣地——祝圣寺参与过堂仪式，在斋堂品尝素食，体验佛寺僧尼佛门净土的清净生活。午餐后朝拜释迦牟尼佛祖，与僧侣轻诵佛经《大悲咒》，在庄严的佛门礼规中，使神经舒缓、压力释放、心灵顿悟，真切的体验心灵的宁静（体验时间约3h）。活动结束后自由活动。可以与寺庙的僧侣进行交流，在言语的交流中，或在佛教的宣传栏上的佛语洗涤心灵，感悟人生。

【用餐】：早餐：自理（不含早）　　午餐：包含　　晚餐：包含

【住宿】：祝圣寺

D2：衡阳—长沙

早上（5：30）在大雄宝殿集合，参与体验僧侣生活，做早课、诵佛经，为家人朋友消除免难增福延寿。完毕后参与过堂仪式，早餐后前往参观"中华万寿大鼎"，该鼎是中华民族有史以来最大最重的祭祀鼎，创造了集"寿"最多、最重的两项世界吉尼斯纪录。（游览时间约 1 小时）。随后乘坐景区观光车至半山，换乘缆车到达南天门，徒步登临衡山最高峰——"祝融峰"，感受"欲见不见青烟里的意境"。远眺寿文化节高空王子阿迪力走钢丝表演地，观云海感受群啥的雄伟气势，禹王望乡台。（游览时间约 3h）。中餐后游览有"三层天"说法的"福严寺"，在这里游览福严寺福严十景。（游览时间约 2h）。游览之后下山后乘车返回长沙，结束此次灵秀衡山"禅之旅"宗教体验游之旅！

【用餐】：早餐：含早　　午餐：包含　　晚餐：包含

【住宿】：温馨的家

2. 提供标准（20人团队+2男全陪）

(1) 住房：宿祝圣寺，两人标准间
(2) 用餐：斋席4正1早
(3) 交通：全程空调旅游车
(4) 门票：中心景区、南岳大庙、万寿大鼎、祝圣寺
(5) 导服：地陪+全陪，全程优秀讲解导游服务
(6) 保险：含旅行社责任险
(7) 其他费用：矿泉水
(8) 医疗服务：全程安排随团医生，全程关注团友的身体状况

3. 费用报价

旅游项目	包含内容	费用/人（单位/人）60岁以上老人	费用/团（单位/团）	备注
门票	中心景区120元/人 南岳大庙60元/人 祝圣寺5元/人 万寿大鼎20元/人	205	4100	
餐费	4正*20元/人=80元/人 1早*10元/人=10元/人	90	1800	
住宿	福严寺：同铺10元/人*1晚=10元/晚	10	200	

（续）

旅游项目	包含内容	费用/人（单位/人）60岁以上老人	费用/团（单位/团）	备注
交通	索道通票：80元/人， 当地空调旅游车2000元/车*1车÷20人=100元/人	180	3600	
导服	100元/导/天×2导×2天÷20人=20元/人	20	400	
其他	矿泉水：1瓶/天/人/×1.5瓶×2天=3元/人； 保险：10元/人	13	260	
成本合计/人（单位：元/人）		518		
报价（单位：元/人）		600		
成本合计（单位/团）		10360		
应收团款（单位/团）		12000		
团队毛利率		13.6%		

（三）方案的实施

1. 市场目标群体

本条线路的目标人群是老年佛教信徒，年龄主要集中在60~65岁，现阶段的老一辈们，较为信教，会想到通过宗教旅游开阔眼界，在与寺庙里那些僧侣言语的交流中，洗涤心灵，感悟人生，心灵顿悟，真切的体验心灵的宁静，祈福，为家人朋友消除免难增福延寿。

2. 目标市场分析

（1）老年人有充足的闲暇时间，出游时间不受限制。老年人有充足的闲暇时间，出游时间不受限制。因此大多选择淡季出行。一般来说，老年人们会避开"黄金周"以及公共假期造成的人员拥挤，交通拥堵，价格昂贵的紧张局面，时间宽裕为老人们的出游提供了便利，只要季节合适，气候舒适，老人选择任何时间出游都可以。老人们考虑到一切不利的因素，通常会选择所谓的"淡季"出游，这使得因淡季而出现的设施闲置情况便会得到一定的改善，使得旅游业获取利益。

（2）出游方式选择以全包价的团体出游为主。老人出游首选的方式是团队出游，然而自行组织的结伴游也不占少数，通常会选择家人或者老同事一道出游。老年游客的团体出游不一定就是在旅行社组团，而是老人们自己组团后通过单位、社区、旅行社等组织出游。即使现在全包价的旅游已经被散客游和自由行取代，但是老年人出于对安全、舒适、精力等各方面的考虑，他们的首选依然是全包价的团队旅游，因为这样他们可以省去很多麻烦，手续简单，操作方便，使得老年人的出行更简单。

3. 市场推广

要吸引老年人参加旅游，除独特的产品和合理的价格外，促销策略必不可少，尤其在现代中国老年人的旅游意识还不算很强的情况下，更需要利用形象而具体的促销来刺激需求，引导消费。老年人不喜欢孤独，又最容易孤独，他们渴望与人接触，渴望得到社会、家人的尊重和关注。因此，在促销的各个环节都要用"情"字贯穿始终，处处为老人着想。一个有针对性的老年旅游市场促销策略应包括以下几方面内容：

（1）设计内容详尽、符合老年人思维习惯和阅读习惯的宣传印刷品，介绍旅游线路、可提供的服务、旅游目的地的特色（宗教信仰），其中最关键的一点是每一项介绍都要语言诚恳，且与老年人旅游的动机相联系，一再触发其出门旅游的愿望。这种印刷品应图文并茂、实用功能强、可长时间保留。

（2）针对老年旅游者制作的广告，应该多选择介绍性、提示性和劝说性广告，尽量避免炫耀性、夸张性和竞争性广告，并以视听广告和报刊广告为主要媒体。

（3）利用特殊节假日（如重阳节、母亲节、父亲节、中秋节等）推出"家庭旅游特餐"，利用中国尊老敬老的传统美德，引导子女与父母同游。

二、产品分析

（一）设计理念

1. 从老年佛教信徒的需求出发

我设计的这条线路主要针对的是老年宗教信徒，他们渴望在旅游的同时能够表达他们的对于佛祖的虔诚，因此我在这条线路中设计了很多的体验活动。例如，南岳衡山推出"禅之旅"宗教体验游旅游线路，以"诠释佛道教义，体验出家生活"为主题，以"参加法会、品尝斋席、听大师讲经、看信徒祈福、赏佛教音乐"为特色，让游客全身心参与宗教活动，体验"出家"的全新感觉，让更多的游客感受南岳宗教文化"佛道共存一山、同居一庙"的神秘色彩，接受宗教文化带来的心灵洗礼和启迪。

2. 突出主题

这条以宗教为主题的线路旨在让游客能够了解到宗教文化，参与到宗教活动中来，因此在设计的时候，以"禅之旅"为主题，于广济禅寺举办"禅意人生"修炼营，开展禅修活动，希望借佛法的甘露，解决现代人的苦恼，让参与者都能够有禅意的生活。随后我们还去游览了有着"南岳衡山四绝"的祝融峰、藏经殿、水帘洞、方广寺。其中南岳"四绝"之一的方广寺以"山深、林深、寺深、文化渊源深"而闻名于世，它是南岳最古老的佛教寺院，规模宏大，砖墙青瓦，古朴典雅。

3. 从当地旅游资源出发

衡山宗教旅游胜地不仅肩负着旅游休闲的直接功能，同时也肩负着传播和谐文化、引人向善、慰藉心灵、稳定社会的间接功能。开展宗教文化旅游，有利于宣传党和国家的宗教信仰自由政策，扩大对外文化交流。通过宗教文化旅游，让众多的中外游客接触、了解、保护宗教文化遗产与合法有序的宗教活动，消除他们的一些偏见和误解。同时，积极开展宗教文化旅游也可以为中外宗教界人士提供加强联系的机会，使人们加深对我国宗教信仰自由真实状况和改革开放成就的认识，从而有利于营造良好的和平发展环境。开展宗教文化旅游有利于促进地区经济的发展以及宗教资源的保护。我国一些地区通过积极开展宗教文化旅游也有力推动了地区经济的发展，并成为了经济发展的重要增长点。开发宗教文化旅游不仅能提高整个地区的旅游经济效益，还能给宗教部门本身带来一定的经济收入。

宗教文化旅游有利于我国传统文化的延续和弘扬。宗教本身就有积极的作用，它具有强烈的众生平等、帮助他人、劝恶扬善、重智尚真的思想，对我们现在倡导民主、树立集体主义观念、反对个人极端主义、促进和谐社会的建设等有重要的意义。宗教学中还有深厚的文化积淀，集文学、艺术、语言、民俗、哲学、史学等之大成。宗教充满着智慧和哲学以及蕴含着许多解决问题的方法。对宗教文化资源进行开发，有利于引导民众对我们优秀的传统文化的关注，有利于增强我们的民族凝聚力。

（二）旅游线路各节点特色

1. 南岳大庙（略）

2. 中华万寿大鼎（略）

3. 祝融峰（略）

三、设计总结

（一）优点

（1）主题鲜明。以"禅之旅"为主题，对于具有宗教信仰的旅客前来朝圣的需求出发具有很大的吸引力。始终贯穿着丰富的宗教文化的特点，紧扣老年人，宗教信徒的需求，让他们在旅游中得到满足。

（2）整条线路游客的参与度高。以"诠释佛道教义，体验出家生活"为主题，以"参加法会、品尝斋席、听大师讲经、看信徒祈福"为特色，充分考虑了宗教信徒，中老年人的特点，安排参观了各种宗教景点，而且让游客全身心参与宗教活动，体验"出家"的全新感觉，让更多的游客感受南岳宗教文化"佛道共存一山、同居一庙"的神秘色彩，接受宗教文化带来的心灵洗礼和启迪。

（二）缺点

（1）运动量大。爬山是体力活，尽可能考虑坐索道，但还是不能满足所有游客的需求。

（2）山上与山下天气变化莫测，山上温度比山下低10℃左右，对老年游客身体是一大挑战，要酌量带防寒衣。

（3）"春困"是常有的感受，必须避免过度劳累，特别是高血压、心脏病、哮喘等患者和老人。

四、参考文献

[1] 赵相军. 旅行社经营与管理 [M]. 北京：旅游教育出版社，2006.

[2] 何丽芳. 导游基础知识 [M]. 北京：旅游教育出版社，2012.

[3] 谭彩荷. 导游基础知识 [M]. 北京：旅游教育出版社，2012.

[4] 谷明. 我国旅游者消费模式与行为特征分析 [J]. 桂林旅游高等专科学校学报, 2000 (4): 21-25.

[5] 赵华. 山西省老年旅游目的地市场开发的地理学分析 [D]. 山西师范大学, 2010.

（来源：湖南高职院校毕业设计展示，有删减）

这是一篇旅游专业学生的毕业设计。全文紧紧围绕老年"禅之旅"的主题出游活动展开论述，从活动的意义到方案的设计及方案的实施，都详细地阐述了问题的解决方式，渗透着对专业的理解与把握。

知识平台

在大学学习期间，随着学业的日渐深入，便会提出论文写作的要求，临近毕业时，则要提交一篇毕业论文（设计）。毕业论文（设计）的写作，既是对我们学识、能力、专业水平的一种检验，也是培养我们科研能力，提高我们学识水平的一个极好机会，是专业学习的一个重要有机构成部分。学会写毕业论文（设计）是大学生应具有的能力之一。

一、毕业论文（设计）的定义

毕业论文是指各类高等院校学生毕业前在导师指导下，综合运用所学专业的基础理论、基本知识和基本技能，针对某一问题独立进行分析和研究后写成的用以检验学习成果，培养科研能力，并取得毕业资格的论文。

毕业设计不同于毕业论文，它的组成部分不只是一篇学术论文。要求学生针对某一课题，综合运用本专业有关课程的理论和技术，作出解决实际问题的设计。毕业设计是高等学校教学过程的重要环节之一。其目的是总结检查学生在校期间的学习成果，是评定毕业成绩的重要依据；同时，通过毕业设计，也使学生对某一课题作专门深入系统的研究，巩固、扩大、加深已有知识，培养综合运用已有知识独立解决问题的能力。毕业设计也是学生走上国家建设岗位前的一次重要的实习。

因不同专业的毕业设计制作标准不一样，本节重点介绍毕业论文的相关知识。

二、毕业论文的特点

1. 科学性

科学性是毕业论文最重要的特点。它首先要求内容要真实，反映的是客观存在的事实。其次，结构要严谨。所谓严谨，是指论文的结构既要符合形式逻辑的要求，又要符合辩证逻辑的要求，在形式上既要做到结构完整，又要做到逻辑性强。另外，语言的表达也要准确。所谓准确，是指论文的观点要正确，论据的材料要确切无误，论述的道理要明确。

2. 创造性

创造性是毕业论文的核心。主要是指作者对问题要有自己的见解，所选择的课题要新，研究的角度要新，论述的角度要新，取得的成果要新。

3. 规范性

在篇幅、格式、文献、内容、装潢等方面有特殊的要求。

4. 独立性

相信自己，依靠自己，自己动手选题、查找资料，在大量占有资料的基础上通过归纳、综合、比较，找出规律性的东西来，得出结论。独立思考，独立撰写，但可以借鉴别人的成果，征求别人的意见，尤其是要主动争取教师的指导。

5. 指导性

毕业论文是在导师指导下独立完成的科学研究成果。对于如何进行科学研究，如何撰写论文等，教师都要给予具体的方法指导。

三、毕业论文的分类

毕业论文以不同的标准来划分可以分成不同的种类：

（1）从科学性质上划分，可分为文科毕业论文、理科毕业论文和工科毕业论文设计。

（2）从研究方法上划分，可分为理论型论文、综述型论文、描述型论文、实验型论文和设计型论文。

四、毕业论文的写作

毕业论文的写作应按照以下步骤进行：

1. 选题

选题是毕业论文撰写的第一步，是论文撰写成败的关键。好的选题是论文成功的一半。选题实际上就是确定"写什么"的问题，亦即确定科学研究的方向。首先确定好写什么，接下来才能考虑怎么写。

（1）选题以专业课的内容为主。毕业生一般应在专业范围内选题，因为撰写毕业论文的主要目的在于总结学习成果，考查学生运用所学知识去解决实际问题的能力，并能系统培养学生的科学研究能力。如果毕业生选题脱离专业范围，毕业论文的撰写就很难达到预期的目的。例如，会计学专业的大学毕业生，一般应在会计原理、专业会计、专业财务管理、专业经济活动分析、专业管理会计等专业范围内选题，而不能选法学或哲学等专业领域的课题。

（2）要坚持选择有科学价值和现实意义的课题。科学研究的目的是为了更好地认识世界、改造世界，以推动社会的不断进步和发展。因此，毕业论文的选题，必须以解决现实存在问题和促进科学事业发展作为出发点和落脚点。

具体地说，学生可从以下几个方面来选题：

①从寻找科学研究的空白处、薄弱处或边缘领域中选题。尽管如今科技日新月异，但仍有许多未被开垦的处女地，或者尚存有许多缺陷，这些都需要填补。既然前人对这些领域的认识不够充分，那么在这些领域进行研究相对而言更容易出成果。

②从现实存在的弊端中选题。利用学习的专业知识，理论联系实际，去寻找和解决工作实践中亟待解决的问题。

③要从寻找前人研究的不足处和错误处选题。在前人已提出来的研究课题中，许多虽

已有初步的研究成果,但随着社会的不断发展,还有待于丰富、完整和发展,这种补充性或纠正性的研究课题,也是有科学价值和现实指导意义的。

④选择题目宜小不宜大,难度要适中。通常来说,大学毕业生科学研究方面经验缺乏,综合能力比较差,撰写论文的时间也比较少。因此,选题宜小不宜大,难度要适中。题目大就要搜集很多的材料,论述很广的范围,难以驾驭,大学生研究经验及能力不够,加之时间较紧,难以取得好的效果。大学生要善于运用自己所掌握的专业知识,学会"小题目做大文章",从某个小的方面入手,深入进去,力求取得研究成果,不能泛泛而谈。当然,大与小是相对的,宜小不宜大,也不是说越小越好,主要是要避免肤浅空泛。

选题还要考虑一些客观条件。例如,要有充足的资料来源;要有浓厚的兴趣;要在导师所熟悉的专业领域选题。

总之,选题是件及其重要事情,要从实际出发,既不要贪大求全,也不要凭一时兴趣,而应脚踏实地地去发掘自己所学专业领域里的问题,抓住能深入下去的题目。

2. 搜集、筛选、整理材料

搜集、筛选、整理资料是在选题确定下来之后进行的。材料对毕业论文来说,既是形成和确立论点的基础,又是说明和证明论点的依据,因此,是否善于选材是决定论文成败的第二关。

(1) 收集材料。收集材料主要有四种途径:一是调查;调查是亲自深入实际生活,有步骤和目的地对某一对象进行认真考察,获取第一手材料。二是观察;观察是从课题研究需要出发,有针对性地观察,它是直接获取现实材料的重要途径。三是实验;实验是根据课题的需要,人为地创造条件,去研究事物发生和发展的现象及规律并得出结论。四是利用图书馆和互联网;这种获取资料的方式方便快捷,是间接取材的重要手段。

(2) 筛选资料。要对所搜集到手的资料进行全面浏览,并对不同资料采用不同的阅读方法,如通读、选读、研读。通读即对全文进行阅读,选读即对有用部分、有用内容进行阅读,研读即对与研究课题有关的内容进行全面、认真、细致、深入、反复地阅读。在研读过程中要积极思考。要以书或论文中的论点、论据、论证方法与研究方法来触发自己的思考,要眼、手、脑并用,发挥想象力,进行新的创造。一般地讲,阅读还应该有个顺序,先读中文材料,再读外文材料;先读综合性材料,再读专题性材料;先读近期材料,再读远期材料;先读文摘,再读全文;先粗读,再精读。这个顺序能有效提高阅读的效率。

(3) 整理材料。在研究资料的基础上,提出自己的观点和见解,观点要突出、创新。然后确立基本论点和分论点。同时,还要防止贪大求全的倾向,生怕不完整,大段地复述已有的知识,那就体现不出自己研究的特色和成果了。

3. 毕业论文的写作

毕业论文的写作一般要经过拟订提纲、起草、修改、定稿等过程。拟定提纲后,依据提纲起草。起草完毕后反复推敲修改,然后誊写清楚送交指导老师审阅。由指导老师提出意见,再行修改,反复修改直到指导教师认可为止。指导教师签署意见定稿后,再誊写清楚，并按统一要求装订，整个写作过程才告完结。

毕业论文通常由四部分组成：前置、主题、附录和结尾四个部分。

（1）前置部分。

①封面。毕业论文与发表在学术期刊上的论文不同，它篇幅较长，且都是以单行本递交、存档，因此要求毕业论文有封面。一般封面都有统一的格式，包括姓名、指导教师姓名、作者主修专业名称、论文完成日期。

②目录。文章主题部分定稿后，就可编写目录，目的是便于读者阅读。目录由论文的篇、章、条、款、项、附录等的序号、名称和页码组成，另页排在封面之后。目录并非毕业论文必备项目，若篇幅不长，层次不太多，也不必编写目录。编写的目录要求准确、完整和清晰。

③摘要（内容提要）。在论文正文之前要求有摘要，又称内容提要，是对全文基本思想的浓缩。其内容要素包括课题研究的范围、目的、对象、方法、主要成果及价值、研究结论和存在的问题等。摘要能让导师和读者迅速了解全文内容，节省阅读时间，同时又可以满足二次文献工作的需要，使文献索引杂志不做修改或稍做修改就可以转载，避免由他人摘要所产生的误解和缺漏。故写作时要忠于原文、突出重点、语言生动、概括得当。字数一般在100~300之间。

④关键词。又称主题词，是论文的文献检索标识，具有说明论文核心的作用。确定关键词之前，首先要仔细阅读全文，弄清该文的主题概念和中心内容，尽可能从论文的标题、摘要、层次标题和正文的重要段落中抽出与主题概念一致的词和词组作为关键词。关键词一般为3~8个。

⑤插图、附表清单。论文中如果图表较多，可以分别列出清单置于目录之后。清单要有序号、图（表）题和页码。

（2）主体部分。即毕业论文的正文部分，包括前言、本论、结论、参考文献和致谢。

①前言（绪论或引言）。毕业论文的前言包括以下内容：首先详细说明选择该课题的原因和意义。其次对与论文主题有关的文献进行综述。文献综述能反映该课题目前前人研究的情况，反映作者对文献的分析、综合和判断能力。但是不要不分主次将大量文献逐一说明，而应根据论文主题需要加以选择，并按其重要性作详略不同的评述。最后说明研究工作的规模和工作量。

②本论。本论是论文的核心部分，集中表述研究成果，它是决定一篇论文质量高低的关键。它必须具备论点、论据、论证三要素。论点是作者的观点和主张，一篇论文除有一个基本论点外，还有若干个用来证明基本论点的分论点。论点要求正确、集中、新颖、鲜明、深刻。论据是用来证明论点的材料，包括事实论据和理论论据。理论论据可以是学者的经典论述、公理、原理、公式等；事实论据可以是现实经济活动、现象、数据。论据要求典型、可靠、真实。论证是用论据证明论点的过程和方法，论证应当严密、完整、富有逻辑性。

毕业论文常用的论证方法有：

- 例证法，就是运用典型事例作论据来表明自己观点的方法。
- 引证法，就是运用已知的科学道理、名言等作论据来证明自己观点的方法。
- 分析法，就是把复杂的事物分解开来考察，或从不同角度、不同层次、不同方面让人们来认识，易于人们把握事物。
- 综合法，就是对事物进行分析后，将分析的结果进行概括和归纳，将个别的和分散的认识集中起来得出结论。
- 喻证法，就是运用比喻将深奥的事物比为浅显易懂的事物来论证的方法。
- 类比法，是把两个或两个以上的事物的某些属性相同点或相似点放在一起进行比较，从而获得有关结论的方法。
- 驳论法，是指反驳对方的论点、论据或论证是错误的方法。
- 归谬法，是将对方的错误论点进行合乎逻辑的引申，得出荒谬的结论既而反驳的方法。

本论的篇幅长、容量大。其结构形式可分为并列式、递进式和混合式三种。为防止由于内容过多而使本论部分条理不清，一般可采用在各层次前以序码、小标题及空行的方式添加外在标志，以表示论述的层次。

③结论。结论是毕业论文的收尾部分，具有归纳总结全文的作用。结论可以对中心论点进行概括和重申，也可以对本课题研究前景进行展望；研究中尚未解决有必要进一步研究的问题也可以在这一部分提出来。另外，毕业论文的结论部分必须观点明确，语言简洁，用词考究。

④参考文献。凡是作者撰写论文所引用和借鉴的主要资料，都必须在参考文献中列出。根据国家标准局《文后参考文献著录规则》的规定，图书的著录格式是：序号、作者、书名、出版地、出版社、版次、出版年月、起止页码，如［1］刘元章．企业绩效管理研究［M］．北京：首都经济贸易大学出版社，2004：45-46。期刊的著录格式是：序号、作者、文献标题、刊名、卷期号、年月、起止页码，如［6］邓雪．中小企业如何有效利用人才［J］．商业时代，2004，（8）：78-82。常见的参考文献的标注方法有下列两种：一是脚注，即页下注，将同一页引文的文献按顺序编号，然后集中在本页下端依序号注明。这种方法便于阅读，是目前在学术专著中常用的方法。二是尾注，将全文引用的文献统一按顺序编号，然后在文末依次注明。这是一般论文常用的方法。

⑤致谢。致谢部分是作者对那些在论文的创作过程中给予过自己帮助的个人或单位于感谢的文字。一般置于正文之后，独立为一部分。致谢内容包括致谢的原因与对象，态度要求谦虚诚恳，语言要求简洁得当。

（3）附录部分。附录部分是论文主体的补充项目，对于每一篇论文并不是必需的。

为了体现整篇论文材料上的完整性，写入正文可能有损于行文的条理性、逻辑性和精练性的材料可以写入附录部分。

附录段大致包括如下一些材料：重要的原始数据、计算程序、框图、统计表等，或者某些篇幅过长或取材于复制品的材料也可放在附录段。

附录段置于参考文献之后，依次用大写正体A，B，C……编号，如以"附录A""附录 B"作为标题前导词。附录中的插图、表格、公式、参考文献等的序号与正文分开，另行编制。如编为"图 A1""图 B2"；"文献［A1］""文献［B2］"等。

如［1］周融，任志国，杨尚雷等. 对新形势下毕业设计管理工作的思考与实践［J］. 电气电子教学学报，2003（6）：107-109.

［16］王明亮. 关于中国学术期刊标准化数据库系统工程的进展[EB/OL]. http://www.cajcd.edu.cn/pub/wml.txt/980810-2.html, 1998-08-16/1998-10-04.

（4）注释。注释是对论文正文中某一特定内容的进一步解释或补充说明。注释的方式有三种：夹注、脚注和尾注。解释题名项、作者及论文中的某些内容，均可使用注释。能在行文时用括号直接注释的尽量不单独列出。不随文列出的注释叫做脚注。用圈码①，②等作为标注符号，或用加半个圆括号的阿拉伯数字 1），2），3）等，置于需要注释的词、词组或句子的右上角。每页均从数码 1）或①开始，当页只有 1 个脚注时，也用 1)或①。注释内容应置于该页地脚，并在页面的左边用一短细水平线与正文分开，细线的长度为版面宽度的 1/4。

（5）结尾部分。结尾部分包括分类索引、衬页和封底。

（6）装订。毕业论文的各部分整理好后需装订，其基本顺序为：封面→指导教师、答辩或评审意见表→目录→摘要→正文→附录→衬页→封底。

五、写作注意事项

1. 写作准备

选题、课题研究、资料的查阅和收集。论文选题要尽可能小，否则难以驾驭。一旦确定选题，则通过各种途径获得有关该选题的材料，使论点、材料科学化。

2. 写作阶段

（1）确定文章题目和中心论点，确定使用的有关资料。

（2）形成正式的写作提纲，从层次、过渡、中心等方面着手，力求详尽。

（3）根据提纲正式写作，字斟句酌，处处落到实处。

（4）引文一定要加注说明出处，而且引文、注释要合乎规范。

3. 修改阶段

从材料的安排到篇章结构，从字词句的使用到层段之间的过渡等各个方面去考虑，围绕中心，修改定稿。

知识拓展

●知识卡片一

毕业论文的作用

写作毕业论文是高校教学的重要环节，它具有多方面的重要意义。

首先，撰写毕业论文是培养学生科研能力的重要途径。目前我国的高等教育多采用传统的教学模式，学生在校的主要任务就是学习理论知识，很少从科研的角度对她们提出要求。而毕业论文的写作却被认为是对学生进行科学研究训练的重要环节，被各高校当作一项重要的教学工作来抓。从论文的选题、导师的指导到最后成文，学生真正涉足科研领域，逐步了解科研的意义和价值所在。高校正是通过要求学生撰写毕业论文这一途径，为学生毕业后将所学的专业知识转化为解决实际工作问题的能力奠定基础。

其次，通过毕业论文可以了解学生总的学习情况，并且培养她们独立分析和解决问题的能力，甚至能激发她们的创新意识。毕业论文可以说是对学生几年来的学习情况的一次大检验，通过写作毕业论文，可以发现学生的专业基础知识是否牢固，是否善于将知识转化为科研能力。毕业论文虽然有指导老师指导，但仍要求学生独立完成。指导老师的主要任务是帮助确定题目，提供参考文献，审阅论文，但不负责修改论文。自主研究可以激发学生的灵感，因此，在论文写作过程中，应鼓励学生在尊重科学事实的基础上大胆批判，敢于向权威挑战，提出新观点、新方法。大胆创新，这是毕业论文的价值所在，也是其写作的目的所在。

● 知识卡片二

如何确定选题

选题在论文写作中具有非常重要的意义。选好的选题，是论文成功的一半。如何确定论文的选题呢？常见的选题方法有以下几种：

（1）从疑问处入手。在专业学习中如果遇到某些疑问，紧紧抓住这些问题深入探究下去，就有可能形成论文的选题。例如，发现专业书籍在某些方面语焉不详的，或者发现理论与实践存在某些矛盾的，又或者出现了某种新的现象、新的情况，找不到现成的答案等。通过深入探究，或许就从中找到了论文的选题。

（2）从学术"热点"入手。每个专业学科，在某些时候，常常会出现某些学术"热点"，大家比较关注，讨论十分热烈。这些"热点"或是具有很强的现实意义，或是涉及学科基本理论建设，关心这些"热点"也比较容易找到选题。

（3）从擅长处入手。选题时，根据平时学习的积累，注意自己的特长，发挥自己专业知识、能力特色等方面的优势，常常能取得很好的效果。

任务实训

一、问答题

1. 什么是毕业论文？
2. 毕业论文的特点有哪些？
3. 毕业论文与学术论文有什么区别？

二、写作实践

试着对你所学专业的某一值得研究的问题写一篇学术小论文。字数在2000字左右。注意论文的结构和格式。

项目二　新闻

情境导入

> 小芳毕业后在一家公司找到了专业对口的工作，公司要提升公司品牌和形象，需要进行网络宣传，于是让小芳来撰写一些宣传新闻、公司活动、软广告等，为了编写好每天的新闻稿件，并还要有一定的点击率，小芳伤透了脑筋，通过自学和向前辈请教，小芳总算掌握了消息和通讯的写作。但在小芳学习和工作过程中，她发现，现在有很多人都通过网络发表文章，有些人气还很高，前辈告诉小芳每天在网络上发表文章，不仅可以锻炼写作能力，得到不少好的意见，还可以在有一定点击率和声望后发展成为一门兼职，那么网络上的这些文章该怎么写呢？请跟小芳一起学习新闻类应用文体的写作吧。

任务1　消息

案例赏析

创造港珠澳大桥的"极致"

世界最长海底隧道"最终接头"二次"精调"实现毫米级偏差

本报讯（记者陈新年廖明山）港珠澳大桥海底隧道工程近日完成"最终接头"的安装，已经可以步行穿越了。昨天，记者来到这条世界最长的海底隧道采访，除了兴奋之外，还得到了一个令人震惊的消息：在"最终接头"成功安装后，还进行了一次耗时34小时"返工"式的精密调整，最终误差缩小到了"毫米"，建设者们说："我们没留遗憾"。

港珠澳大桥海底隧道是世界最长的海底深埋隧道，沉管总长度5664米，由33节混凝土预制管节和1节12米长的"最终接头"组成。其中，"最终接头"所采用的"小梁顶推"技术和装备为自主研制并属世界首创。

5月2日，"最终接头"在10多位外国专家和99名媒体记者的见证下，在28米深的海水中实现成功安装，南北向线形偏差控制在正负15厘米的标准范围内，实现了"日出起吊、日落止水、滴水不漏"的奇迹。

欢呼祝贺过后，最终接头的线形偏差引起了争论。"港珠澳大桥是120年设计使用寿命的超级工程，就像之前曲曲折折的33根沉管安装一样，这一次也绝不能留下任何遗憾。"3日早上，中国交通建设股份有限公司总工程师、港珠澳大桥岛隧项目总指挥林鸣提出了一个大胆的想法——重新安装调整。

"这么好的结果，我反对再调整！"决策会上，"最终接头"止水带供应商荷兰特瑞堡公司工程师乔尔表示，"虽然止水带仍然可以再压缩一次，但是为了精调一个方向，就可能将这些来之不易的完美重新置于不确定性之中，一旦发生碰撞，不仅损失超亿元，甚至会造成重大事故。"

上午10时许,多方讨论的结果是"偏执"占了上风。乔尔被这些为了精益求精而甘愿承担极大风险的中国工程师情怀而感动,他感叹"这是一个非常艰难的决定"。

4日晚8时43分,执着的大桥建设者经过34小时的奋战,将"最终接头"的线形偏差成功缩小到东侧0.8毫米、西侧2.5毫米。

"这就是我想要的结果。"一天没上厕所、连续34个小时没合眼、指令发出上万次的林鸣终于笑了。"在我参与的15座沉管隧道建设中,这个是最棒的,没有之一,港珠澳大桥是世界造桥技术的最高体现。"乔尔感慨万千。

荷兰隧道工程咨询公司TEC是世界沉管隧道领域的佼佼者,曾笑称"中国企业不会走路就想跑"。5日,该公司发来贺电,向精准完成这一世界级难度安装的工程建设者们致敬。贺电中说,中国建设者的最终接头施工方案,是对世界沉管隧道技术的重大贡献。

(来源:珠江晚报)

这是一篇荣获第二十八届中国新闻奖文字消息一等奖的作品(2018年)。该消息题材重大、采访扎实、视角独到、语言精练,背景材料运用得当,尤其引语的运用,增强可信度和现场感。该消息导语部分将重要信息呈现给读者,并给读者制造悬念,主体部分对导语给出的事实进行展开,尤其在港珠澳大桥海底隧道最终接头的海量报道中,该消息另辟蹊径,以记者现场穿越海底隧道的最新事实为由头,引出"二次精调"这一鲜为人知而又惊心动魄的创举。让读者读出了敬业、严谨、果断的大国工匠精神,切身感受到超级工程建设的伟大成就和重大意义。而结尾以直接和间接引语结尾,可信度高。

知识平台

今天新闻文体的运用已经不局限于传统媒体和新闻专业人士,网络的普及使电脑、手机等新媒体日趋强大,受众多且广。除了专业的新闻网站发布的新闻信息外,其他各类网站,如单位、公司、各类平台及个人等每天都会发布大量信息,虽然这类信息在真实性上不如专业的新闻信息可靠,但在写作上也都属于新闻文体写作。常用的新闻文体写作主要有消息和通讯的写作。

一、消息的概念

中国新闻教育家、新闻学者甘惜分在《新闻学大辞典》中对消息下的定义是:以最直接、最简练的方式报道新闻事实的一种新闻文体,是最经常、最大量运用的报道体裁。狭义的'新闻'概念即指消息。

消息是最常见、用得最多的新闻文体。消息对新闻事实的报道是最为迅速、最为简洁的,它常常以最强的时效性告诉读者发生了什么,有关的通讯常常成为消息的后续报道。

二、消息的特点

1. 真实性

真实地报道事实,是新闻的生命。它要求报道者根据事实进行报道,对事实符合其原貌的报道，不允许进行任何虚构，拒绝虚假信息和不实报道。

2. 新闻价值

新闻作品必须包含一定的新闻价值，否则就没有可读性。能使读者新闻信息需求得到较大满足的事实，其新闻价值就高；反之则新闻价值就低，根本不能满足读者新闻信息需求的事实，就不具备新闻价值。

3. 用事实说话

消息这种新闻文体，一般一事一报，不提倡写作者直接抒情或议论，尽可能减少主观色彩，注重发挥事实的作用。通过精选事实来表达观点、立场，用有价值的事实说话。

4. 时效性

新闻报道是时效性极强的文字作品，而消息又是所有新闻文体中，时效性最强的。有些新闻迟发一步，就可能成为没有价值的旧闻。新闻的主要价值和功能在于解决读者"不知道"的问题，一旦人们知道了，价值也就没有了，而这个"知道"一般情况下是一次性的，有时是在很短时间里，甚至是在一瞬间完成的。

5. 简明性

消息要求用尽可能经济的文字，简明扼要地反映所报道的新闻信息。因此，消息比其他新闻文体文字更简洁、篇幅更短小。

三、消息的写作方法

1. 标题

标题类型	结构组成	特点	举例
单一标题	正题	交代新闻事实，是实题	火车首次跨越"世界屋脊"
复合标题	引题+正题+副题	引题作铺垫，是虚题；正题交代新闻事实；副题是对正题的补充	车辚辚，马萧萧，凯歌贯云霄 最可爱的人回来了 安东举行盛大欢迎会和欢迎宴会
复合标题	引题+正题	虚实结合，更有吸引力	既没有南方山青青，也没有北方林森森 "林交会"何以选择菏泽
复合标题	正题+副题	副题对正题补充说明，也是实题	农民对城里下乡的干部既盼又怕—— 盼的是"财神下凡"，怕的是"和尚化缘"

标题是一篇文章的眼睛，对于消息而言，标题是其中最引人注目的部分。消息的标题主要有两类：单一结构标题、复合结构标题。

2. 正文

消息正文写作分为导语、主体、结尾三个部分：

（1）导语。导语是消息的开头部分，是对新闻事实用简明、生动的语言加以概括，展示事实最新鲜、最精彩、最有价值的部分，让读者看一眼就被吸引住了。导语的写作要求：①概括内容，提供有效信息。信息要有实质性内容，只要读完导语，就能大致了解全篇报道，相当于消息的内容提要；②展示亮点，吸引读者眼球。事实要有价值、要新鲜、有趣；③炼字炼句，力求简短。抓住事件要害，令人过目难忘。历史上有不少著名的一句话导语，如：[路透社达拉斯（1963年）11月22日电]急电：肯尼迪总统今天在这里遭到刺客枪击身死（《肯尼迪遇刺丧命》）；④力求优美生动。一是新闻事实的内在美，二是语言美。

（2）主体。消息主体是对所报道的新闻事实加以具体展开的部分。主体要让读者看到事实的来龙去脉，在明白"发生了什么"的基础上，进而明白"为什么会发生""为什么是这样"，是对导语的展开、具体化，也是对导语的补充，要为读者解疑释惑，并保持兴味不减。现今常用的消息主体结构主要有：①倒金字塔结构。主体按材料新闻价值的大小，由前至后依次排列新闻事实，像一个倒三角，又称倒金字塔结构。这种结构是消息写作中用得最多的，便于读者把握重点，节省时间，也有利于安排版面。②新华体。这种结构结合了倒金字塔和时间顺序式结构的特点，主体部分一开始对导语中重要内容进一步阐述和说明，起到过渡作用，接下来再按照事件发展的时间顺序，把"故事"讲下来。③华尔街日报体。这种结构在导语部分主要以一个具体的事例（小故事、小人物、小场景、小细节）开头，然后再自然过渡，进入新闻主体部分，将所要传递的新闻大主题、大背景和盘托出，集中力量深化主题。这种结构吸引力强，能增强读者兴趣。

（3）结尾。消息结尾可以以事实的自然收束结尾；也可以以背景材料、引语等结尾，以补充、深化主题；还可以呼应开头，进行主题升华，如华尔街日报体。

四、写作注意事项

1. 明确材料选取标准

消息材料选取的标准主要是新闻价值标准和新闻政策标准两个。新闻材料的选取要看新闻信息的价值有多大，是否符合或反映当时的国家政策，这两个标准至少要有一个，重要新闻信息需同时具备这两个标准。

2. 重视新闻背景

新闻背景可以说明、解释、补充、烘托新闻事实，使读者得以排除阅读和接受障碍，加深对新闻事实的意义和价值的认识。消息体裁没有固定的背景段，背景的位置依需要而定，巧妙穿插，哪里需要背景出场助阵，背景就在哪里出现。

3. 主要表达方式

消息以叙述、说明为主要表达方式，兼有描写，但对抒情和议论有所控制。

4. 消息写作的六要素

消息写作常说的六要素是指 5W+1H，指何人（Who）、何地（Where）、何时（When）、何事（What）、何因（Why）、何过程（How）。这六要素会按照事件的重要性，安排在消息的各个部分中。

知识拓展

● 知识卡片

优秀消息的内容构思

消息是最常用的新闻文体,也是当今网络信息最常用的文体。写好消息可以从以下几个方面进行构思:

(1) 精选素材。依照新闻价值标准和新闻政策标准选取素材。

(2) 确定标题和导语。选出最重要、最有吸引力的内容放在导语内。

(3) 安排主体结构。按照消息主体的结构形式,将已选好的新闻信息材料按顺序安排好。

(4) 组织语言。语言力求简练,提倡多段落,每段字数要少,段落尽可能短。

任务实训

一、选择题

1. 消息写作中遵循"一事一报"的原则主要是为了( )。
 A. 缩短文章长度　　　　B. 体现新闻根据
 C. 简化写作难度　　　　D. 追求更快时效

2. 作为一篇消息的有机组成部分,重在补充、反衬或烘托新闻事实和新闻主题的重要部分是( )。
 A. 导语　　B. 主体　　C. 背景　　D. 结尾

3. 消息写作中多采用第三人称是为了( )。
 A. 增加亲切感　B. 提高客观性　C. 提高思想性　D. 增加真实感

4. 引题又称为( )。
 A. 子题　　B. 副题　　C. 肩题　　D. 提要题

5. ( )是消息的"眼睛",是对消息内容的高度概括和浓缩。
 A. 标题　　B. 导语　　C. 电头　　D. 躯干

6. 新闻语言追求( )。
 A. 抒情性　　B. 模糊性　　C. 修辞性　　D. 准确性

7. 新闻最基本、最重要的体裁是( )。
 A. 通讯　　B. 特写　　C. 消息　　D. 访谈

8. 要善于发现和捕捉新闻,就要掌握一把判断新闻的"尺子",这就是( )。
 A. 新闻意识　　B. 新闻价值　　C. 新闻头脑　　D. 新闻政策

9. 关于消息标题,下面说法错误的是( )。
 A. 消息一般有醒目的标题　　B. 消息标题一般分为单式和复式两种
 C. 消息标题一般比较含蓄　　D. 消息标题是对消息内容的高度概括

10. 按照新闻写作的要求,消息写作的第一生命是( )。
 A. 时效　　B. 新鲜　　C. 准确　　D. 真实

二、根据教材，请指出这份消息存在的问题

敢问路在何方
——路在脚下

2018年的新学期开始了，湖南师范大学新闻传播学院15级新闻4班的同学步入了大三的下半学期，课程少了很多，但他们仿佛更忙碌了。

据记者了解到，该班40名同学中，已有15名确定考研，9名确定考公务员，其余同学也分别确定考教师资格证、秘书证等方向。

对于大多数同学选择考研的现象，记者采访了几位正准备考研的同学，对于他们考研的目的，一位将姓周的同学说："她不是很满意现在的学校，再加上十分喜欢英语，希望可以将英语与新闻结合起来，于是将目标定位国际新闻。"而另一位同学则将高考失利的学校作为自己考研的院校，希望可以圆梦。

那么考研前辈们对学弟学妹们有什么建议呢？记者采访了今年已经被武汉大学研究生部录取的一位学姐，她说："考研一定要确定好目标，稳抓稳打，持之以恒。"

现在大学生就业压力大，但应该确定目标，努力前行。不管是考研、考公务员还是考老师，都是这样。就像歌中唱的那样："敢问路在何方，路在脚下！"

三、写作实践

1. 请你根据所学知识，给下面这则新闻拟一个标题（不超过15个字）

新华社北京3月23日电，文化部日前要求各地文化部门查处《臭作》等四款存在非法内容的电脑游戏。记者了解到，文化部门在市场上发现的这几款违法游戏产品，存在大量的不健康的内容，违反了我国的法律规定，危害了青少年的身心健康。文化部办公厅日前下发紧急通知，要求各地文化部门立即会同公安、工商、电信等部门，组织执法人员对传播这些违法游戏的网站、场所进行检查，一经发现上述电脑游戏，立即查禁、收缴，并根据线索，追根溯源，严查彻究，依法予以处罚。

2. 阅读下面素材，请抓一个新闻点改写成一篇300字左右的消息

7月初，郑生在湖南省蓝山县蓝山经济开发区内，发现了一堆裸露在地表的生活垃圾，只有一车，都是破衣服、塑料袋之类。当时，郑生没有太在意，他以为是附近村民把生活垃圾倒在了开发区里。

郑生向环保局反映情况后，垃圾很快就被清理。但他弄错了，这些并非是本地垃圾，倾倒也才开始。郑生后来发现，三两天就有一次偷倒垃圾，并且还发现有医疗垃圾混杂其中。郑生坐不住了，他想着，一定要抓住这群倾倒者，并将情报告诉官方。

蓝山县环保局、县公安大队部署蹲点，其中两个点分布在下高速的路口，只要涉嫌载着垃圾的货车一入境，就会被监控到。

9月10日凌晨零时许，郑生收到信息，"猎物"进入湖南。

郑生与蓝山县环保局局长蹲守在下高速的路口。凌晨1点左右，满载垃圾的货车驶下高速。货车上散发出阵阵刺鼻臭味，跟车的郑生等人，不禁捂住了鼻子。

"臭，像是腐烂多天的死耗子的味道。"郑生说。

在监控下，目标货车驶入经济开发区，又停在往常倾倒垃圾处对面的工地上。郑生远远地停下车子，他观察着货车司机熄火，四顾查看。按照抓捕方案，"只要他一倒垃圾，我们就开始抓捕行动。"

此时，又一辆车开过来，停在货车旁边，接走了司机。货车的车厢很高，用帆布盖着，从外表并不能看到到底装了什么。但车厢周围，成群盘旋的苍蝇以及令人作呕的味道，只能指向一个答案：肯定是垃圾。

"我已经等了两个多月，不在乎再多等这几个小时。"郑生说，为了"人赃俱获"，他和队友决定继续等待。20个小时后，正在外面买盒饭的他，收到信息：司机出现。

此时正是经开区最繁忙的时候。货车，挖掘机，推土机进进出出，让司机有了可乘之机。迅速倾倒垃圾后，货车离开经开区。在查看监控发现司机并没有出城以后，办案民警驾车往司机离开的方向追去，最终在司机家将其抓捕。

抓捕行动的成功，让郑生心中悬了两个多月的石头终于放下。

任务 2　通讯

案例赏析

"见字如面" 23 年
康劲，黄贵彬（通讯员），马勇强（通讯员）

12本家庭日记，6820多条留言，24万余字，记录了一个家庭的聚少离多和牵肠挂肚——"见字如面"23年。

"全忠，2月14日，咱们一家三口站台上见。"这是一本普通家庭日记本上的留言。这样的日记一写就是23年，用掉了12本日记本，留下6820多条只言片语，长达24万余字。

写下这段留言的妻子叫任亚娟，是兰州铁路局兰州客运段武威南车队队长。丈夫李全忠，是兰州客运段宁波车队副队长。虽然同在一个单位上班，但因为从事不同车次的客运管理工作，夫妻两人在家碰面的机会少之又少。1995年，两人步入婚姻殿堂不久，甜蜜的家庭生活就被忙碌的工作带走了——夫妻二人一个值乘北京列车，一个值乘乌鲁木齐列车，每隔3周才能相聚一次。

"那时候哪有手机、微信这么方便的沟通平台？我们就把家里需要办的事情都记在日记本上交代给对方，一来二去，日记本就成了我们两人之间最主要的沟通纽带。"任亚娟回忆说，他们出乘回家后的第一件事，就是看看日记本有没有留言。"看到了熟悉的文字，就像见到了本人一样。"丈夫李全忠这样形容。

翻开一本本泛黄的日记本，上面密密麻麻记录着夫妻二人23年来的点点滴滴。如今，这些留在家庭日记上的"微记录"，被同事们翻出来，赞为"最美留言"。

"亚娟,昨晚在列车上没合眼吧?一回来就趴在沙发上睡着了,看着好心疼。你最喜欢的冬果梨汤熬好了,在茶几上,醒来记得喝,我先出乘去了。"

"亲爱的,这两天武威温度下降得厉害,你的毛衣毛裤我洗好放在卧室第一个衣柜里了。记得穿上,保重!"

"全忠,女儿说什么时候咱们一家三口能坐在一起吃上你做的臊子面?我都不知道哪一天,心凉!"

"亚娟,你荣获全局十大'最美贤内助',真替你高兴。但我觉得这个奖,颁给我也合适呢,哈哈!"

……

"现在翻一下,23年的心酸与牵挂历历在目。"李全忠说。

23年,经历了传呼机、手机短信、微博微信等不同的通讯工具,但是所有的一切似乎都比不上"见字如面"的纯情与质朴。随手写下的留言,笔笔写出的爱意,期待与牵挂,相知与守候,与子偕老的"家庭心灵史"尽在其中。

每到春运、暑运和黄金周,正是家家团圆或是休闲度假的时候,但对于这对夫妻来说,却是最繁忙的时候。女儿李卓蔚,已经21岁了,在她的记忆里,一家人却没有一起过过一次春节。

任亚娟的父母去世得早,公婆也在客运段上班,李卓蔚很小就没人带,平时只能将女儿寄放在邻居家,到了春节就送到陕西姨姥姥家。"别人家的小姑娘都是捧在手心里养,我们却是'散养',真是觉得对不住她。"一提到女儿,任亚娟的眼里总是泛起泪花。

懂事的女儿不仅没有埋怨过父母,还做起了他们情感的"联络员"。她在家庭日记本上识字、认字、写字,渐渐地也开始留字。

高三那年,学校开家长会,夫妻俩都在列车上值乘检查。李卓蔚既没打电话也没发短信,在家庭日记本上写下了一条留言:"爸妈,后天要开家长会,我英语竞赛考了全校第2名,想着让你们看看我的成绩!"

3天后,出乘回家的妻子任亚娟一进家门就发现这条留言。"觉得自己这父母当得太失职,孩子都长这么大了,可我们参加家长会的次数却屈指可数。"任亚娟低头抚摸着家庭日记本,心里泛上一阵酸楚。

忙碌的工作依旧,但今年新年以来,家庭日记本上的内容更多了。

"爸,我跟着电视学,做了一盘您喜欢吃的红烧肉!您回来尝尝!"

"爸妈,我在网上给你们定了一款对戒,样子暂时保密,不过保证你们喜欢!"

……

2月14日,李全忠乘坐K1040从宁波返回兰州,妻子却要乘坐T6601次列车前往武威。女儿带上精心挑选的对戒,一家三口相聚在了兰州火车站站台上,而这次相聚只有短短的37分钟……

在聚少离多的日子里,一家三口仍旧在用"见字如面"的方式守护着纯情家风。浸润在字里行间的牵肠挂肚,还将在家庭日记本上延续。

(来源:中国新闻奖作品选)

这是一篇荣获第二十八届中国新闻奖文字通讯一等奖（2018年）的作品。这篇通讯以直接引语作标题，并且突出了数字23年，勾起阅读欲望。文章主题明确，语言简练，娓娓道来。通过大量细节和新闻人物语言，带领读者真实体会到这世上最普通也最触动人心的亲情之美、家庭之美、人性之美，并深深为劳动者的温暖情怀所感染。这些都通过记者的文字，恰到好处地得以呈现，不虚浮、不煽情，很好地传递了社会正能量。

知识平台

一、通讯的概念

通讯是运用叙述、描写、抒情、议论等多种手法，具体、生动、形象地反映新闻事件或典型人物的一种新闻报道形式。

二、通讯的特点

通讯与消息一样遵循新闻文体的共同特点：真实性、时效性、用事实说话及新闻价值，但通讯在其时效性上不如消息快捷，篇幅较消息长，内容比消息详细、生动，表现手法更自由。

三、通讯的分类

通讯按报道方式的不同，可分为三类：

（1）叙事记叙型通讯。既可以记人（相当于人物通讯），也可以记事（相当于事件通讯），还可以记地（相当于风貌通讯）。

（2）调查分析型通讯。包括工作通讯和问题通讯（揭露社会各类问题为主）。

（3）谈话实录型通讯。包括专访、访谈、谈话记录等。

四、通讯的写作方法

1. 标题

通讯的标题可以直接写新闻事实，也可以用修辞等手法曲笔达意。通讯标题可实可虚、可长可短、可庄可谐，没有具体规定，写作者可以充分发挥自己的创造性。在形式上，通讯一般只有一个标题，也可以用破折号引出一个副题，副标题大多是实述的写法，主要交代报道的对象和新闻来源。通讯标题具体写法上可以：直述新闻事实、提出问题、引人思考、设置悬念、比喻双关、用新闻人物语言、相反相成等。如《阴差阳错，热门原有后门》《冷同志热心肠》《"中国人是最棒的！"》等。

2. 正文

通讯正文写作分为开头、主体、结尾三个部分：

（1）开头。通讯的开头往往为读者开启思路，寻找叙述起点，预述主题，吸引读者继续往下阅读。①开门见山，对新闻事实的主要内容进行浓缩和概括，起提要作用；②突出中心事实，勾起人们的阅读欲望；③以对现场事态，场景，人物动作、语言进行叙述开头，增强现场感染力；④以有寓意的故事、诗歌或有悬念的情节开头，增强兴趣和吸引力。

（2）主体。通讯主体是对所报道的新闻信息加以详细、生动地展开的部分。通过主体的报道，使新闻信息更加完整、更加深刻。现今常用的通讯主体结构主要有：①纵式结构。是按时间顺序、事物发展的顺序或作者对报道事物认识发展的顺序来安排结构。在采用这种结构时，要详略得当，布局巧妙，富有变化，避免平铺直叙；②横式结构。是按空间变换或按照事物性质来安排材料的。这种结构概括面广，要注意不同空间的变换，恰当地安排通讯所涉及的各方面的问题。采用空间变换的方法组织结构时，要用地点的变化组织段落，按事物性质安排结构时，要围绕主题，并列地写出不同的几个侧面；③纵横结合式结构。常用于时间、空间跨度大的通讯，是以时间顺序为经，以空间变化为纬，把两者结合起来运用。采用这种形式，要以时空的变化组织结构。④蒙太奇式结构。蒙太奇是一种电影语言，其基本特点是镜头之间讲究必要的跳跃和组接。通讯常借用这种手法，组接各个镜头，如现场场景和背景片段的组接等。

（3）结尾。通讯的结尾有三大功能：强调主题、引发思考和抒发情怀。①通过议论和叙述事实强调立意，深化主题。可以用明示和暗示两种手法，明示就是公开表态，发表议论；暗示就是用新闻人物的语言（引语），发表议论。②通过含情的结尾，给读者留下回味的余地，使主题得到强化。

五、写作注意事项

1. 选好典型，重视主题的凝练

典型是通讯的筋骨，主题是通讯的灵魂。选好典型，要选择具有代表性、具有普遍意义、具有宣传价值和教育意义的人和事，选择在一定时期内人们所关注的问题。主题是作者通过事实想要说的"话"中，最为关键、最为重要的"话"。确立了合适的主题，全篇通讯所用的材料就有了灵魂，全部文字也就有了凝聚中心。主题应该反复提炼，要有新颖性、独特性和深刻性，能体现人物和事件特色，体现时代精神、表现时代风尚，以及反映人物和事物的本质、规律。

2. 写好人物

写好人物是通讯写作的重要任务。写事离不开写人，写人离不开事，因此，写人必写事，写人物所做的典型事件，写能揭示人物内心世界的事，而写事则要具体形象，有原委，有情节。

3. 标题语言的运用

在一些篇幅较长的通讯中，常常需要通过文中标题（小标题）来概括地提示每一部分的内容。标题语言在通讯中很常见也备受重视，它能使通讯的结构更加清晰，文中重要内容一目了然。

4. 表达方式自由

通讯的表达方式比较自由。叙述、议论、抒情、描写、说明这几大表达方式常交融在一起。如夹叙夹议、情景交融等。

知识拓展

● 知识卡片

优秀通讯的内容构思

通讯写作也是新闻信息写作中比较常用的文体,写好通讯可以从以下几个方面进行构思:

(1) 对材料进行加深认识,凝练主题。通过对搜集和采访到的素材进行深加工,结合现实情况、政策等对材料进行主题凝练,并确定好主题。

(2) 选择写作素材。选好主题后,针对主题对已有的素材进行筛选,选择能表现、烘托、补充、深化主题的素材,其他与主题无关的素材则可以放弃。

(3) 安排结构。根据已选择的主题和素材,选择合适的结构安排素材,并根据需要安排标题语言(小标题)。

(4) 组织语言。运用不同的表达方式,组织语言,将各类素材按照结构顺序,完整地组合在一起,并最终深化主题。

任务实训

一、选择题

1. ( ) 是运用叙述、描写、议论、抒情等多种手段,具体、生动、形象地反映新闻事件和新闻人物的一种新闻报道形式。
   A. 消息　　　B. 通信　　　C. 通讯　　　D. 内参

2. 在通讯写作中起主导作用、贯穿全文、支配写作,并成为通讯写作构思、选材、表达和运用语言依据的是( )。
   A. 新闻导语　　B. 新闻标题　　C. 新闻主体　　D. 新闻主题

3. ( ) 被形象地描述为通讯的血肉。
   A. 通讯主题　　B. 通讯材料　　C. 通讯结构　　D. 通讯体裁

4. 通讯写作中,从纷繁复杂的材料中遴选出的对写作有用的材料是( )。
   A. 新闻背景　　B. 新闻事实　　C. 新闻素材　　D. 新闻依据

5. ( ) 被形象地描述为通讯的骨骼。
   A. 通讯主题　　B. 通讯材料　　C. 通讯结构　　D. 通讯体裁

6. ( ) 被形象地描述为通讯的灵魂。
   A. 通讯主题　　B. 通讯材料　　C. 通讯结构　　D. 通讯体裁

7. 新闻选材时要"以一当十",意思是( )。
   A. 新闻素材越少越好　　　　B. 新闻素材越多越好
   C. 新闻例子越多越好　　　　D. 新闻素材少而精,以少胜多

8. 关于消息与通讯的区别,下面说法错误的是( )。
   A. 两者开头形式不同　　B. 两者标题不同　　C. 两者详尽程度不同　　D. 两者结

构相同

9. 通讯写作中，以时间顺序为经、空间变换为纬，或者以认识顺序为经、事物性质为纬，以及这两类之间的进一步交叉渗透的结构，称为（　　）。
　　A. 时空式结构　　B. 纵式结构　　C. 纵横式结构　　D. 横式结构

10. 纵式结构是通讯结构的一种，其又可称为（　　）。
　　A. 时空式结构　　B. 顺序结构　　C. 纵横式结构　　D. 并列式结构

11. 横式结构是通讯结构的一种，其又可称为（　　）。
　　A. 时空式结构　　B. 顺序结构　　C. 纵横式结构　　D. 并列式结构

12. 通讯表达方式中的叙述，包括记叙和（　　）。
　　A. 描述　　B. 说明　　C. 抒情　　D. 议论

13. 通讯写作其表达方式比消息写作更为多样，下列表达方式中最为主要的一种是（　　）。
　　A. 描写　　B. 叙述　　C. 议论　　D. 抒情

二、根据教材，请指出这份通讯存在的问题

××公司行动践行"五化"标准

××公司，有一股强大而恒久的力量，让公司职工不断迸发工作的动力和激情，这股力量就是来自该公司的党支部。他们用行动践行"五化"标准，使党员同志凝聚在党支部周围，充分发挥党员的先锋模范作用及支部的战斗堡垒作用。

"我们坚持党建'五化'标准，不是摆摆成绩、搞搞形式、走走过场。"该公司党支部书记××说，"上级党委大力支持我们，我们要准确把握政治方向，坚持问题导向，强化使命担当，按'五化'标准的要求将党建工作做实、做细。"

近年来，××公司将党的全面领导融入到工作中的各个环节，行动践行"五化"标准，做好困难职工的帮扶工作。2016年12月员工××不幸遭受火灾，所有财产化为灰烬，……（略）为××同志重建家园献上了一份爱心。2016年5月员工××同志的丈夫不幸身患鼻炎癌，在州肿瘤医院住院治疗，……（略）为××同志的丈夫早日康复献上了一份爱心。2017年11月员工××发生交通事故受重伤，公司党政领导知道后，……（略）为他早日康复献上了一份爱心。

做好对困难职工帮扶工作的同时，该公司大力关心下一代。今年8月，喜闻××有5名学生考取清华大学和北京大学，该公司立马捐赠了2万元的助学金，以资鼓励。9月6日公司党支部又组织对公司职工子女考取二本以上的发放了87000元的助学金。

行动践行"五化"标准，采取多种方式拓宽党员教育学习模式，着力打造一支心有爱国情怀、肩扛工作责任的人才队伍。该公司通过运用"互联网+党建"创立了"××党员之家"微信群组进行党员教育学习，……（略）；利用公司多媒体会议室开展视频教学，组织党员观看专题教育片。目前，该公司支部12名同志有11名关注红星云公众号，积极主动开展线上学习，关注时事政治，在网上支部内发布支部动态，并观看了《不忘初心，继续前进》《举旗定向》和《人民至上》等专题教育片。

2018年7月14日组织党员、入党积极分子前往革命摇篮井冈山开展了为期4天的"不忘初心，继续前行"暨"井冈山红色教育"主题教育活动，……（略）。

该公司行动践行"五化"标准，规范基层支部建设。如今，该公司不仅党味越来越浓，党性越来越强，而且党员们工作、学习和助学帮困的热情高涨，时刻不忘把党的温暖送到职工的身边，形成了良好的工作氛围。

（来源：http：//www.mishubuluo.com，有删减）

三、写作实践

请你根据所学知识，就本学期你参加的某项社会实践活动，或某一位同学（人物）的事迹，写一篇小通讯。

任务3　自媒体文书

案例赏析

我们还能陪父母多久？也许只剩下64天
文丨李浩然　胡思洋

当下，对于很多中国人来说，背井离乡、异地漂泊已是一种常态。我们有太多的计划要完成，有太多的梦想要实现。正是这些计划和梦想，让我们不断放弃与父母的相处，心里总想着，爸妈总在那儿，以后有的是机会。但是，有没有认真想过，我们到底还能陪父母多久？网上曾流传过这样一个计算公式：假如一年中，只有过年7天才能回家陪父母，一天在一起顶多相处11小时，若父母现在60岁，活到了80岁，我们实际和父母在一起的时间，只有1540个小时，也就是64天。64天，就是我们以为的来日方长！

1. 人生很长，但能陪伴父母的时间真的不多

漫长人生，能够分给父母的时间竟只有64天，很多人表示不敢相信。

按照这种方式计算得出的答案虽未必准确，但其中的残酷却很真实，有人陪父母的时间甚至都到不了64天。

（略）

多年前，国内有大型调查机构曾针对25-50岁的中等收入群体做过一项调查：63%的人每年和父母团聚的次数少于3次，这些人每年和父母相处的时间平均为78小时，即3天6小时。即使那些回家频繁，甚至能跟父母住在一起的人，陪父母的时间也没比64天多到哪去。

"大学毕业后我一直住在家，但工作也是早出晚归，所以真正和父母相处的时间，只有晚上到家吃饭的1个多小时，就算这样，有时候坐在父母对面，我也是掏出手机玩个不停。我发现，我能跟朋友煲1个多小时电话粥，但是不愿跟父母多说几句话。"

看到这里，很多人几近哽咽，猛然意识到，人生很长，但能陪伴父母的时间真的

不多。

不能陪在身边，常常给父母打电话也可以聊以慰藉吧。可即使是打电话，也不是人人都能做到。

（略）

很多子女就这样坚信来日方长，肆无忌惮的消耗着有限的亲情。

2. 渐渐老去的父母，不惜接受虚假的关怀

没有我们陪伴的父母，非常孤独与无助，他们成了"空巢老人"。

在中国，近1.7亿60岁以上的老人中，有40%以上过着子女不在身边的"空巢"生活。预计到2030年，老龄人口将近3亿，而"空巢老人"的比例或将达到90%。这意味着，届时，中国将有2亿饱受孤独之感的"空巢老人"。

（略）

还有的老人因缺少陪伴，只能从他人身上寻找虚假的"关怀"。这也是各式各样的保健品屡屡让老年人成功入坑的原因。

有一本叫《空巢》的书，书中写了一位自称是"真空级空巢老人"的80岁老母亲——"孩子们已经远走高飞，老伴也已经撒手人寰，我仅有的妹妹也在千里之外的北方。没有亲人陪同我过周末，甚至没有亲人一起过春节。"

（略）

后来，她遇到了卖保健品的小雷："她那么细心，那么体贴，她将我当成自己的母亲。那种细心和体贴带给我的幸福感让我淡忘了自己的孤独和处境。我好像不再是生活在社会边缘的'空巢老人'了。"

（略）

"不管小雷向我推荐的那些保健品和器械对我的身体有没有用，它们都能够给我带来幸福感。因此我的钱花得痛快、花得开心、花得心甘情愿。想起来真是荒唐，我自己辛辛苦苦养大的孩子，从来没有给我带来这种幸福感。"

这位老母亲，其实就是我们父母的真实写照。他们和骗子之间的关系，更像是周瑜打黄盖，一个愿打一个愿挨。明明知道钱花得不值，明明知道一切温情都只是假象，他们为了有人陪伴，依然心甘情愿上当。

诚然，父母的生命和孩子的生命本就应当各自独立。可是，人之暮年，对于亲情的渴望却是不以人的意志为转移的。

（略）

3. 没人愿意父母老去，但谁都阻止不了这天到来

很多子女都认为，尽孝好像不用着急，父母会一直等在那里。然而，"树欲静而风不止，子欲养而亲不待"，恰恰是这种不着急，让我们忽略了岁月正在一点点剥夺父母的年华。等我们着急的时候，一切都已经来不及了。

毕淑敏在文章《孝心无价》中说："我相信每一个赤诚忠厚的孩子，都曾在心底向父母许下'孝'的宏愿，相信来日方长，相信水到渠成，相信必有功成名就衣锦还乡的那一天，可以从容尽孝。可惜人们都忘了，忘了时间的残酷，忘了人生的短暂，忘了生命本身

有不堪一击的脆弱。"

　　季羡林老先生曾经八年没有回家看望老母亲。接到老母亲病危的消息，他日夜兼程赶回去，却只见到一副冰冷的棺材。邻居的老太太告诉他，母亲临终前有两句话告诉他——第一句：早知道你出去了就不再回来，我真后悔当年让你出去。第二句：这几年我日夜想着你，这种痛苦，是你无法想象的。季羡林听完，趴在母亲的棺材上痛哭不止。

　　后来，他写下散文《永久的悔》："看到了母亲的棺材，看到那简陋的屋子，我真想一头撞死在棺材上，随母亲于地下。我后悔，我真后悔，我千不该万不该离开了母亲。世界上无论什么名誉、什么地位、什么幸福、什么尊荣，都比不上待在母亲身边。"

　　（略）

　　贾平凹在《我的父亲》中写道："也不曾想到父亲最后的离去竟这么快。以往家里出什么事，我都有感应，就在他来西安检查病的那天，清早起来我的双目无缘无故地红肿，下午他一来，我立即感到有悲苦之灾了。经检查，癌已转移，半月后送走了父亲，天天心揪成一团，却不断地为他卜卦，卜辞颇吉祥，还疑心他会创造出奇迹，所以接到病危电报，以为这是父亲的意思，要与我交代许多事情。一下班车，看见戴着孝帽接我的堂兄，才知道我回来得太晚了，太晚了。"

　　（略）

　　4. 余生很长，给他们留点时间吧

　　小时候，他们是我们的全部。他们总在旁边担心着、支持着、关心着、唠叨着。后来我们渐渐长大，要去看看外面的世界，开始"离巢"了，虽然不舍，他们还是努力说服自己，给了我们最宽厚的爱——适时放手。

　　"我慢慢地、慢慢地了解到，所谓父女母子一场，只不过意味着，你和他的缘分就是今生今世不断地在目送他的背影渐行渐远。你站在小路的这一端，看着他逐渐消失在小路转弯的地方，而且，他用背影默默告诉你：不必追。"

　　他们也从不愿打扰我们的生活，哪怕只是说一句"不忙了，就多回家看看"。但那个时候我们或许还不知道，银发、皱纹、眼花这些岁月的痕迹，有一天也会悄然降临到自己父母的身上。相信很多人也跟我一样，都是在某个瞬间发现了父母的这种变化。

　　（略）

　　我们跑得越来越快，却没注意到他们越走越慢，我们越来越强的同时，他们也越来越老。

　　哪天我们猛然回头，才发现他们已老到走不动、看不清、也记不住了。他们一遍遍地教我们，电视里面那个字怎么写。如今，他们一次次地问我们，电视里面写的是什么字。他们还停留在原地，等我们归来，我们却来去匆匆。他们有多少要说的话，刚到嘴边，又咽下。他们要的一点都不多，就是有空多回回家，能多打个电话问候下。

　　周杰伦的《外婆》里，有一句歌词一直很打动我："外婆她的期待，慢慢变成无奈，大人们始终不明白，她要的是陪伴，而不是六百块。"

　　父母老了，我们能给的爱不能再迟到。

　　（来源：自媒体平台，2017年12月27日，文章有删减）

这是一篇发表在自媒体平台上的文章，属心灵鸡汤类，发表以来各平台转载、点击率很高，其文章内容真正触动大家的内心，引人深思和深省。文章主旨清晰，我们要多陪父母。结构上，从事实到怪象，到规律，再到文章的主题深化，层层递进，层层深化。文章材料，既有普通人对待父母的情况，也有名人对待父母的情况。中心、结构和材料三者相统一，同时动之以情，晓之以理，让读者从内心深处接受作者的观点。

知识平台

一、自媒体的概念

自媒体是普通大众经由数字科技强化、与全球知识体系相连之后，一种开始理解普通大众如何提供与分享他们本身的事实、他们本身的新闻的途径。

自媒体有别于由专业媒体机构主导的信息传播，它是由普通大众主导的信息传播活动，为个体提供信息生产、积累、共享、传播内容兼具私密性和公开性的信息传播方式。

网络自媒体的数量庞大，其拥有者也大多为"草根"平民，网络的隐匿性给了网民"随心所欲"的空间。自媒体包括但不限于个人微博、个人日志、个人主页等，其中最有代表性的托管平台是美国的 Facebook 和 Twitter，中国的 QQ 空间、微信和微博。国内其他自媒体平台还有很多，如今日头条、百度百家、一点咨询、易信公众平台等。任何公民都可以在这些平台上发布信息。

二、自媒体的特点

1. 平民化、个性化

从"旁观者"转变成为"当事人"，每个平民都可以拥有一份自己的"网络报纸"（博客）"网络广播"或"网络电视"（播客）。每个"草根"都可以利用互联网来表达自己想要表达的观点，传递他们生活的阴晴圆缺，构建自己的社交网络，自媒体成为了平民大众张扬个性、表现自我的最佳场所。

2. 门槛低、运作简单

在像新浪博客、优酷播客等所有提供自媒体的网站上，用户只需要通过简单的注册申请，根据服务商提供的网络空间和可选的模板，就可以利用版面管理工具，在网络上发布文字、音乐、图片、视频等信息，创建属于自己的"媒体"。拥有自媒体，不需要你投入任何成本，也不要求你有任何的专业技术知识。其门槛低，操作运作简单，让自媒体大受欢迎，发展迅速。

3. 交互性强、传播迅速

没有了空间和时间的限制，任何时间、任何地点，我们都可以经营自己的"媒体"，信息能够迅速地传播，时效性大大的增强。作品从制作到发表，其迅速、高效，是传统的电视、报纸媒介所无法企及的。自媒体能够迅速地将信息传播到受众中，受众也可以迅速地对信息传播的效果进行反馈。自媒体与受众的距离是零。

4. 良莠不齐、可信度低

自媒体发布的信息完全是按照自己的意愿随心所欲地编辑。这些信息有的是对生活琐事的流水账式的记录,有的是对人生境遇的深刻感悟的集锦,有的是对时事政治的观察评论,有的是对专业学问的探索与思考……这就表明了自媒体取消了传统媒体编辑决定发表的权力,让各种信息"肆意"传播。有的自媒体过分追求新闻发布速度或者说为了追求点击率而忽略了新闻的真实性,导致的部分民间写手降低了自身的道德底线。这就导致了自媒体所传播的信息的可信度低。

5. 相关法律不规范

虽然我国目前有很多法令管制网上活动,但是还只是停留在对网站的管理上,这些法令就显得不够全面。如何在法律上对自媒体进行规范与引导,迫切需要全社会来共谋良策。

三、自媒体的写作方法

1. 确定选题

自媒体写作方式是由大众的阅读场景决定的,由于网络通讯科技的发展,我们已经进入屏读时代。传统阅读方式是一种沉浸式的阅读,需细细品味;屏读时代的阅读和写作方式是碎片化的,快餐式的阅读。

自媒体写作受制于广大网络受众,最直接的体现是点击率、转载量。因此在选题上必须明确当今广大网络受众的喜好,什么内容容易吸引眼球,最能引起大家的兴趣。因此,我们可以从以下几个方面来确定选题:①受众最关心、与受众生活息息相关的选题(热点类);②新闻价值大的选题(爆料类、资讯类);③从专业角度提供知识、意见和建议的选题(专业类、深度解读类、行业盘点类);④以情动人的选题(心灵鸡汤类);⑤娱乐性、商业性强的选题(八卦类、商业软文、书评、影评);⑥网络文学作品(小说、散文)。

人的现实需求层次一般是由低到高:生理需求、安全需求、社会需求、尊重需求、自我实现的需求。总的来说,文章抓住底层需求要比抓住高级需求更好,比如八卦类的娱乐信息就是底层需求。

2. 标题

自媒体文章,标题非常重要,现在打开手机,满屏都是各种文章。有的文章,我们看一眼,就划过去了,而有的文章我们却忍不住点了进去,这就是标题的魔力。一个好的标题,一定要能够在一秒的时间内,抓住读者的眼球。

一般来说标题决定打开率,内容决定转发率,但真正好的标题,也可以决定转发率。好标题需要有新意。耳熟能详的道理、熟悉的句子结构、平常的词语等很难引起大家的感官刺激。好标题,少用平铺直叙、直白的标题,可以用疑问、反问、感叹等句式,从一个非常独特新颖的视角给受众抛出一个非常常见的问题或者现象,激发受众的好奇心和求知欲。好标题需要有悬念、有冲突、对比,最好还要能颠覆他人的固有认知,如《这世上最傻的事就是对年轻人掏心掏肺的讲道理》《你和头等舱之间差的不仅是钱?》。

例如,写一个"工资是鸡肋"的标题。

不合格标题:《工资已经成为鸡肋》或者《成长比工资更重要》(不合格是因为大家

都知道这个道理,就没有必要打开你的文章了)。

70分标题:《工资是原来的保障,却是如今的鸡肋》(有一定的对比)

80分标题:《工资是职场最大的陷阱》(颠覆认知,让读者有读下去的欲望)

90分标题:《你的死工资正在拖垮你》(不仅有一种工资是陷阱的颠覆感,还通过拖垮这个动词,给人一种焦虑感和画面感)

100分标题:标题没有最好只有不断要求更好。

3. 正文

自媒体正文的写作也可以分为开头、主体和结尾三部分:

(1) 开头。开头需引起读者的好奇心,激发兴趣,让读者忍不住想要继续读下去。开头的写作可以用以下几种方式:①设置悬念,吊足受众胃口,吸引大家读下去;②提出问题,让大家在下文中找答案;③描述场景,让受众身临其境,调动受众的感官和感受;④简述故事,通过故事本身、故事折射的道理以及故事与现实的关系等来吸引大家。

(2) 主体。主体是吸引读者的根本。在动笔写作时,我们必须知道自己写作的意图,或者感受、想法,确定自己要表达的中心是什么,或者说主题是什么。在明确中心和主题后,收集、选取和编辑所需要的材料,并安排材料的顺序,并在这基础之上安排文章的整体结构。

主体写作在结构上一般有以下几种:①新闻体结构,如消息、通讯的结构。这类结构的素材本身具有新闻性,通过借鉴新闻体结构,以最快最直接的方式面向受众,网络上这样的新闻体文章很多,如宣传性质的文章、资讯类、爆料类等;②递进结构。这种结构逻辑严谨,思维严密,按照某种顺序将内容进行铺排,给人一气呵成的畅快感觉。这种结构需要写好开头,开头要有吸引力,否则读者很难继续看下去。如现象+本质、事实+道理,其中本质和道理的揭露是需要层层递进的。③故事类结构。以讲故事为主要结构方式,通过故事得出道理,这种结构主要是要讲好故事,故事本身吸引人,才能让人继续看下去。④总—分—总结构。这种结构往往在开篇就点题,然后在主体部分将中心论点分成几个基本上是横向展开的分论点,最后在结论部分加以归纳、总结和必要的引申。⑤倒置式结构。常用于记叙类文章,主要是利用"欲扬之,却先抑之;欲抑之,却先扬之"的特点,做到千折百转,避免平铺直叙,增强文章的感染力,给读者留下强烈的印象,从而留住读者的目光。

自媒体写作不局限文体和写作方式,非常自由的写作,因此其结构也不局限以上几种。自媒体写作只要抓住一点,就是受众,只要抓住了受众的眼睛,就有了点击率、转载量,就是好文章,当然这些必须是以正常手段和真实事实为依托,而非博眼球的炒作和虚构。

(3) 结尾。结尾也是留住读者的法宝。在文章的结尾,我们不仅要将文章的主题内容进行大概总结,可以将自己本身感受融入进去,提升读者的认同感。也可以抛出一个问题,引发读者的思考,这样就会引读者的互动,最好能得出普遍适用的道理,好记同时能引起读者的共鸣,提高读者转发的概率。一般结尾有以下几种:①感悟+总结;②总结+实用的知识、道理、建议等;③佳句+感悟。

四、写作注意事项

1. 明确中心，选好素材

根据写作原点（感受、想法），确立要表达的中心，再根据中心来选取和裁剪材料。

2. 明确文章类型，安排好结构

安排好材料的先后顺序，同时确立每个材料的写作角度和它的详略，即如何花笔墨和花多少笔墨的问题，然后在此基础安排好合适的结构。

3. 语言精练、通俗

词语是否恰当要斟酌，句子表达意思要简洁，段落之间衔接要自然。

4. 根据文章类别选择推送平台

现如今自媒体平台有很多，很多自媒体在推送文章时都有自己的偏向，大家需要根据自己的文章类型，或者说是选题类型来确定推送到什么样的平台，能获得更多的点击率和转载量。

知识拓展

● 知识卡片

优秀自媒体的内容构思

自媒体不仅可以让个人随时发布信息、分享感受，还可以通过点击率来获得声望和利益。现如今自媒体已成为网络上最流行的写作，自媒体写作可以从以下几个方面进行构思：

（1）确定选题。依照自己的兴趣、特长、已有的材料来确定选题类型。

（2）精选素材。根据选题类型和文章中心来挑选写作素材。

（3）撰写文章。按照中心和材料安排文章结构，并用精炼和通俗的语言来撰写文章。

（4）推送文章。根据文章类型，选择合适的推送平台推送文章。

任务实训

一、选择题

1. 一项世界规模的宏基因组研究显示，含耐药基因的微生物在自然界中_____。这意味着人类有可能回到没有抗生素的时代，医疗体系中的很大一部分可能会退回到抗生素发明之前的境地，轻微的细菌感染都可能引起_____的后果。依次填入划横线部分最恰当的一项是：

  A. 比比皆是 意外

  B. 不可胜数 可怕

  C. 千差万别 严重

  D. 无处不在 致命

2. 医疗改革方案将引导医疗机构、医务人员，通过提供更多更好的诊疗服务，获得_____的补偿。对于过度治疗问题，该方案是一种_____的做法，它让医生的收入与所开的药物、检查脱钩，让医疗工作者的劳动收入真正体现在明处。依次填入划横线部分最恰当的一项是：

A. 适度　一劳永逸
B. 合理　釜底抽薪
C. 合法　立竿见影
D. 公正　行之有效

3. 就文学创作而言，人工智能未来有可能在编剧或网络文学方面有所_____，毕竟除了一小部分杰出的作品外，无论剧本创作还是网络文学，都比较依赖标准化的情节与词语搭配。而文学作品的_____程度越高，越有可能人工智能化。依次填入划横线部分最恰当的一项是：

A. 建树　程式化
B. 发展　通俗化
C. 贡献　规范化
D. 突破　模式化

4. 早在20世纪70年代末，钱学森就曾多次提出：国防科技的发展不能_____于"追尾巴""照镜子"，而是要_____地开拓新领域和新方向。比如英国人针对重机枪机动性差的弱点，发明了坦克，一举撕裂了枪炮林立的僵持局面。这类非对称式的发展思路有助于打破先进国家的技术垄断，形成后发优势。依次填入划横线部分最恰当的一项是：

A. 拘泥　与众不同
B. 满足　独辟蹊径
C. 沉迷　标新立异
D. 止步　别具匠心

5. 大国兴衰构成了世界历史的重要篇章，许多学者和政治家_____探寻其中的逻辑线索，产生了许多著述宏论。然而，对大国兴衰的原因难有最终答案，这不仅在于问题本身_____，更是因为世界在变化，不同国家兴衰的轨迹不可能简单重复。因此，对这一问题的探讨永远不会_____。依次填入划横线部分最恰当的一项是：

A. 呕心沥血　复杂性　过时
B. 兢兢业业　模糊性　停止
C. 殚精竭虑　阶段性　终结
D. 废寝忘食　多样性　沉寂

二、改错题

1. 首先把场地清理好，否则不把场地清理好，就无法施工。
2. 东城区公安分局经过周密侦察，一举打掉一个飞车抢夺团伙。
3. 由于儿童对周围世界的一切都有新鲜感，这种好奇心理是非常可贵的。
4. 文学的轰动效应已成昨日黄花。

5. 在抗灾抢险的战斗中，人民子弟兵总是首当其冲。

三、尝试着用一个句子，衍生出5种表达方式（叙述、描写、抒情、议论、说明）

1. 【叙述】马云在"未来城"逛街。（原句）
2. 【描写】
3. 【抒情】
4. 【议论】
5. 【说明】

四、判断下面哪个标题更好并说明原因

第一个标题：不会写作的你正在失去职场竞争力
第二个标题：写作是这个时代最好的投资

五、写作实践

根据自己的兴趣和特长，确定选题类别和范围，自拟题目，写一篇自媒体文章并推送到平台。

项目三　法律

情境导入

> 小芳是某高职院校毕业两年的学生，一直在某民营企业就职。2018年9月，因企业裁员，小芳成为被裁的员工。此时，小芳对自己被裁后的经济补偿没有任何头绪，因为就职时没有签订劳动合同，每次工资及奖金发放等都是现金支付，且企业没有替小芳缴纳"五险一金"，小芳担心无法获得《劳动合同法》所规定的经济补偿。在咨询相关部门及专业人士后，她就自己与企业的纠纷提起了民事诉讼。如果你是小芳，你会通过什么途径解决纠纷呢？如果提起民事诉讼，你是否知道写基本的诉讼文书呢？这一章，我们将就基本的诉讼文书进行讲解，包括起诉状、上诉状、答辩状等。

任务1　起诉状

案例赏析

民事起诉状

原告：胡××，男，19××年××月9日生，汉族，电话：186××××88××，住址：石家庄市××区槐安西路×××号建国北区×-×-×××室。

被告：北京××互联信息服务有限公司

注册地：北京市××区东北旺西路中关村软件园二期（西扩）N-1、N-2地块××总部

科研楼5层503室

电话：010-8262××××，010-82×××66

法定代表人：×× 职务：首席运营官兼联席总裁

诉讼请求：

1. 停止侵害，恢复网络服务功能
2. 退还2017年10月份到2018年7月网络服务费100元
3. 赔偿原告精神损失费5000元
4. 赔偿原告为主张权利支付的必要差旅费误工费等共计2000元

事实与理由：

原告系被告签约用户、付年费微博会员（用户名：见义勇为模范胡××），原告精心维护微博，到2017年10月5日，原告已拥有600多粉丝，2017年10月6日原告又续一年的年费。

但2017年10月6日以后，原告的微博账户一直处于异常状态，不能登录和浏览。原告联系被告，被告说账户不能恢复正常使用，但会员的权限可以转移至其他的微博账户。

原告认为，被告收取原告费用，理应为原告依约服务。故诉至贵院，望判如所请。

此致

××区人民法院

附：

1. 诉状副本2份
2. 书证、物证若干

具状人：胡××

2018年7月20日

（来源：http://blog.sina.com.cn/s/blog_aa6cbbd90102xl8n.html. 有增删）

这是一篇格式规范的网络服务合同纠纷民事起诉状。首部的标题明确为民事起诉状，当事人的身份信息等事项十分清楚，诉讼请求明确、具体，事实与理由叙述清楚、简洁、客观。全文语言简洁精炼，格式规范，条理清晰，不失为一篇优秀的范文。

知识平台

大学生在校期间、实习期间或毕业后，都可能会遇上各种因与其他单位、组织、个人发生争议或自身合法权益受到侵害的情况。在遇上这些情况后，除了其他非诉讼维权手段外，诉讼维权是一个重要手段，也是依法治国下最值得推崇的维权手段。要向人民法院提起诉讼，除特殊情况外，必须递交起诉状，那么起诉状该如何写呢？

一、起诉状的概念

起诉状亦称"诉状"，是指公民、法人或其他组织作为原告时，依据事实与法律向人民法院提起诉讼的法律文书。

二、起诉状的种类

根据诉讼案件的性质分类，起诉状分为民事起诉状、行政起诉状、刑事自诉状、刑事附带民事起诉状四类。

（1）民事起诉状，是指公民、法人或其他组织，在认为自己的合法权益受到侵害或者与他人发生争议时或者需要确权时，向人民法院提交的请求人民法院依法裁判的法律文书。

（2）行政起诉状，是指公民、法人或者其他组织不服行政机关的具体行政行为，而向人民法院提起诉讼的法律文书。

（3）刑事自诉状，是在法律规定的自诉案件中，由受害人或者他们的代理人，直接向人民法院控告刑事被告人，要求法院追究其刑事责任所递交的法律文书。

（4）刑事附带民事起诉状，是被害人由于刑事被告人的犯罪行为而遭受物质损失，在刑事诉讼过程中，依法向人民法院递交的要求刑事被告人等致害人给予民事赔偿的法律文书。

三、起诉状的特点

1. 请求诉讼性

任何机关、法人、组织和公民个人或其代理人只要向人民法院递交起诉状就是提出了诉讼请求，人民法院必须做出裁定或判决。

2. 范围特定性

起诉状针对的事项必须是人民法院能够管辖的案件，特别是在刑事自诉及行政起诉中，法律特别规定了某些案件属于刑事自诉及行政起诉的范围。

3. 处理案件的参证性

一般情况下，诉状需要自己递交，诉讼过程需要自己参与，且必须提交相应的证据证明自己的观点。

四、起诉状的写作方法及格式

起诉状的内容结构由首部、正文、尾部三部分构成，主要以民事起诉状为例。

1. 首部

（1）标题。标题应写明"民事起诉状""行政起诉状""刑事自诉状""刑事附带民事起诉状"，写成"民事诉状""行政诉状"或"起诉状"都是不完整的。

（2）当事人及其诉讼代理人的身份事项。当事人是公民的，应依次写明姓名、性别、出生年月日、民族、籍贯、职业、工作单位和职务、住址；当事人是法人或其他组织的，应写明名称、地址，法定代表人（或主要负责人）的姓名、职务、电话。

有诉讼代理人的，如果是法定代理人，在姓名之后要用括号注明其与当事人的关系；如果委托代理人是律师的，只写姓名，某某律师事务所律师；如果委托代理人是当事人的近亲属，也应用括号注明与当事人的关系。

需要注意的是，共同诉讼中多名当事人应依次写清；诉讼代理人应分别写明是法定代理人或委托代理人，不能笼统地称为诉讼代理人；诉讼代理人的身份事项应该写在各被代理的当事人的下方。

(3) 案由。案情提要，一般用两三个字加以概括。只有刑事自诉状要写明案由，即写清控告的罪名，如"诽谤""重婚"等。

2. 正文

主要包括诉讼请求、事实与理由、证据。这一部分是诉状的核心部分，是法院能否受理和原告能否胜诉的关键。主要说明提出的诉讼请求及事实根据和法律依据等。

(1) 诉讼请求主要应当写明当事人请求人民法院解决什么争执，满足什么具体要求。写法上应当明确、具体，请求如有多项，应分行列写。

(2) 关于事实的写作要点。叙述清楚案件事实，无论是民事诉讼、行政诉讼原告，还是刑事自诉的自诉人，要交代清楚其合法权益遭受非法侵害或与他人发生争议的具体情况。叙述、说明案情需要注意以下两点：一是叙述事实要客观。既要反映出有利于自己的事实和证据，又要反映出不利于自己的事实和证据。不能主观臆断，随意扩大事态。二是要抓住关键和主要情节，突出双方的争执焦点。

民事起诉状，应当着重写清原告与被告发生纠纷的起因、经过、所造成的结果、争执点或主要分歧。刑事自诉状应当写清楚被告人涉嫌犯罪的时间、地点、动机、目的、手段、行为实施过程、危害后果等主要要素。刑事附带民事诉讼除写清以上要素外，还要写明被告人的涉嫌犯罪行为给原告造成哪些损失。行政起诉状应当注重写明被告行政机关及其工作人员做出具体行政行为时侵犯原告合法权益的事实、经过及其所造成的结果。

(3) 关于理由的写作要点。理由一般包含三个层次：①对被告侵权事实进行概括、归纳；②依据有关法律、法规、政策等，联系上述事实，指明被告行为的违法侵权性质，说明原告的正当权益应该受到保护；③援引诉讼法，包括民事诉讼法、刑事诉讼法或行政诉讼法作为提起诉讼的法律依据。

(4) 叙述完事实和理由，还要另起一段，写明证据和证据来源，证人的姓名和住址。

3. 尾部

(1) 写"此致"及受诉人民法院名称。

(2) 附项：起诉状副本的份数（按对方人数提交）。

(3) 起诉人签名或盖章。

(4) 起诉日期。

五、起诉状写作要求

(1) 提出请求事实要具体、全面，数字必须准确无误。

(2) 遵循"以事实为根据，以法律为准绳"的原则，详细说明损害行为与损害结果间存在的因果关系。

(3) 注意人称及称谓的一致性，原告人、被告人是刑事自诉中的专用名词，原告、被告是行政、民事诉讼中的专用名词。

附：起诉状的写作格式

民事起诉状

（公民提前民事诉讼用）

原告：×××，男/女，××××年××月××日生，×族，……（写明工作单位和职务或职业），住……。联系方式：……。

法定代理人/指定代理人：×××，……。

委托诉讼代理人：×××，……。

被告：×××，……。

……

（以上写明当事人和其他诉讼参加人的姓名或者名称等基本信息）

诉讼请求：

……

事实和理由：

……

证据和证据来源，证人姓名和住所：

……

此致

××××人民法院

附：本起诉状副本×份

起诉人（签名）

××××年××月××日

民事起诉状

（法人或者其他组织提起民事诉讼用）

原告：×××，住所……。

法定代表人/主要负责人：×××，……（写明职务），联系方式：……。

委托诉讼代理人：×××，……。

被告：×××，……。

……

（以上写明当事人和其他诉讼参加人的姓名或者名称等基本信息）

诉讼请求：

……

事实和理由：
……
证据和证据来源，证人姓名和住所：
……
此致
××人民法院

附：本起诉状副本×份

起诉人（公章和签名）
××××年××月××日

刑事自诉状（范本）

自诉人：姓名、性别、出生年月日、民族、籍贯、职业、工作单位和职务、住址等
被告人：姓名、性别等情况，出生年月日不详者可写其年龄
案由：被告人被控告的罪名
诉讼请求：
具体的诉讼请求。
事实与理由：
被告人犯罪的时间、地点、侵害的客体、动机、目的、情节、手段及造成的后果，理由应阐明被告人构成犯罪的罪名和法律依据。
证据和证据来源，证人姓名和住址：
主要证据及其来源，证人姓名和住址。如证据、证人在事实部分已经写明，此处只需点明证据名称、证人详细地址等。
此致
××人民法院

附：本起诉状副本×份

自诉人：
××××年××月××日

行政起诉状

原告×××，……（自然人写明姓名、性别、工作单位、住址、有效身份证件号码、联系方式等基本信息；法人或其他组织写明名称、地址、联系电话、法定代表人或负责人等基本信息）。

委托代理人×××，……（写明姓名、工作单位等基本信息）。
被告×××，……（写明名称、地址、法定代表人等基本信息）。
其他当事人×××，……（参照原告的身份写法，没有其他当事人，此项可不写）。
诉讼请求：……（应写明具体、明确的诉讼请求）。
事实和理由：……（写明起诉的理由及相关事实依据，尽量逐条列明）。
　　此致
××人民法院

附：
（1）起诉状副本××份
（2）被诉行政行为××份
（3）其他材料××份

　　　　　　　　　　　　　　　　　　　　　原告：×××（签字盖章）
　　　　　　　　　　　　　　　　　　　　　法人：×××（盖章）
　　　　　　　　　　　　　　　　　　　　　××××年××月××日

任务实训

一、设计或收集一个案例，分组讨论民事起诉状的写法

二、指出下面民事起诉状存在的问题（提示：从基本格式、诉讼请求、事实理由、文字表达等方面入手）

案情：2018年1月21日，岳阳市民何某来到一酒店就餐。由于酒店地面洒了些油水，在走近餐桌的过程中，何某不慎摔倒，造成左脚踝关节骨折，遂起纠纷。双方就赔偿事宜争执不清。何某遂起诉酒店至法院。

起诉书

岳阳楼区人民法院：

　　我叫何××，今年35岁。今年1月21日，我应朋友之邀，到××大酒店去吃饭，结果因餐馆地面泼有许多油水，导致我上桌时摔了一跤，摔成骨折。而酒店方却拒绝赔偿我的医药费。我实在无法忍受，于是只好用打官司的方式来解决问题。请人民法院做主，判决××酒店赔偿我的全部医药费。

　　此致

敬礼

　　　　　　　　　　　　　　　　　　　　　　　　　　　　　　　何××

三、请根据所学知识，分析下列所给的民事起诉状材料中的错误

起诉状

原告：××，男，汉族，26 岁，住河南省荥阳市

被告：××集团公司，法定代表人：张××，职务：董事会主席

地址：青岛市崂山区××××，邮编：266101

被告：青岛××有限公司，法定代表人：杨××，职务：董事长

地址：青岛市崂山区××路××号，邮编：266101

请求事项：1. 判令被告向原告赔礼道歉；2. 判令被告赔偿 30000 元；3. 判令被告承担诉讼费。

事实与理由：原告系 2018 年××××应届毕业生，2018 年 3 月与××集团人力资源开发中心签订了就业协议书，2018 年 8 月报到后被人力资源中心安排致青岛××有限公司。8 月 4 日，被告安排原告到青岛市四方区医院体检，其中肝功检查包括乙肝表面抗原的检查。8 月 8 日被告组织原告到四方区医院复检乙肝五项，8 月 18 日在被告的要求和监督下，原告又被迫进行了 DNA 定量检查。8 月 21 日××集团公司以原告体检不合格为由，迫使原告离职，拒绝为其办理入职手续。

根据法律规定，被告以乙肝体检结果不合格为由辞退原告，违反了《中华人民共和国劳动法》《中华人民共和国就业促进法》以及劳动和社会保障部以及卫生部的相关规章和文件；其次，被告单位行为也导致原告不能及时与其他单位签约，从而使原告不能及时参加工作，打击了原告了生活信心，给原告造成了严重的经济损失和精神损害。××公司作为一家民族知名企业，在大学生就业过程中没有尽到遵法守法义务，辞退原告违反了法律规定，影响了原告就业，使原告遭受经济损失和精神损害。因此，应当由被告承担法律责任。原告特诉至法院，恳望判令被告的就业歧视行为违法，并承担上述诉请之责任。

此致
××区人民法院

起诉人：×××
××××年××月××日

任务 2　上诉状

案例赏析

民事上诉状

上诉人：吴××，男，1976 年 6 月 24 日，汉族，××市人，无业，住××市××区××小区××号。

被上诉人：××塑胶制品有限公司。地址：××市××区××村。

上诉人因欠款一案，不服××市××区人民法院 [2015] ×民初字第 593 号民事判决，现向贵院提出上诉。

上诉请求

1. 将未售出的货物退还给被上诉人,其货物价值为 3 万元
2. 欠款中扣除被上诉人应付给上诉人的市场开发费 4500 元、奖励金 3000 元

上诉理由

一、一审法院认定上诉人与被上诉人之间为买卖关系与事实不符。上诉人与被上诉人之间实为委托代销关系

上诉人与被上诉人之间签订的协议书第一条第一款明确约定:"甲方(被上诉人)委托乙方(上诉人)在北京、天津销售甲方产品,未经甲方同意,乙方不得在其他地区经销甲方产品,否则甲方有权取消乙方的经营资格。"第三条第一款约定:"为了进一步打开市场,甲方同意把产品计 18 万元,作为乙方铺货的借用资金,但乙方必须书写借据。"以上约定说明,被上诉人委托上诉人在北京、天津销售其产品,并提供了 18 万元的产品供其销售。根据约定俗成的商业销售的做法,所谓铺货资金,就是委托方提供产品,代销方销售其产品并与委托方结算已售出产品,代销结束时,退换未售出产品的一种结算方式。实际上,上诉人与被上诉人之间正式这样一种代销方式。代销关系终止时,尚未售出的产品理应退还给被上诉人,4 万元货款应从欠款中扣除。一审法院根据一张欠条和名为买卖合同认定上方的买卖关系有失偏颇,与事实不符。

二、一审法院否定由被上诉人支付的市场开发费和奖励金没有依据,与事实不符

上诉人要求被上诉人支付奖励金的依据同样来自于与被上诉人签订的"协议书"和"附加协议"。协议书第三条第三款、第四款规定了奖励金的比例分别为 3%、2%。以 2% 计算,回笼资金为 15 万,则奖励金为 3000 元。此笔款也应从欠款中扣除。关于市场开发费,被上诉人不仅曾口头同意支付,在其与他人另行签订的协议中对此也有约定:为回笼资金的 3%,应抵扣的市场开发费为 4500 元。

被上诉人违反与上诉人的约定,先将市场让与他人经营,后又置上诉人的发货请求于不顾,停止供货,提前两个月单方终止合同,致使上诉人无法继续销售,承受很大损失。为此,被上诉人应承担违约的责任。

综上所述,上诉人要求将未售出的货物退还给被上诉人,其货款为 3 万元;要求扣除被上诉人应付给上诉人的市场开发费 4500 元、奖励金 3000 元。以上三项共计 37500 元,上诉人实际应付给被上诉人 22500 元是合理合法,符合事实,恳请贵院依法改判一审判决,保护上诉人的合法权益。

此致
××市××中级人民法院

附:
1. 上诉状副本:1 份
2. 证据材料:8 份

上诉人:吴××
2015 年 11 月 6 日

这是一篇格式规范，内容完整的上诉状。上诉人与被上诉人身份信息详尽，案件来源清晰明白，且书写规范；上诉请求具体明确；上诉理由富有针对性且有理有据。全文语言简洁，逻辑严谨，条理清晰，不失为一篇范文。

知识平台

当你与其他单位、组织、个人发生争议或自身合法权益受到侵害而向人民法院提起诉讼，通过法院审理，给出裁决，但你对一审法院的裁决不服，想向上一级人民法院提出上诉，那么上诉状又该怎么写呢？

一、上诉状的概念

上诉状是指民事、刑事、行政案件的当事人或他们的法定代理人，不服一审法院的裁决，在法定上诉期内，向上一级人民法院提出重新审理的书状。民事、行政案件中，原告、被告、有独立请求权的第三人及他们的法定代理人有权提起上诉；刑事公诉案件，被告人有权提起上诉；刑事自诉案件，自诉人、被告人有权提起上诉；刑事附带民事案件，当事人及其代理人有权对民事赔偿部分提起上诉。

二、上诉状的特点

（1）必须是有权提起上诉的人才能书写上诉状。被告人的辩护人和近亲属（夫、妻、子女、同胞兄弟姐妹）经被告人同意，可以提起上诉。如果没有被告人的同意，无权提出上诉。

（2）必须是当事人不服地方人民法院第一审判决或裁定而有上诉请求的才能书写。

（3）必须在法定期限内上诉。对刑事上诉状，不服判决的上诉期限为10天，不服裁定的上诉期限为5天。对民事上诉状和行政上诉状，对判决提起上诉的期限为15天，对裁定提起上诉的期限为10天。

三、上诉状的种类

（1）民事上诉状、刑事上诉状。是民事、刑事诉讼当事人向第二审人民法院提交的请求依法撤销或变更原审裁判的法律文书。它既是民事、刑事诉讼当事人不服人民法院做出的一审裁判的"声明"，也是第二审人民法院开始第二审程序的依据。

（2）行政上诉状。是行政诉讼当事人不服人民法院做出的未生效的第一审行政判决、裁定，在法定期限内向上一级人民法院提交的请求重新审理，并撤销或变更原审裁判的法律文书。

四、上诉状的写作方法及格式

上诉状由首部、正文、尾部三部分组成。

1. 首部

（1）标题应当写明"民事上诉状""刑事上诉状""行政上诉状"和"刑事附带民事上诉状"。

（2）当事人及其诉讼代理人的身份事项应当先写上诉人，后写被上诉人。有诉讼代理人的，还要写上诉讼代理人。书写的项目和次序与起诉状相同。需要注意的是，应把当事人在一审中所处的诉讼地位用括号加以说明,即上诉人及被上诉人后面注明是原审原告或原审被告。另外,注意公诉案件无被上诉人。"上诉人""被上诉人"栏,均应写明姓名、性别、出生年月日、民族、籍贯、职业或工作单位和职务、住址等。被上诉人是法人、组织或行政机关的,应写明其名称、地址、法定代表人或代表人的姓名。

(3)案件来源"上诉人因×××一案,不服×××人民法院于××××年××月××日〔年度〕×字第×号的民事(或刑事或行政)判决(或裁定),现提出上诉。"

2. 正文(包括上诉请求和上诉理由)

(1)上诉请求应该"具体、明确",即请求二审人民法院撤销原审裁判,或变更原审裁判中的某一项,或者对本案重新审理。

(2)上诉理由具有针对性及反驳性特点。写法有两种:一种是上诉状主要是针对一审裁判的不当之处进行反驳。上诉理由一般从以下几个方面提出:①认为原审裁判认定事实有错误,或有出入,或遗漏了重要事实或缺乏证据;②认为原审裁判定性错误;③认为原审裁判适用法律错误;④认为原审裁判违反法定诉讼程序,如应回避的而未回避,应有辩护人而无辩护人,审判组织不合法等。另一种写法对上诉人或被上诉人的主张进行驳斥。一审人民法院的裁判,在法律、法规允许的范围内,相当程度上受到当事人的主张的影响,如果法院采纳了某一方当事人的主张,造成裁判不当的,则必须针对其不合理的主张,提出充分的理由加以驳斥,通过举证、引用法律、法规,力求做到有理有据。

3. 尾部

(1)写明"此致"及受理上诉的法院名称。

(2)写明上诉状副本的份数。

(3)写明上诉人签名或盖章。

(4)写明上诉日期。

五、写作技巧

1. 上诉状写作的主要方法

(1)说明的方法。上诉请求的内容要概括地、准确地、有针对性地说明一审判决何处不当,请求第二审人民法院撤销、变更原审的判决或裁定,或者要求重新审理。文字上,要明确、具体,不含糊其辞,模棱两可。

(2)反驳的方法。针对一审判决所认定的事实逐一进行驳斥,从中突出上诉人的观点。要求针对性强,说理性强,逻辑性强。

2. 上诉状写作的注意事项

(1)应当针对上诉人对原判的不服之处,有的放矢。

(2)针对反驳的论点,摆出客观事实和证据,摆出相关的法律条款据理论证,分清是非。

(3)根据论证所得出的结论,明确地提出自己的主张和要求。

附：上诉状的写作格式

民事上诉状

上诉人（原审诉讼地位）：×××，男/女，××××年××月××日出生，×族，……（写明工作单位和职务或者职业），住……。联系方式：……。

法定代理人/指定代理人：×××，……。

委托诉讼代理人：×××，……。

被上诉人（原审诉讼地位）：×××，……。

……

（以上写明当事人和其他诉讼参加人的姓名或者名称等基本信息）

上诉人×××因与被上诉人×××……（写明案由）一案，不服××××人民法院××××年××月××日作出的（××××）……民初……号驳回管辖权异议裁定，现提起上诉。

上诉请求：

1. 撤销××××人民法院（××××）……民初……号驳回管辖权异议民事裁定书；
2. 本案移送××××人民法院处理。

上诉理由：

……（写明不服驳回管辖权异议裁定的事实和理由）。

此致
××××人民法院

附：本上诉状副本×份

上诉人（签名或者盖章）
××××年××月××日

行政上诉状

上诉人×××，……（写明姓名或名称等基本情况）。

被上诉人×××，……（写明姓名或名称等基本情况）。

上诉人×××因……（写明案由）一案，不服××××人民法院××××年××月××日作出的（××××）×行×字第××号（判决或裁定），现提出上诉。

上诉请求：

……（写明具体的上诉请求）。

上诉理由：

......（写明不服原审判决和裁定的事实及理由）。

此致
××××人民法院

上诉人：×××（签字或者盖章）
××××年××月××日

刑事上诉状
（公诉案件适用）

上诉人：×××，性别，民族，出生年月与地址（略），因××罪现被羁押于××看守所。

上诉人因××罪一案，不服××人民法院（××××）刑一初字第×××号判决书，现提出上诉。

上诉请求

......（写明具体的上诉请求）。

上诉理由：

......（写明不服原审判决和裁定的事实及理由）。

此致
××××人民法院

上诉人：×××（签字或者盖章）
××××年××月××日

知识拓展

● **知识卡片**

上诉状的内容构思

（1）知道不服一审判决的内容是什么，要有针对性地提起上诉。

（2）知道上诉需针对的焦点是什么。

（3）知道反驳的关键点在哪，反驳的理由、证据有哪些。

● **特别提醒**

（1）必须是具有法定身份的人如父母、律师和按照法定程序进行，才有权提出刑事上诉状。

（2）必须是当事人或其法定代理人在不服人民法院的一审判决或裁定时，才能在上诉期限内书写上诉状。

任务实训

一、请根据所学知识，分析下列所给的刑事上诉状材料中的错误

刑事上诉状

上诉人：肖××，小名××，男，××××年××月××日出生，身份证号码××××，××省××县人，

汉族，群众，小学文化，住××县××镇××村，现羁押于××看守所。

因上诉人盗窃罪、妨害公务罪一案，不服××人民法院刑事判决，现提出上诉。

上诉请求

请求二审法院在查明事实的基础上，依法改判。

事实与理由

一、一审法院认定上诉人涉案金额的证据相互矛盾且仅有当事人陈述，系事实不清，证据不足

一审判决认定上诉人参与公诉机关指控的第1、3、5、8、9、10、12、17、25、33、47、48和49起犯罪涉案金额依据的仅仅是被害人陈述、上诉人供述。上诉人认为上述证据中仅有当事人陈述而没有其他证据加以佐证并且被害人的陈述相互矛盾，仅依据这两份证据不能查明事实真相，更不能作为定案依据，一审的判决显然违反了《刑事诉讼法》规定的重证据，不轻信口供原则。

二、一审判决所依据（写上评估机构名称）作出的宁汶上价字【2016】36号评估书评估结论缺乏客观真实性，不能作为定案依据

根据被害人范××陈述其购买红色90拖拉机头新车时的价格为53000元（卷四104页），而评估书按照84%的折旧率计算，却作出65520元的评估价格，远远高于购买新车的价格。因此该评估结论缺乏客观真实性不能作为定案依据。

三、一审判决适用法律不当量刑过重

根据山东省高级人民法院《人民法院量刑指导意见（试行）》实施细则关于盗窃罪的量刑规定（1）数额达到6万的，可以再十一年至十二年有期徒刑幅度内确定量刑起点（2）盗窃数额超过6万元的，每增加5千至8千元，可以增加一个月刑期确定基准刑（3）盗窃数额特别巨大的，根据盗窃次数增加的刑罚量一般不超过三年，结合一审判决认定的上诉人所涉案金额对上诉人刑罚也应在十二年至十三年间量刑，而不是一审判决的十四年。因此，上诉人认为根据罪责性相一致的原则，一审判决适用法律不当量刑过重。

综上，一审判决认定事实不清，量刑过重，请求二审法院在查明事实的基础上，依法改判。

上诉人：××
××××年××月××日

二、根据案情代写民事上诉状

2016年5月，甲省A公司与乙省B公司签订一份买卖合同，约定由B公司卖给A公

司洗衣粉 40 吨，每吨单价 880 元，7 月 30 日以前交货付款，交货地点为 A 公司所在地的火车站。

7 月 15 日，B 公司将货运抵本地火车站，恰遇铁路被洪水冲坏，货运中断，B 公司即将货运回保管，同时电告 A 公司。同年 8 月 10 日，线路修通，货运恢复，B 公司立即启运。8 月 18 日运抵 A 公司所在地的火车站。

8 月 19 日，B 公司通知 A 公司验货并付款。A 公司以此时已过合同履行期限为由，拒绝收货。双方多次洽谈，A 公司提出若要收货，价格必须减半，而 B 公司拒绝降价，双方始终未能达成协议。为不被铁路部门罚款，B 公司租用一间民房，暂存保管货物，同时继续与 A 公司交涉。

然而 8 月 25 日，该地突降暴雨，B 公司存货民房被洪水冲垮，洗衣粉被洪水淹没。灾后清点，仅残留 13 吨洗衣粉且有变质现象。经鉴定只能以每吨 700 元降价处理，造成损失达 2.6 万余元。

B 公司委托律师向 A 公司所在地的基层法院提起诉讼，请求判决 A 公司赔偿全部经济损失。

一审法院认为：造成本案损失时，货物尚在 B 公司管理之下，标的物尚未交付，A 公司不应承担货物灭失的责任。考虑到 B 公司的损失情况和 A 公司目前有能力和条件接受货物的情况，A 公司应当以每吨 700 元的现价接受所余 13 吨货物。为此判决：

（1）2.6 万余元损失由 B 公司自行承担；

（2）A 公司接受 B 公司的 13 吨洗衣粉，每吨 700 元，共计支付 B 公司货款 9100 元，收货后一次付清；

（3）案诉讼费 1300 元，原告 B 公司承担 1000 元，被告 A 公司承担 300 元。

B 公司对此判决不服，委托律师代为上诉。现假设你是 B 公司的代理律师，请根据以上事实和第一审法院判决，为 B 公司撰写一份上诉状。

写作要求：

（1）格式正确，应具备的事项齐全；

（2）上诉请求明确、合法，理由正确、充分；

（3）文字简练充分，无明显语法错误；

（4）除已提供事项外，其他事项可以合理虚拟或以×××代替。

任务 3　答辩状

案例赏析

民事答辩状

答辩人：××，男，汉族，××××年××月××日出生，住××省××县××小区×号楼×单元 4 楼西户，身份证号码 411××××××××152291。

答辩人因与被答辩人合同纠纷一案，现根据实际情况结合被答辩人向贵院提交的《民事起诉状》《工程转包合同》所载内容，依法提出以下书面答辩意见：

一、诉状中的诉讼请求错误。本案的案由是合同纠纷，因此应该先诉讼请求撤销合同，在没有撤销合同之前，原告（即被答辩人）无权要求经济赔偿。

二、根据双方合同第七条约定原文如下"乙方在签订合同后，在确定的开工时间内，如果10日内未正常开工甲方有权终止合同"。现因合同没有撤销，还在继续履行期间，因此原告不能要求经济赔偿。

三、由于原被告签订的电表安装转包合同，只有具备专业资质的人员方可以进行具体的施工安装工作，本案中与答辩人签订合同人员，并不具备这方面的专业知识及相关资质。在答辩人与上线多次沟通后，答辩人于2016年7月上旬电话通知×××开工。然而，×称在其与×××电话沟通后，×××说他们现在带几个人在贵州干活，去不了，上海那活不干了。这里提到的××、××正是与答辩人签合同的对方。

四、合同约定的施工时间是2016年4月15日至2017年2月10日。答辩人在约定期间通知合同一方的当事人开工，并不违约，由于合同一方的当事人××主观臆断，擅自在没有接到答辩人通知开工的时间段就在上海租房，其费用不应由答辩人承担，因为答辩人并没有违约。

五、在2016年5月12号左右，被答辩人××给我说，他根据我给他描述的详细地址，他们几个人到上海的工地现场进行了实地考察，中午人家公司老总请他们吃的饭。实际情况是跟他们去的人有一个叫××的带他们一块去的。说是近期能开工，于是他们就在上海租赁了房子。具体谁给他们说的我也不清楚。当时我就在××县，就没有去上海。被答辩人背信弃义，自己花钱看工程的费用，我答辩人并没有通知开工，让我赔偿被答辩人损失，与理与法很难说通。在这里需要说明的是，在2016年的4月18日，××与我一块去过上海的工地。

六、该合同没有约定原告所要求的赔偿范围，因此原告所要求的赔偿范围缺乏事实根据和约定依据。

综上所述，答辩人认为，原告所提诉讼请求，既无事实根据，也无法律依据，答辩人坚决不能接受。被答辩人主管武断在通过自己与我的上线公司老总见面、沟通后就主观臆断近期能够开工，然后在上海租房、买工具等，继而让答辩人报销。与理与法很难说通。在整个合同纠纷事件中，本案的答辩人并没有什么过错。因此，特提出以上答辩意见，望贵院核实并予依法驳回原告起诉请求，以维护答辩人的合法权益不受侵犯，从而维护我国法律的正确实施。

此致

××省××县人民法院

答辩人：×××

××××年××月××日

附：

1. ××《证人证言》一份

欲证明，通知了乙方，但此时乙方已经带人在贵州干活，不再作上海安装电表项目的事实。

2. 证人××身份证复印件一份

欲证明，证人的身份信息。

3. 证人××《住院证》《诊断证明》各一份

欲证明，证人因心脏病住院治疗，不能出庭接受质询的事实。

4. ××与上线《中航建设开发（海南）有限公司》工程转包合同一份

欲证明，被告诚信经营，在没有接到上线通知开工的时间段，并没有通知几个原告开工。

（来源：http://blog.sina.com.cn/s/blog_13b86c4850102yl0o.html，有删改）

这是一篇格式规范、内容详细的答辩状。答辩人身份信息清楚，对被答辩人的起诉状内容作了认真分析，找出其可辩事项，有针对性、有条理地进行辩驳，对于其中的事实错误，提供了充分的证据，有理有据。全文格式规范，条理清晰，反驳针对性强，不失为一篇优秀的范文。

知识平台

当你与其他单位、组织、个人发生争议时，其他单位、组织或个人向人民法院对你提起诉讼，针对诉讼你需要进行答辩，那么答辩状该怎么写呢？

一、答辩状的概念

答辩状是指民事、行政案件的被告和被上诉人、刑事自诉案件的被告人和被上诉人针对起诉状、上诉状的内容进行回答并提出反驳理由的书状。提出答辩状是法律赋予被告、被告人、被上诉人的一种诉讼权利，他们通过提出答辩状，阐明自己的理由，提出自己的要求，有助于人民法院掌握案情，了解事实真相。

二、答辩状的特点

1. 针对性

答辩是一种相对于起诉、上诉的应诉行为，是被告和被上诉人依法享有的一项诉讼权利。法律赋予当事人答辩的权利，是为了保障当事人平等地行使诉讼权利，依法保障自己的合法权益。同时，允许应诉方答辩，有利于人民法院全面了解案情，正确实施法律。

2. 说理性

在答辩状中，答辩人可以承认对上所述属实并接受其诉讼请求，也可以在认为对方所作不符合事实或所提出的诉讼请求不符合事实进行反驳，但却不得用答辩状提出反诉。如果具备反诉的条件，应用反诉状进行反诉。

3. 时效性

这里我们只以民事答辩为例，按照《中华人民共和国民事诉讼法》的规定，人民法院应当在立案之日起五日内将起诉状副本发送被告，被告应当在收到之日起十五日内提出答辩状。答辩状应当记明被告的姓名、性别、年龄、民族、职业、工作单位、住所、联系方式；法人或者其他组织的名称、住所和法定代表人或者主要负责人的姓名、职务、联系方式。人民法院应当在收到答辩状之日起五日内将答辩状副本发送原告。

三、答辩状的种类

1. 民事答辩状

是指民事诉讼的被告收到原告起诉状的副本后，针对民事诉讼的内容，提出的依据事实和理由进行回答和辩驳的诉讼文书。

2. 行政答辩状

是指行政诉讼的被告根据行政起诉状的内容，针对原告提出的诉讼请求作出答复，并依据事实和理由进行回答和辩驳的诉讼文书。

3. 刑事答辩状

是指刑事自诉案件的被告人，根据刑事自诉状的内容，针对原告提出的诉讼请求作出答复，并依据事实和理由进行辩驳的诉讼文书。

四、答辩状的写作方法及格式

答辩状由首部、正文、尾部三部分组成，无特殊说明，主要以民事答辩状为例。

1. 首部

（1）标题。写明"民事（行政或刑事）答辩状"。

（2）第一审案件当事人身份情况只写"答辩人"，无需写"被答辩人"。答辩人的身份情况，写明答辩人的姓名、性别、出生年月日、民族、职业、工作单位和职务、住址等。如答辩人系无诉讼行为能力人，应在其项后写明其法定代理人的姓名、性别、出生年月日、民族、职业、工作单位和职务、住址，及其与答辩人的关系；答辩人是法人或其他组织的，应写明其名称和所在地址、法定代表人（或主要负责人）的姓名和职务。如答辩人委托律师代理诉讼，应在其项后写明代理律师的姓名及代理律师所在的律师事务所名称。

二审答辩状，还需写明被答辩人的个人基本情况，并注明他们在原审中的诉讼地位。

（3）答辩缘由。第一审案件答辩状和上诉案件答辩状其事由的写法不同。现分别说明如下：第一审案件答辩人是被告，答辩事由的具体行文为："因××（案由）一案，现提出答辩如下。"上诉案件答辩状的答辩人是被上诉人，答辩状具体行文为："上诉人×××（姓名）因××（案由）一案不服×××人民法院××××年××月××日×字第×号×事判决（或裁定），提起上诉，现提出答辩如下"。

2. 正文

正文包括答辩理由和答辩意见。制作答辩状时要仔细阅读对方的诉状，了解其内容，找出可辩事项，抓住关键，确定答辩要点。准备充分的证据论证答辩理由。答辩状主要从以下几个方面进行答复和辩驳：

（1）针对事实错误进行答辩。如果对方叙述的案情事实与客观事实不符，答辩人应当指出并予以纠正以澄清事实。在写法上，主要是通过列举确定、充分的证据，阐明事实真相用以推翻原告的不实之词。

（2）针对适用法律错误进行答辩。使用法律错误，有三种情形，第一种是与事实的认定有出入，导致错误地适用法律，这里从事实入手进行答辩；第二种事实没有出入，而对方错误引证法律。比如应当引用此条款却印证了彼条款，或者应当引用此法律却引用彼法律。这时应当针对法律条文结合事实说明对方适用法律错误。第三种情况，说明对方违反了程序法，比如已超过诉讼时效，或不具备起诉条件等。

（3）提出答辩意见。答辩人阐述答辩理由后，要写明自己的答辩主张，对对方诉状中的诉讼请求是部分接受还是完全不接受，请求人民法院驳回原告的起诉。

3. 尾部

尾部和附项写明以下内容：

（1）此致及致送人民法院的名称。

（2）答辩人签名（答辩人是法人或其他组织的，应写明全称，加盖单位公章）。

（3）答辩时间。

（4）附项主要应当写明答辩状副本份数和有关证据情况。

五、写作注意事项

（1）当事人基本情况表述不能随意。应严格按照法律规定的要素写，不能随意增减，当事人的身份要素要按照法律规定的顺序写，不能随意颠倒。

（2）叙述事实不应模糊笼统。叙述事实时应将案件发生的前因后果、来龙去脉叙述清楚，把握案件的全貌。法律要求人们在叙述事实时，要客观，不能感情用事，过分夸大，更不能提供虚假事实。

（3）事实、理由和请求三者不能出现偏移。阐述理由要以事实和法律为依据，不能空发议论。还要针对性地引用有关法律法规，论定案件实施性质，指出对方应负的责任，为诉讼请求提出可靠而充分的证据，引述法律条文不能出错。

（4）抓住关键。找到双方当事人在纠纷案件中争执的"焦点"、问题的要害，针锋相对地答辩。

附：答辩状格式

民事答辩状

答辩人：×××，男/女，××××年××月××日生，×族，……（写明工作单位和职务或职业），住址……。联系方式：……。

法定代理人/指定代理人：×××，……。

委托诉讼代理人：×××，……。

（以上写明答辩人和其他诉讼参加人的姓名或者名称等基本信息）

对××××人民法院（××××）……民初……号……（写明当事人和案由）一案的起诉，答辩如下：

……（写明答辩意见）。
证据和证据来源，证人姓名和住所：
……
此致
××××人民法院

附：本答辩状副本×份

答辩人（签名）

××××年××月××日

知识拓展

● **知识卡片**

答辩状的内容构思

（1）需全面了解和分析对方起诉状或上诉状的内容。
（2）找出可辩焦点，针对关键点或错误点，确定答辩的要点。
（3）明确自己的答辩主张。

● **特别提醒**

答辩状的提出必须在法定期限内，在收到起诉状或上诉状副本后的 15 日内提出答辩。我国《行政诉讼法》第 32 条规定"被告对作出的具体行政行为负有举证责任，应当提供做出该具体行政行为的证据和所依据的法规性文件"。

任务实训

一、请指出下面这份答辩状存在的问题或不足

答辩状

××市××区人民法院：

××公司告我厂违约实在是冤枉。事实是双方签订了一份合同，约定由我厂为××公司加工装配一批电子原件，但××公司未能按规定的时间提供原材料。我厂为了不使机器停机，只能改作其他单位的加工订货，因此才使得我们的交货超过了规定时间。所以责任主要在对方，希望人民法院能查明事实，作出公正的判决。

答辩人：××电子原件厂厂长雷××

2018年××月××日

二、请根据所学知识，分析下列所给的民事答辩状材料中的错误

答辩状

答辩人：×××，女，汉族，1974年5月8日生，云南省大理市人，住云南省大理州大理市下关镇人民南路××号7栋3单元1楼4室。身份证号5329××××××××，联系电话

139872×××××。

被答辩人：×××，男，汉族，1971年6月1日生，云南省大理市人，大理市××医院医生，联系电话139873×××××。

答辩人答辩如下：

一、答辩人同意解除与×××的婚姻关系

我与×××感情确已破裂，无和好可能。正如原告所述，由于双方婚前相处时间较短，缺乏深入了解，感情基础薄弱，婚后双方经常因家庭琐事争吵，且原告在争吵之后多次打电话到被告单位无理取闹，严重影响了被告的生活及工作。基于双方均同意离婚，原、被告双方已经多次尝试协议离婚，在协商过程中，双方自2015年6月起一直分居至今，因此，被告同意解除与×××的婚姻关系。

二、请求人民法院对双方共同财产依法进行分割，共同财产情况

（1）共同财产：位于大理市××大道2号7幢2单元2层201号房产一套，产权证号大理市房权证下关字第2010××××号，建筑面积108.26平方米，当时购买价为358737.00元，现市值大约为500000.00元左右；

（2）共同债务：因购买上述房产向银行按揭贷款25万，目前尚欠银行款项211766.03元。

三、针对原告的诉讼请求上的第二条进行的答辩

（1）原告在婚前买给被告的首饰不能算夫妻共同财产，因为这是原告婚前以缔结婚姻为条件进行的赠与行为，后来双方已经缔结结婚，该赠与物也已经实际交付，赠与合法有效，应该视为被告方的个人财产。而且，退一步讲，该首饰系被告方的时候用品，根据婚姻法规定，在离婚时也应该归被告所有；

（2）原告声称其母亲给双方买房钱30000.00元，与事实不符。该30000.00元实际是原告母亲在结婚前10天左右拿给女方（被告）的彩礼，根据婚姻法及婚姻法司法解释，应该属于被告方所有，并非原告所述的共同债务。

综上所述，答辩人认为：原告的起诉状杜撰事实，混淆视听，其诉讼主张与事实不符，与法律无据，特提出上述答辩意见，请法院核实并予以采纳。

大理市人民法院

答辩人：×××

2018年2月18日

三、根据下列案情，拟写一份民事答辩状

郭×松，男，1948年生，1976年结婚，1978年得一子，名叫郭×民。郭×松高中毕业后一直在××镇小学任教员，后任校长，住××县××镇东大街10号。1998年妻子病故。郭×民初中毕业后在县城当工人，现在是×私企老板。

郭×松一家人住两间平房，过着清贫的生活。儿子现在县城工作，并在县城安家落户，平时儿子对他生活不闻不问，只是逢年过节回家看看。因此，郭×松平时生活较困难，幸运的是，他得到了邻居同宗远房侄儿郭×平的照顾。郭×平既是他的侄儿，又是他的学生，

两人关系密切。郭×平对郭×松很尊敬，在生活上十分关心他，经常帮助郭×松家干重活、脏活、累活。特别是郭×松退休后，郭×平对他关怀备至，使他感到心情舒畅，生活愉快。郭×平照顾郭×松，得到了群众的赞扬。

由于郭×松办学有方，使××镇小学成为县和市先进单位，多次获得表扬。他本人也被评为先进教师，多次得到县、市以及镇上的奖励。2008年，他用多年积蓄翻建了三间新瓦房，室内也装修一新。2010年正式办了退休手续，在家欢度晚年。

郭×松为了对郭×平多年来无私帮助表示谢意，于2016年10月1日，邀请本镇副镇长王××、现任镇小学校长李××到家，当着他们的面自书遗嘱一份并请他们作遗嘱的见证人和执行人。王、李二人同意，并在遗嘱上签了字。10月10日，还到县公证处办理了公证手续。遗嘱一式四份，王、李二人各执一份，另两份由县公证处保存。郭×松在遗嘱中写明："我去世后，三间瓦房和家具等日常生活用品全部由郭×平继承，他人不得干涉。"

2018年3月1日，郭×松突发脑溢血死亡。因郭×民去外省市做生意，未回家为父亲送葬，丧事由郭×平办理。郭×平按照遗嘱继承了郭×松的房屋和家具等日常生活用品。5月1日，郭×民回来，因父亲遗产继承问题与郭×平发生纠纷，并于5月10日到××县人民法院状告郭×平。

郭×民起诉状摘要如下：

（一）被告郭×平对原告父亲郭×松的所谓照顾，并非"学雷锋做好事"，而是居心不良，其目的就是通过对父亲的"帮助"，取得我父亲的信任和好感，从而使父亲糊里糊涂立下遗嘱，将房屋赠予他，达到夺取我家财产的目的。被告夺取我父亲全部遗产的举动，已使他照顾我父亲的卑鄙的动机目的昭然若揭。

（二）我是郭×松的亲生儿子，是其财产的法定继承人，根据《中华人民共和国继承法》第十条的规定，是第一顺序继承人，当然有权继承父亲的全部遗产。我只认法律不认遗嘱。遗嘱不能凌驾于法律之上，而应当服从于国家法律。恳请人民法院依法办事，以维护国家法律的尊严。

（三）郭×松是我生身之父，有血缘关系，我虽在外工作，连年过节常回家看望他老人家，父子关系不错，他不可能剥夺我的继承权。

因此，我怀疑这份遗嘱不是我父亲真实意思的表示。很可能是在被告欺骗利诱下书写的。恳请人民法院查明事实真相，宣布遗嘱无效，确认我的继承权，维护我的合法权益。

原被告基本情况如下：

原告人：郭×民，男，60岁，初中毕业，汉族，××市××县人，×私企老板，住××县××街××号。

答辩人：郭×平，男，50岁，初中毕业，汉族，××市××县人，××厂工人，住××县××镇东大街14号。

项目四　护理

情境导入

> 小芳是某高职院校护理专业的大三学生，6月来到某医科大学附属第一医院进行为期 9 个月的临床实习。在这里，她不仅赢得机会在带教老师的指导下将学校所学的理论知识融汇于实践操作之中，同时还学习了如何书写护士交班报告、医嘱记录单、护理记录单等护理文书，为今后的工作打下坚实的基础。实习期间，小芳因为较为扎实的专业知识和日渐娴熟的临床护理实践操作，因为主动积极、虚心向上的学习态度，深得各个实习科室带教老师和护士长的喜欢，并深受病人喜爱和好评。

任务 1　护士交班报告

案例赏析

病室护理交班报告

科室：神经内科

床号　姓名	白班：现有病人：49 2018 年 3 月 15 日	晚班：现有病人：49 2018 年 3 月 15 日	夜班：现有病人：49 2018 年 3 月 15 日
	原有：50　入院：1 出院：1　转入：	原有：49　入院： 出院：　转入：	原有：49　入院： 出院：　转入：
	转出：1　手术： 死亡：　病重：	转出：　手术： 死亡：　病重：	转出：　手术： 死亡：　病重：
	病危：　分娩： 发热：　特护：	病危：　分娩： 发热：　特护：	病危：　分娩： 发热：　特护：
1 床　程文伟 48 床　黄秀银 27 床　谢爱萍	好转，出院 转入神经外科继续治疗 患者，女，63 岁，因"右侧口角歪斜 1 天"入院。入院诊断：1. 左侧基底节腔隙性脑梗死；2. 原发性高血压 3 级（极高危组）；3. 冠心病 PCI 术后，心功能Ⅰ级；4. 2 型糖尿病。患者入院时血压 160/90mmHg，予口服培哚普利后复测血压 140/80mmHg	血压 140/80mmHg，入睡安静	血压 130/80mmHg，无特殊变化，睡眠安稳
	签名：李佳	签名：黄晓丽	签名：许娟

这是一份简单的病室护士交班报告,是护士重要的值班记录,也是向下一班护士交代的工作重点。护士交班报告分楣栏和正栏,楣栏填写本班病室的基本情况,正栏按床号先后顺序填写当天离开病室的病人、进入病室的新病人、本班重点护理的病人,并签全名。该报告内容书写全面真实、层次清楚、简明扼要、重点突出。

知识平台

护士交班报告用于记录护士在值班期间病房情况及患者的病情动态,分白班、晚班、夜班三班书写。以便于接班护士全面掌握、了解病房和患者情况,实施有效的护理措施。

一、书写顺序

1. 填写楣栏所列各项

病室、年、月、日,原有病人数,入院、出院、转入、转出病人数,危重、手术、分娩、死亡病人数等。

2. 在正栏按床号先后顺序书写交班报告

(1) 填写当天离开科室的病人:出院、转出、死亡病人的床号、姓名及诊断,出院者注明痊愈、好转、未愈或自动出院;转科者注明转向何科,离开病室时间;死亡者注明抢救过程及呼吸、心脏停搏时间。

(2) 填写新入科室的病人:新入院或转入的病人,注明床号、姓名及因何入院或转入。

(3) 填写本班重点护理病人:手术、分娩、危重及有异常情况的病人。对新入院、转入、手术、分娩的病人,在诊断的下方分别用红钢笔注明"新""转入""手术""分娩",危重病人应做出特殊红色标记"※",以示醒目。

二、书写内容

1. 新入院或转入的病人

应报告入院时间、体温、脉搏、呼吸、血压,病人主诉和主要症状,体征,既往史,过敏史,存在的护理问题,给予的治疗和护理措施及效果等。

2. 预手术、预检查和待行特殊治疗的病人

应报告须注意的事项,术前准备情况和术前用药。

3. 已手术的病人

应报告施行何种麻醉、何种手术、麻醉的扼要情况、手术经过、清醒时间、回病房后情况,如血压的变化、伤口敷料有无渗血、引流液的情况以及排尿和镇痛药物应用情况等。

4. 产妇

应报告产式,胎次,产程,分娩时间,会阴切口及恶露情况,新生儿情况等。

5. 异常情况病人,病情显著改变及施行特殊检查和治疗的病人

应报告主诉、病情变化及生命体征,特殊的抢救治疗和应注意的事项。如特级护理或危重患者可简述并注明"详见护理记录单"。

此外，病人的心理状态、睡眠情况、治疗效果和药物反应均应做好记录并交班。还应交清下一班需要完成的事情，特殊治疗、检查等。

三、书写要求

（1）交班报告应在值班护士经常巡视和了解病情的基础上书写，全面了解病人一般情况，掌握新病人、危重病人的病情动态和治疗方案等。

（2）护理交班报告项目应填写齐全，内容完整，字迹清楚。保持表格整洁，不得涂改、剪贴或滥用简化字，书写不得出格跨行。应当使用中文、医学术语和通用的外文缩写。

（3）如交班内容较多需续页书写时，第一页无需签名，续页无需再填写交班时间和概况，值班护士签名签在最后一张续页上，且须签全名。

（4）白班记录用蓝黑笔书写，夜班记录用红笔书写。

（5）护士交班报告至少在本科室保存一年，不纳入病案保存。

四、护理文书质量评价标准（适合所有护理文件，不只是针对交班记录）

项目	标准要求	标分	评分方法	扣分
1	文字工整，字迹清晰，页面整洁，表述准确，语句通顺，标点正确	10	1项不合格扣0.5分	
2	记录方法正确，签全名，字迹工整	10	1项不合格扣0.5分	
3	护理观察记录及时、准确、真实、完整	30	1项不合格扣1~2分	
4	医嘱执行记录及时，按规定注明执行时间	20	1项不合格扣1~2分	
5	护理措施及效果评价记录真实、科学、完整、准确	30	1项不合格扣1~2分	
总分				

注：①各项扣分总和除以所查病历份数即为该项扣分；
②表内1、2项扣分除以所查护理文书种类即为该项扣分；
③凡发现某项记录有伪造、隐瞒实情者，该项不得分；
④护理文书各项表格质量评价标准细则，各州、市卫生行政部门或各医疗机构可按照护理文书书写要求结合实际情况自行制定。

知识拓展

● 知识卡片

护理文书的重要意义

（1）护理文书是患者诊断、抢救、治疗、康复的重要依据。患者从入院开始，护士就为其测量体温、脉搏、呼吸、血压等生命体征，观察病情，了解患者状况，并及时准确地记录于护理文书，为医师诊断、抢救、治疗患者提供重要的决策依据，对顺利完成抢救、手术、治疗及患者早日康复具有重要的意义。

（2）护理文书是医疗文书的重要组成部分，同时也是医院医疗、护理、教学、科研、预防、保健及管理工作的重要档案资料。

（3）护理文书是护患纠纷判定法律责任的重要佐证，可作为医疗纠纷、人身伤害事故、保险索赔、医嘱和伤情查验的证明。因此，应将法律意识教育及相关政策法规性文件的学习纳入护理工作及护理管理中。

（4）护理文书是护理质量的重要内容，完整的护理记录，可全面地反映医院的护理质量，是衡量医院护理管理水平及护理人员业务素质的重要标志之一。

任务实训

一、对照护士交班报告的写作格式，指出下面这份护士交班报告中存在的问题，并改成符合要求的文案

病室护理交班报告

科室：

床号 姓名	白班：现有病人：45 2018年5月10日	晚班：现有病人： 年 月 日	夜班：现有病人：45 2018年5月10日
	原有：50　入院：1 出院：5　　转入：	原有：　　入院： 出院：　　转入：	原有：45　入院： 出院：　　转入：
	转出：1　手术： 死亡：　　病重：	转出：　　手术： 死亡：　　病重：	转出：　　手术： 死亡：　　病重：
	病危：　　分娩： 发热：　　特护：	病危：　　分娩： 发热：　　特护：	病危：　　分娩： 发热：　　特护：
6床 黄桂兰 "新"	患者，女，66岁，因"胸闷"入院。入院诊断：胸闷查因，冠心病？患者主诉鼻子痛，予口服西乐葆后疼痛症状缓解		患者睡眠好
	签名：佳	签名：	签名：丽

二、假设你是某医院一位晚班护士，请根据下列病例写一份晚班交班报告

病例：李某某，男，48岁。2018年6月9日晚上十一点半急诊入院，询问患者，自述今晚六时许餐后出现右上腹疼痛，向右侧肩背部放射，既往有"胆囊结石"病史，在家服用"消炎利胆片"和"安必仙"后疼痛无明显缓解。入院急诊科B超诊断"急性胆囊炎，胆囊结石"，收住我科13床，医嘱抗炎，补液，症状稍好转，交班前液体未输完。

任务 2 医嘱记录单

案例赏析

长 期 医 嘱 单

姓名：程××   床号 42   病区：传染科 15 病室   住院号：00683186

日期	时间	医嘱内容	医师签名	护士签名	停止日期	停止时间
02-02	08：00	氯化钠 [100mL：0.9g] 100.00mL ivgtt Qd	田青	尹丽	02-06	10：14
		——前列地尔 10ug2mL*1 20.00ug ivgtt Qd	田青	尹丽	02-06	10：14
		葡萄糖 250.00mL ivgtt Qd	田青	李佳	02-03	0：00
		——腺苷蛋氨酸 500mg*1 2000.00mg ivgtt Qd	田青	李佳	02-03	0：00
		葡萄糖 [100mL：5g] 100.00mL ivgtt Qd	田青	李佳	02-03	0：00
		——还原性谷胱甘肽 1.5g*1 3.00g ivgtt Qd	田青	李佳	02-03	0：00
		葡萄糖 250.00mL ivgtt Qd	田青	李佳	02-03	0：00
		——复方甘草酸苷 40mg20mL*1 120.00mL ivgtt Qd	田青	李佳	02-03	0：00
	10：46	快速血糖测定（空腹*三餐后住院）	田青	徐娟	02-05	10：04

这是一份病室长期医嘱记录单，包括日期，时间，护理常规，药物（名称、剂量、浓度、用法等），各种检查，治疗，术前准备，医师签名，护士签名等。医嘱记录单为病历的组成部分，它不仅是患者治疗护理重要的参考资料，也是计价收费的凭据，应长久保留。

知识平台

医嘱记录单是患者住院期间全部医嘱的记录，分为"长期医嘱（有效时间在 24 小时以上的医嘱）记录单"与"临时医嘱（有效时间在 24 小时以内，一般仅执行 1 次的医嘱）记录单"，由护士按医嘱种类分别打印至相应的医嘱记录单内。

一、书写内容

1. 长期医嘱记录单书写内容

（1）楣栏内容。包括患者姓名、科别、床号、住院病历号（或病案号）。

（2）医嘱内容。包括医师开具医嘱的日期和时间、医嘱内容、医嘱停止日期和时间。

2. 临时医嘱记录单书写内容

（1）楣栏内容。包括患者姓名、科别、床号、住院病历号（或病案号）。

（2）医嘱内容。包括医师开具医嘱的日期、医嘱内容、护士执行医嘱的时间。

3. 格式

长期医嘱记录单格式：

长 期 医 嘱 单

姓名：　　　　床号：　　　　病区：　　　　　　住院号：

日期	时间	医嘱内容	医师签名	护士签名	停止	
					日期	时间

临时医嘱记录单格式：

临 时 医 嘱 单

姓名：　　　　床号：　　　　病区：　　　　　　住院号：

日期	时间	医嘱内容	医师签名	执行护士签名	执行时间

三、书写要求

（1）楣栏应填写完整，如遇转科、转床时，病区、床号用箭头表示。

（2）备用医嘱，于执行后立即打印在临时医嘱记录单内，并注明日期与时间。

（3）在转科、手术、分娩、重整医嘱之后均要在该条医嘱下面用红笔划一横线，表示停止执行以上医嘱，只在长期医嘱记录单上划（转科病历由转入科室划），临时医嘱记录单上不划。

（4）执行药物过敏试验的医嘱，试验结果为阳性反应，在该医嘱后打括号，用红笔在括号内写"+"；阴性反应，用蓝笔在括号内写"-"表示。打印至临时医嘱记录单内也应标明其试验结果，长期医嘱须在试验结果呈阴性后打印至长期医嘱记录单。

四、医嘱记录单书写质量评价标准

项目	内容	分值	扣分	得分
录入符合要求（10分）	医嘱由办公护士转抄或使用计算机转录入医嘱记录单内	10		
医嘱处置正确（80分）	1. 医嘱记录单页面清洁整齐，打印正规，内容无涂改、无刀刮字	20		
	2. 楣栏项目齐全、正确、无漏项	20		
	3. 医嘱打印至医嘱记录单及时、准确	30		
	4. 有执行时间，时间准确、清晰可辨	10		
	5. 医嘱重整要及时，原则上不超过3页	10		
合计（100分）		100		

知识拓展

● 知识卡片

医嘱计算机管理的注意事项

（1）为确保医护信息安全，必须实行密码签名制度。

（2）所有医嘱必须在计算机中下达、执行。可下达单条或成组医嘱，可单条或成组停止，必要时（如分娩、手术、转科等）也可一次停止全部长期医嘱；可删除刚下达但未确认的医嘱，作废尚未执行的医嘱。护士执行前应查对医嘱格式、内容的正确性及开始执行时间，区分临时、长期医嘱。临时医嘱要求先处置、后签名。执行医嘱后根据治疗需要确定用药时间，编辑、打印出每个患者的各类治疗单、膳食单、护理单。

（3）医嘱处理原则：先急后缓，先执行后转录。即先执行临时医嘱，再执行长期医嘱，最后转录到医嘱记录单上。

（4）各种药物过敏试验医嘱，必须先处置，待观察到结果后再输入试验结果并执行。试验结果阳性者应通知医师。

（5）备用医嘱仅限于当班，未用者由医师作"未用"处理。手术后需先执行"手术医嘱"，停止术前所有长期医嘱，再执行"术后医嘱"，然后按序执行新医嘱。护士随时进入工作台查阅有无新医嘱，医师下达即时执行医嘱后应提醒护士立即执行。

（6）已执行的医嘱自动转入"核对"栏内，每班护士必须核对上一班执行的医嘱并签名，复查当班医嘱。

（7）护士长对所有医嘱每周总核对一次。必要时利用"医嘱信息"功能浏览，打印全病区当日或7日内任意下达的医嘱、每个患者的医嘱记录单或未停医嘱单，便于工作中了解和查对全病区或每个患者的治疗情况。

（8）严格查对制度。医师下达医嘱后应认真检查、校对，无误后方可确认或保存。保存后护士必须查看有无遗漏及笔误。护士执行前必须审阅医嘱的准确性，执行后应核对执行单有无遗漏或打印错误，患者是否及时得到处置。

附：执行长期医嘱工作流程

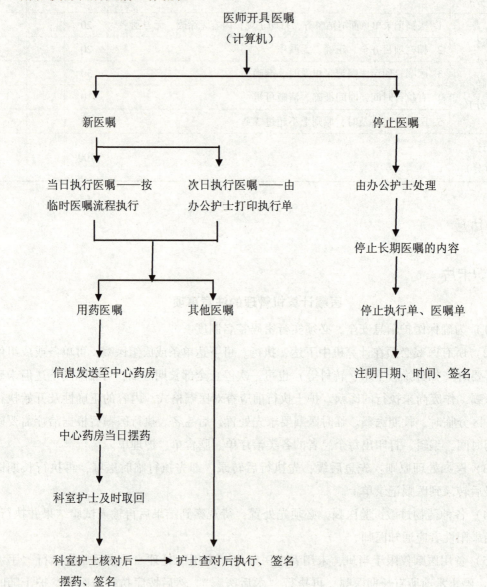

执行临时医嘱流程

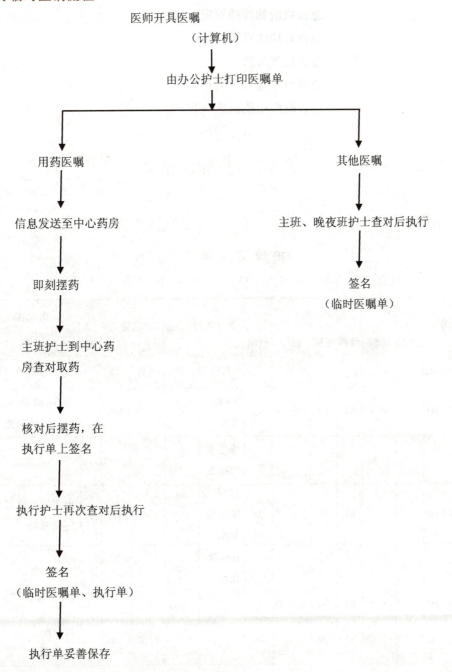

任务实训

一、根据下列的医嘱，书写一份临时医嘱记录单

医嘱：陈某某，肺癌，入住×××医院肿瘤外科一病室72床，住院号为00683186。主治医师李某开具如下临时医嘱一份，当班护士王芸于20：30执行并转抄。

4月28日　　19：38　急查电解质常规检查
　　　　　　　　　　急查血清葡萄糖测定
　　　　　　　　　　急查肾功能常规检查
　　　　　　　　　　急查血气分析
　　　　　　　　　　急查血常规（五分群）
　　　　　　　　　　急查凝血功能检查（仪器法）

任务3　护理记录单

案例赏析

护理记录单

姓名：何×　性别：男　年龄：28　病区：15病室　床号：10　住院病历号：1053919

2018年		意识	体温	脉搏	呼吸	血压	血氧	入量		出量		皮肤情况	病情观察及措施	护士签名
日/月	时间							名称	量	名称	量			
3/8	2：00		36.8	84	19	110/80	95	5%葡萄糖	500	胃液	100		胃肠减压通畅，维持输液	李佳
								维生素B60.2g	2					李佳
3/8	4：00			88	18		95	5%葡萄糖生理盐水	500	尿	600		患者诉上腹部疼痛减轻	李佳
								10%氯化钾	10					李佳
3/8	6：00		36.5	82	20	115/70								李佳
3/8	6：30			82	19		96			胃液	100		复查血生化、血常规	李佳
3/8	7：00	15	小时	总结				入量	3082	出量	3080		李佳	
3/8	8：00			84	18		96						患者夜间病情稳定，胃肠减压通畅，间断入睡，维持输液	李佳

(续)

2018年		意识	体温	脉搏	呼吸	血压	血氧	入量		出量		皮肤情况	病情观察及措施	护士签名
日/月	时间							名称	量	名称	量			
													夜班	李佳
3/8	9:00												推送做B超检查,提示胰腺肿大	徐娟
3/8	10:00		36.8	80	18	110/70	96	0.9%氯化钠	500	尿	400		安返病房	徐娟
										胃液	100		患者自觉腹痛明星减轻,复查血、尿淀粉酶正常	徐娟
													停病危、记24小时出入量及胃肠减压	徐娟

这是一份常见的护理记录单,记录了病人的生命体征、出入液量、基础护理、病情观察及护理措施等。它是病人在住院期间护理过程的客观记录。

知识平台

护理记录是指护士根据医嘱和病情对病重、病危患者,大中手术后的患者,病情发生变化需要监护的患者等,在住院期间护理过程的客观记录。

一、书写内容

1. 记录对象

①病重、病危患者;②大中手术后或采用全麻、硬膜外麻醉的小手术患者;③病情发生变化需要监护的患者。

2. 记录内容

(1) 楣栏内容:科别、病区、床号、姓名、性别、年龄、住院号(或病案号)、入院日期、诊断。

(2) 项目内容:记录日期和时间、生命体征、出入液量、基础护理、病情观察及护理措施、护士签名等。

二、护理记录单格式

护 理 记 录 单

姓名：　性别：　年龄：　病区：　床号：　住院病历号：　诊断：

年		意识 △	体温 ℃	脉搏 次/分	呼吸 次/分	血压 mmHg	血氧饱和度 %	吸氧 L/min	入量		出量		皮肤情况 ▲	管路护理 ○	病情观察及措施	护士签名
日/月	时间								名称	量	名称	量				

△意识：1. 清醒；2. 嗜睡；3. 意识模糊；4. 昏睡；5. 浅昏迷；6. 深昏迷；7. 谵妄

▲皮肤管理：1. 压疮；2. 出血点；3. 破损；4. 水肿；5. 其他

○管路护理：1. 深静脉置管；2. 浅静脉置管；3. 留置尿管；4. 留置胃管；5. 胸腔闭式引流管；6. 其他

三、书写要求

（1）护理记录应当客观、真实、准确、及时、完整、规范。

（2）护理记录应当用蓝黑笔书写。

（3）如遇转科，护理记录单应续写。

（4）"时间"栏：记录为"年—月—日"，具体到分钟。

（5）"意识"栏：根据患者实际意识状态选择填写相应的数字："1"示清醒，"2"示嗜睡，"3"示意识模糊，"4"示昏睡，"5"示浅昏迷，"6"示深昏迷，"7"示谵妄状态。

（6）"体温"栏：单位为℃，直接在"体温"栏内填入测得数值，不需要填写数据单位。

（7）"脉搏"栏：单位为次/分，直接在"脉搏"栏内填入测得数值，不需要填写数据单位。

（8）"呼吸"栏：单位为次/分，直接在"呼吸"栏内填入测得数值，不需要填写数据单位。

（9）"血压"栏：单位为毫米汞柱（mmHg），直接在"血压"栏内填入测得数值，不需要填写数据单位。

（10）"血氧饱和度"栏：根据实际情况填写数值。

（11）"吸氧"栏：单位为升/分（L/min），根据实际情况在相应栏内填入数值，不需要填写数据单位，并在"病情观察及措施"栏内记录吸氧方式，如鼻导管、面罩等。

（12）"出入量"栏：①入量。单位为毫升（mL）。入量项目：包括使用静脉输注的各种药物、口服的各种食物和饮料以及经鼻胃管、肠管输注的营养液等。②出量。单位为毫升（mL）。出量项目：包括尿、大便、呕吐物、引流物等，需要时在"病情观察及护理措施"栏内写明其颜色及性状。

(13)"皮肤情况"栏：应根据患者皮肤出现的异常情况，选择填写相应的数字："1"示压疮，"2"示出血点，"3"示破损，"4"示水肿，"5"示其他（超出前述列出的4种情况者，填写在此处）。

(14)"管路护理"栏：应根据患者置管情况选择填写相应的数字："1"示深静脉置管，"2"示浅静脉置管，"3"示留置尿管，"4"示留置胃管，"5"示胸腔闭式引流管，"6"示其他（超出前述列出的5种情况者，填写在此处）。

(15)"级别护理"栏：用罗马数字（Ⅰ、Ⅱ、Ⅲ、特）表示级别，如遇病危、病重应在相应栏内注明并打钩。

(16)患者疼痛应在相应栏目注明级别数，记录治疗过程所使用的药物及用药后的跟踪评估。

(17)预留的"空格"栏：可根据各专科疾病及护理情况确定记录内容。

(18)"病情观察及措施"栏：①简要记录护士观察患者病情的情况，以及根据医嘱或者患者病情变化采取的措施。②特护、病危患者每班有病情小结并签班次及全名，签班次的顺序为：日班—晚班—夜班。格式为：病情小结完后另起一行空两格签班次，护士签名签在"护士签名"栏内。③记录应体现专科护理特点。例如，骨外科的功能锻炼；外科手术患者的麻醉方式、手术名称、术中简况、患者返回病室时间、术后病情、伤口情况、引流情况等；内科呼吸衰竭、心力衰竭患者入监护室的原因等。

(19)"护士签名"栏：同一护士同一班次签名可在首尾签全名，中间用箭头连接。

四、护理记录单书写质量考评表

项目	内容	分值	扣分	得分
楣栏和底栏（10分）	填写完整、正确，无空白、漏项	10		
护理记录（90分）	1. 无论日间还是夜间均应使用蓝黑笔书写	7		
	2. 页面整洁，字迹清晰，内容无涂改	7		
	3. 时间记录具体到小时、分钟。记录时间真实，符合逻辑	7		
	4. 遵医嘱或病情变化，及时观察，准确记录生命体征	10		
	5. 出入液量记录准确	7		
	6. 各种引流液的色、质、量和管道通畅情况记录准确	7		
	7. 根据医嘱要求按时完成各项基础护理措施，频次符合要求	10		
	8. 病情变化及时记录，护理措施及效果与实际相符，记录内容客观，无主观臆断语言	10		
	9. 护理记录内容应体现相应专科的特点和重点，正确运用医学术语	10		
	10. 护士签名应签署全名，清晰可辨	7		
	11. 抢救过程应在抢救结束后6小时内据实补记，注明补记时间并签名	8		
合计（100分）		100		

知识拓展

● 知识卡片一

书写护理记录单的情况及时机

1. 特殊治疗

输血、腰穿、肾穿、胸穿、骨穿、化疗、各类骨折固定及牵引、血透、腹透、环磷酰胺冲击、使用特殊用药等。

2. 特殊检查

病情突然变化、并发症所需做的检查,如腹痛腹部 B 超检查等;各类造影、纤支镜检查等。

3. 特殊导管

特殊管道新置入、拔管及维护中有问题者;各种引流管、中心静脉导管、胃管、导尿管置入,VSD 持续负压术等;气管插入、气管切开及拔管;头部引流管及拔管后有无异常情况;头皮下积液穿刺引流置管及拔管;腹腔引流置管及拔管;深静脉置管及拔管;胸置管及拔管等。

4. 急性症状

护理常规的症状护理;专科疾病护理的症状和体征。

5. 特殊护理问题

压疮护理、高热(腋温≥38.5℃)、疼痛评估(疼痛≥8 级)等。

6. 风险事件

擅自离院、意外拔管、静脉炎、自杀、抑郁、皮肤破损、压疮、烫伤、跌倒、坠床、静脉炎、输液输血反应、走失、逃逸等意外要写明汇报处理意见。

● 知识卡片二

护理措施记录重点

一、基础护理措施记录重点

(一)生命体征记录

1. 体温异常

①发热者:体温在 37.5℃以上,每天测量体温 4 次,并做好记录,体温正常 3 天后可停止记录;体温在 38.5℃以上,记录采取的降温措施,降温后 30 分钟测量体温,观察采取降温措施后的体温变化情况和降温效果,每隔 4 小时测量 1 次体温,体温正常 3 天后可停止记录。②体温低(体温在 35℃以下)者:有病情变化时记录,记录采取的措施和效果,体温正常 3 天后可停止记录。

2. 脉搏异常

①脉率异常,包括速脉(成人在安静状态下脉率超过 100 次/分钟)、缓脉(成人在安静状态下脉率低于 60 次/分钟)。②脉率异常,包括间歇脉、脱落脉、细脉。③脉搏强度异常,包括洪脉、丝脉、水冲脉、交替脉、奇脉、脉搏消失等。应根据患者病情及医嘱要

求观察记录脉搏异常的情况采取的措施,脉搏正常3天后可停止记录。

3. 呼吸异常

①频率异常,包括呼吸过速(成人呼吸频率超过24次/分钟)、呼吸过缓(成人呼吸频率低于10次/分钟);②深浅度异常,包括浅快呼吸、深快呼吸、深度呼吸;③节律异常,包括潮式呼吸、间断呼吸、叹息样呼吸;④声响异常,包括蝉鸣样呼吸、鼾声呼吸;⑤形式异常,包括胸式呼吸减弱、腹式呼吸增强、腹式呼吸减弱、胸式呼吸增强。应根据患者病情及医嘱要求观察记录呼吸异常的情况,采取的措施和效果,呼吸正常3天后可停止记录。

4. 血压异常

①高血压(未服用抗高血压药物的情况下,成人收缩压≥140mmHg和(或)舒张压≥90mmHg)。②低血压(收缩压<90mmHg,舒张压<60mmHg)。③脉压变化,包括脉压减小(脉压<30mmHg)、脉压增大(脉压>40mmHg)。应根据患者病情及医嘱要求观察记录血压异常的情况,采取的措施和效果,血压正常3天后可停止记录。

(二)皮肤情况记录

手术后患者、老年体弱者、长期卧床患者及消瘦、低蛋白、大小便失禁、瘫痪等容易发生压疮的患者应采用Braden量表进行压疮危险因素评估。根据评分制订压疮预防计划,得分在15~18分(轻度危险)的患者应建立翻身卡,同时在护理记录单上记录皮肤受压情况及采取的护理措施。院外带入压疮或院内发生压疮应及时填写皮肤问题报告表,24小时内上报护理部,并在护理记录单上记录压疮发生的部位、面积、深度及采取的护理措施,建立翻身卡并按时记录。

Braden 量表

评分内容	评分标准			
	1分	2分	3分	4分
感觉	完全受限	非常受限	轻度受限	未受损害
潮湿	持久潮湿	非常潮湿	偶尔潮湿	很少潮湿
活动	卧床不起	局限于椅	偶尔步行	经常步行
移动	完全不能	严重受限	轻度受限	不受限
营养	非常差	可能不足	适当	良好
摩擦和剪切力	有问题	有潜在问题	无明显问题	
总分				

二、静脉置管护理记录

(1)深静脉置管患者:记录置管时间,置管部位,留置的长度,导管是否在位、通畅。观察穿刺部位有无渗血及异常分泌物,周围皮肤有无异常,是否消毒更换敷料。拔管应根据患者病情及医嘱要求,并记录拔管时间及有无不适症状。

(2)PICC置管患者:记录置管时间,导管类型和型号,导管尖端位置,导管插入长度及外露长度,所穿刺静脉名称(贵要静脉、肘正中静脉、头静脉),穿刺过程是否顺利、固定情况。置管后24小时内严密观察穿刺有无渗血、肿胀,触摸穿刺点周围有无疼痛、硬结。每日观察导管的刻度并记录,查看导管有无打折、移动松脱,是否消毒更换敷料。每日观察输液滴速情况,检查导管是否通畅。拔管应根据患者病情及医嘱要求,并记录拔管时间及有无不适症状。

(3) 药液外渗患者:记录药液外渗的原因、外渗的时间、外渗药物的名称、外渗后局部皮肤情况(如外渗范围、肿胀情况、皮肤颜色、疼痛等),并记录采取的护理措施及下一班需观察的内容。

三、管道护理记录

(1) 气管切开患者:记录气管切开的时间,气管套管是否在位、是否通畅、是否固定妥当,切口处有无渗血,周围皮下有无气肿。记录遵医嘱进行气管湿化的方法(间歇湿化法、持续湿化法)。吸痰时记录痰液的颜色、量及性质。拔管应根据患者病情及医嘱要求,并记录拔管时间(拔管应在病情稳定,呼吸肌功能恢复,咳嗽有力,能自行排痰,解除对气管切开的依赖心理时,才能进行阻塞试验,阻塞24~48小时后无呼吸困难,能入睡、进食、咳嗽方可拔管)。拔管后2~3天观察记录瘘口愈合情况。

(2) 气管插管患者:记录气管插管的时间,气管插管的位置是否固定妥当、通畅,气囊的充盈度及压力是否适合。记录气管插管后的通气情况及呼吸、循环改善情况,检测并记录血氧饱和度、心率、血压及血气指标。记录气道湿化的方法。吸痰时记录痰液的颜色、量及性质。拔管时根据患者的病情及医嘱要求,并记录拔管时间(拔管应在患者神志清楚,生命体征平稳,呛咳反射恢复,咳嗽有力,肌张力好的情况下拔出)。

(3) 负压引流管患者:记录插入负压引流管的时间,负压管的位置是否在位、通畅,是否保持负压状态。记录引流液的颜色、量及性质。拔管时根据患者的病情及医嘱要求,并记录拔管时间(拔管时间视引流量而定,一般24小时内引流量少于50mL时方可拔管,置管时间最长不宜超过1周)。

(4) 胸腔闭式引流管患者:记录插入胸腔闭式引流管的时间,引流管的位置是否在位、通畅,是否保持负压状态。记录伤口局部渗液、渗血情况。记录引流液的颜色、量及性状。拔管时根据患者的病情及医嘱要求,并记录拔管时间(拔管应在患者生命体征平稳,引流瓶内无气体溢出,24小时内引流量少于100mL,听诊余肺呼吸音清晰,胸片示伤侧肺复张良好方可拔管)。拔管后24小时内,应密切观察患者有无胸闷、憋气、呼吸困难、气胸、皮下气肿,局部有无渗血、渗液等情况。

(5) 插胃管患者:记录插入胃管的时间,插管长度,胃管是否在位、通畅。若胃肠引流者需记录引流液的颜色、量和性质,是否保持负压状态。拔管时根据患者的病情及医嘱要求,并记录拔管时间及有无不适症状。

(6) 鼻导管吸氧患者:记录吸氧开始及停止时间、吸氧方式、吸氧时间及氧流量,观察患者的面色、呼吸是否通畅。

(7) 插腹腔引流管患者:记录插入腹腔引流管的时间,引流管的位置是否在位、通畅。记录引流液的颜色、量及性质。观察周围皮肤有无红肿、破损、外漏及渗出。拔管时根据患者的病情及医嘱要求，并记录拔管时间及有无不适症状。

（8）插导尿管患者：记录插入导尿管的时间，导尿管是否在位、通畅。记录引流出尿液的颜色、量及性质。记录更换尿袋，进行尿道口擦洗及膀胱冲洗的情况。拔管时根据患者的病情及医嘱要求，并记录拔管时间及有无不适症状。

任务实训

根据以下记录，拟一份患者护理记录单

陈某某，女，55岁，15病室10床，住院病历号1063919。

2018年6月24日，15：43，小便出量为400mL。记录者唐海萍。

6月24日，19：37，测得体温38.1℃，脉搏98，呼吸20，已将情况告诉医生，继续观察。记录者周丽梅。

6月24日，20：37，测得体温37℃，脉搏88，呼吸20。记录者周丽梅。

6月24日，23：48，小便出量为950mL。记录者邓娇丽。

6月25日，3：00，测得体温36.6℃，脉搏82，呼吸20，患者体温正常。记录者唐海萍。

6月25日，6：00，小便出量为950mL，记录者邓娇丽。

6月25日，7：00，16小时尿量2300mL，记录者邓娇丽。

6月25日，11：42，小便出量为800mL，记录者周祯。

6月25日，15：41，小便出量为700mL，记录者周祯。

6月25日，22：01，小便出量为800mL，记录者周丽梅。

6月26日，1：00，小便出量为800mL，记录者周丽梅。

6月26日，6：00，小便出量为800mL，记录者周丽梅。

6月26日，7：00，24小时尿量3900mL，记录者周丽梅。

6月26日，16：08，小便出量为700mL，记录者周祯。

6月26日，22：13，小便出量为750mL，记录者欧阳榕。

6月27日，1：24，测得体温36.4℃，脉搏82，呼吸20，血压12/75，疼痛强度2，神志清楚。患者自述四肢乏力，双上肢酸痛。通知医生查看，遵医嘱测随机血糖7.3mmol/L，嘱其卧床休息。记录者欧阳榕。

6月27日，6：00，小便出量为750mL。记录者欧阳榕。

6月27日，7：00，24小时尿量2200mL。记录者欧阳榕。

第三篇
公务文书

情境导入

李丽2018年毕业于某大专院校文秘专业，前往某公司行政部应聘行政助理一职。"您好！"行政部经理友好地打着招呼，"请您简介2012的《党政机关公文处理工作条例》，时间为15分钟。"

李丽在大学期间学习刻苦，专业基础非常扎实。于是她有条不紊地回答：

一、《条例》颁布的背景。为使党政机关公文处理工作科学化、制度化、规范化，2012年4月16日，中共中央办公厅、国务院办公厅联合发布了《党政机关公文处理工作条例》（以下简称《条例》），并于2012年7月1日起正式施行。现行的1996年5月3日中共中央办公厅发布的《中国共产党机关公文处理条例》和2000年8月24日国务院发布的《国家行政机关公文处理办法》停止执行。

二、《条例》的基本内容。其分为总则、公文种类、公文格式、行文规则、公文拟制、公文处理、公文管理、附则8章42条。其中公文种类有15种：决议、决定、命令（令）、公报、公告、通告、意见、通知、通报、报告、请示、批复、议案、函、纪要；公文格式一般由份号、密级和保密期限、紧急程度、发文机关标识、发文字号、签发人、标题、主送机关、正文、附件说明、发文机关署名、成文日期、印章、附注、附件、抄送机关、印发机关和印发日期、页码等组成；公文拟制包括起草、审核、签发等程序。

三、《条例》在公文格式组成上的新变化。新《条例》增加了份号、发文机关署名、页码，减少了主题词，份号和页码原《办法》虽未明文规定，但一直使用，实际增加的主要是发文机关署名。另外，2012年颁布的《党政机关公文格式国家标准》对成文日期的数字进行了明确规定：用阿拉伯数字将年、月、日标全，年份应标全称，月、日不编虚位（即1不编为01）。

李丽回答完毕后，经理满意地笑了。

公文，是党政机关在党政管理过程中形成的具有法定效力和规范体式的文书。它是依法进行公务活动的重要工具，也是当代大学生走向社会、走向岗位、走向成功的必修课，让我们一起漫步在公务文书的写作乐园，去欣赏它的美丽，感受它的魅力吧。

任务1 通　知

案例赏析

● 例文一

国务院办公厅关于2019年部分节假日安排的通知

国办发明电〔2018〕15号

各省、自治区、直辖市人民政府，国务院各部委、各直属机构：

经国务院批准，现将2019年元旦、春节、清明节、劳动节、端午节、中秋节和国庆节放假调休日期的具体安排通知如下：

（1）元旦：2018年12月30日至2019年1月1日放假调休，共3天。2018年12月29日（星期六）上班。

（2）春节：2月4日至10日放假调休，共7天。2月2日（星期六）、2月3日（星期日）上班。

（3）清明节：4月5日放假，与周末连休。

（4）劳动节：5月1日放假。

（5）端午节：6月7日放假，与周末连休。

（6）中秋节：9月13日放假，与周末连休。

（7）国庆节：10月1日至7日放假调休，共7天。9月29日（星期日）、10月12日（星期六）上班。

节假日期间，各地区、各部门要妥善安排好值班和安全、保卫等工作，遇有重大突发事件，要按规定及时报告并妥善处置，确保人民群众祥和平安度过节日假期。

国务院办公厅

2018年12月4日

（来源：中国政府网）

这是一份事项性通知。该通知格式规范，内容具体，条理清晰。本文主要为通知的主体部分，省略了眉首和版记部分（关于眉首和版记，在《党政机关公文格式》中有论述，具体参见本教材附录部分）。标题由发文机关名称、事由和文种三要素组成；发文字号由发文机关代字、年份和当年文件顺序号组成，值得注意的是发文字号一般放在公文的眉首部分，因本例文省略了眉首，所以放在主体部分；主送机关较多，采用抽象概括的写法并用顿号与逗号区别主送机关的类别；正文由导语、主体和结尾三部分构成：开头简单地说明了发文依据，其后紧跟过渡语"现将……通知如下"引起下文，逻辑性强；主体采用条款式结构，条理清晰，内容具体；结尾具体阐述执行要求。落款处的发文机关及成文日期具体规范。

● **例文二**

关于召开全省卫生监督稽查工作会议的通知

湘卫发〔2018〕28号

各市、州卫生局,省卫生监督所:

　　为贯彻落实2019年全国卫生监督稽查工作会议精神,经研究,在长沙召开全省卫生监督稽查工作会议。现将有关事项通知如下:

　　一、会议主要内容

　　(一)传达2019年全国卫生监督稽查工作会议精神。

　　(二)总结2018年省卫生监督稽查工作,部署2019年省卫生监督稽查工作。

　　(三)大会交流和讨论。

　　二、会议地点和时间

　　会议在长城宾馆(长沙市韶山北路28号)召开,12月24日下午报到,12月25日开会,12月26日离会。

　　三、参加会议人员

　　各市州卫生局分管局长、卫生法制与监督处(科)长;市州卫生监督所所长、卫生监督所稽查科长;省卫生监督所有关负责人。各地限一台车。

　　四、其他事项

　　(一)要求全体代表着标准制服参加会议;

　　(二)会议不安排接站,请代表自行前往。

　　(三)请将回执于12月14日前传真至省卫生监督所卫生监督稽查科。联系人:张明亮,联系电话:139××××××××,传真:0731××××××××。

湖南省卫生厅

2018年12月6日

　　这是一篇会议通知。正文首先写清楚了开会的依据以及会议的主题,即说明了为什么和干什么。然后介绍参会人员需要知道的与会议紧密相关的其他问题,即说明了怎么办。全文层次分明,逻辑严密,语言精练,值得借鉴。

● **例文三**

国务院关于批转国家税务总局

关于加强个体私营经济税收征管强化查账征收工作意见的通知

国发〔××××〕×号

各省、自治区、直辖市人民政府,国务院各部委、各直属机构:

　　国务院同意国家税务总局《关于加强个体私营经济税收征管强化查账征收工作的意见》,现转发给你们,请遵照执行。

　　加强个体、私营经济税收征管,强化查账征收工作是规范个体、私营经济管理,促进个体、私营经济健康发展的重要措施。各级人民政府要高度重视,切实加强领导,协调税务、工商行政管理、公安和金融等有关部门，积极稳妥地做好这一工作，并帮助税务部门解决工作中出现的困难和问题。国家税务总局要结合深化税收征管改革，切实做好对这项工作的组织指导和监督检查。各有关部门要相互支持、密切配合，确保这项工作的顺利进行。

本通知的具体实施意见，由国家税务总局会同有关部门制定。本通知的贯彻执行情况，各省、自治区、直辖市和计划单列市人民政府应于七月底前报告国务院，同时抄送国家税务总局。

附件：关于加强个体私营经济税收征管化查账征收工作的意见（略）

国务院

××××年××月××日

这是一份批转性通知，格式规范，结构完整，语言得体。标题采用标准的公文式标题，由发文机关名称、事由和文种组成，并在通知的事由前加上"批转"二字，突出了通知的种类；发文字号由发文机关代字、年份和发文顺序号组成；主送机关顶格书写，因主送机关较多，采用概括式写法；正文开头首先写上被批转公文的原文标准，跟着表明态度，提出要求，层次清晰，逻辑性强；落款要素齐全且格式规范。

● 例文四

教育部办公厅关于印发《禁止妨碍义务教育
实施的若干规定》的通知

教基厅〔2019〕2号

各省、自治区、直辖市教育厅（教委），新疆生产建设兵团教育局：

《中华人民共和国义务教育法》明确规定，凡具有中华人民共和国国籍的适龄儿童、少年，不分性别、民族、种族、家庭财产状况、宗教信仰等，依法享有平等接受义务教育的权利，并履行接受义务教育的义务。同时规定，各级人民政府及其有关部门应当履行本法规定的各项职责，保障适龄儿童、少年接受义务教育的权利。适龄儿童、少年的父母或者其他法定监护人应当依法保证其按时入学接受并完成义务教育。近年来，一些社会培训机构擅自招收适龄儿童、少年，以"国学""女德"教育等名义开展全日制教育、培训，替代义务教育学校教育，极个别父母或者其他法定监护人送子女去培训机构或在家学习，无正当理由未按法律规定保障子女入学接受义务教育，导致相关适龄儿童、少年接受义务教育的权利和义务不能依法实现，妨碍了国家义务教育制度的实施，严重影响适龄儿童、少年成长发展，危害国家和民族未来利益。为切实纠正此类错误做法，特制定《禁止妨碍义务教育实施的若干规定》，现印发给你们，请予以认真执行。

各地教育部门要提高政治站位，增强法治意识，进一步加强适龄儿童、少年接受义务教育工作，于2019年上半年尽快部署开展一次全面排查，对机构或个人违法违规导致适龄儿童、少年未接受义务教育的行为，坚决予以纠正，依法依规严厉查处问责，切实保障适龄儿童、少年接受义务教育。

教育部办公厅

2019年4月1日

这是一份印发性通知。文中首先对印发文件的背景情况进行了较详细的说明，简明扼要地阐释了发文缘由，引出发文内容。正文第二段阐明了执行要求，强调通知事项的重要性，引起下级机关的重视。

● 例文五

湖南省人民政府
关于龚雷等同志职务任免的通知
湘政人〔2019〕5号

各市州人民政府，省政府各厅委、各直属机构：

省人民政府决定：

龚雷同志任省人民政府办公厅副主任（挂职一年）；

唐仁春同志任省人民政府办公厅副巡视员；

李文才同志任省文史研究馆馆长；

李跃龙、陈伏球同志任省文史研究馆副馆长。

原省政府参事室（省文史研究馆）领导职务和非领导职务自然免除，不再办理免职手续。

湖南省人民政府
2019年4月12日

这是一则人事任免通知。通知条理清晰，格式规范。按照先任后免的顺序交代了几位同志的职务任免情况。

知识平台

一、通知的概念

通知是适用于批转下级机关、转发上级机关和不相隶属机关的公文，传达要求下级机关办理和需要有关单位周知或执行的事项以及任免人员所使用的公文。

通知是公文中使用频率最高的文种。从行文方向来看，通知既可作为下行文也可作为平行文使用；从使用主体来看，通知一般不受发文机关级别高低的限制，党政机关、企事业单位、社会团体等都可以使用；从适用范围来看，通知可用于上级机关向下级机关布置工作，传达重要指示，同级机关或不相隶属机关可以用通知交流信息，知照意图，还可用于批转、转发公文，发布规章，传达要求下级机关办理和有关单位需要周知的事项。

二、通知的特点

1. 运用的广泛性

通知不受发文机关级别高低的限制，使用频率较高，无论是对工作任务的传达、工作要求的发布、工作内容的部署，还是对工作过程的指挥、工作问题的解决，都可用通知完成。

2. 功能的多样性

通知的执行性与告知性兼而有之。一方面具有告知性，另一方面具有执行性和约束力。

3. 较强的时效性

通知的事项一般是要求立即办理、执行或知晓，不容拖延。有的通知，如会议通知只在指定的一段时间内有效。

三、通知的种类

1. 指示性通知

用于领导机关对下级机关工作有所指示、要求等。这种通知内容重要，常带有指示性和指导性，但又不宜采用"命令"。如《国务院关于开展第三次全国经济普查的通知》。

2. 事项性通知

适用于传达要求下级机关办理和有关单位需要执行或周知的事项。这类通知使用范围很广，如布置业务工作，召开会议，成立、调整、合并、撤销某些机构，启用新的印信，更正公文差错等。如《国务院办公厅关于成立国务院教育督导委员会的通知》。

3. 批转性通知

用来发布外来机关的公文，其所批转之文的制作者是下属机关，体现的是领导与被领导关系，即上级机关批转下级机关的公文。如《国务院关于批转交通运输部等部门重大节假日免收小型客车通行费实施方案的通知》。

4. 转发性通知

也用来发布外来机关的公文，但其所转发之文的制作者是上级机关、同级机关或不相隶属的机关。如《国务院办公厅转发民政部等部门关于加强见义勇为人员权益保护意见的通知》。

5. 印发性通知

用来发布本机关或与其他机关联合制定的文件。适于印发的文件是：公文、法规性文件或部分应用文书，如纪要、意见、报告、条例、规定、办法、计划、总结等。如《审计署关于印发<审计署工作规则>的通知》。

6. 任免性通知

用于上级机关任免下级机关干部。如《××县人民政府关于胡××等同志职务任免的通知》。

四、通知的格式和写作内容

通知的类型不同，其结构与写法也有所区别，这里主要介绍通知的基本结构与写法。通知的主体一般由标题、主送机关、正文、落款组成。

（一）标题

通知的标题由发文机关、事由和文种组成，如《国务院办公厅关于成立国务院教育督导委员会的通知》。

（二）主送机关

通知的主送机关是指承办、执行和应当知晓该通知的主要受理机关，应当使用机关全称、规范化简称或者同类型机关统称。通知的主送机关较多时，应采用抽象概括的写法并用顿号与逗号区别主送机关的类别。如各省、自治区、直辖市人民政府，国务院各部委、直属机构。

（三）正文。通知正文的基本结构是：开头+主体+结尾。

1. 开头

写明发布通知的原因、目的、依据或情况，并写明承启语，如"现将有关事项通知如下"等。另外，有些重要的通知为了便于受文机关了解通知精神，还增有背景介绍。

2. 主体

即通知事项，必须表述完整、简洁、准确，同时要注意不同的通知类型，要用不同的写作方式。通知事项内容很多时，应采用条款式写法，即分条列项写出、条目分明。

3. 结尾

通知的结尾视具体情况而定，主要有以下几种形式：

（1）具体阐述执行要求或希望。即用简明的文字说明执行事项的要求或希望，以引起受文单位对所发通知的重视。

（2）采用习惯用语。如"请遵照（贯彻、参照）执行""特此通知，望认真执行""本通知自下发之日起施行"等。

（3）秃尾。通知事项结束，全文就自然结束，不再写结束语。

（四）附件

并不是所有的通知都有附件，只有一部分通知（如多数大型会议通知、某些事项性通知等）常用附件。根据《格式》规定（即《国家党政机关公文格式》GB/T9704—2012）规定，附件位于正文下空1行左空2字符，3号仿宋体，标识"附件"及附件名称、份数；公文正文后附"附件"原文，并在附件页左上角第1行顶格标识"附件"两字，附件应与正文一起装订。

（五）落款

通知正文右下方署发文机关名称，标明成文日期并加盖发文机关印章。

五、写作注意事项

（1）行文要讲求实效、注重实用。

（2）内容要求完整、简洁、准确。

（3）用语得体，下行时用语体现权威性、指令性，平行时用语体现协调性、尊重性。

知识拓展

● 知识卡片

批转性、转发性通知和印发性通知标题的特别说明

（1）批转性、转发性通知的标题也是由一般性标题的要素构成，但其中的事由是被批转、被转发文的原文标题。如《国务院办公厅转发农业部等部门关于稳定基层农业技术推广体系的意见的通知》中的事由"农业部等部门关于稳定基层农业技术推广体系的意见",就是被转发的公文标题。

（2）如果被批转、转发、印发的公文是法规性文件，那么须在法规性文件名称上添加书名号，如《中共中央办公厅、国务院办公厅关于印发〈党政机关公文处理工作条例〉的通知》。

（3）在批转性、转发性通知及印发通知的标题的事由前分别加上"批转""转发"或"印发"，而且在印发性通知的标题中，凡属法规性文件，则加"颁布""颁发"或"发布"，其余的则加"印发"，如《农业部办公厅、财政部办公厅关于印发〈2014年农业机械购置补贴实施指导意见〉的通知》。

（4）多层转发可以省略中间层次，如《转发中国移动集团公司转发工业和信息化部〈关于进一步加强移动通信网络共建共享工作的通知〉的通知的通知》，应调整为《中国移动集团公司××分公司关于转发〈工业和信息化部关于进一步加强移动通信网络共建共享工作的通知〉的通知》。

● 逸闻趣事

<h3 style="text-align:center">古代公文笔法</h3>

　　古之公文，即"官文书"（有时简称"官书"）。它是指各级官署及其官员在公务或政事活动中，以书面特定语言、逻辑思维方法和一定程式撰写的应用文章。可见，公文在实质上就是文章。何以谓文章？郑板桥说："谓之炳炳耀耀皆成文也，谓之规矩尺度皆成章也。"那么，古人对公文的笔法是如何要求的呢？《尚书》曰："辞尚体要，弗为好异。"这从修辞等方面首先对公文进行了规范。南朝的刘勰在《文心雕龙》中，对文章的写作理论作了科学的阐述，明确提出了"六观"标准："一观体位，二观置辞，三观通变，四观奇正，五观事义，六观宫商。"其后，"唐宋八大家"之一的欧阳修提倡写文章要"应用""明道"。与欧阳修并称"苏欧"的苏轼，主张公文写作要"文理自然"，提出了"吾文如万斛泉源，不择地皆可出"（《文说》）之说，又说要"随物赋形"（《文说》）。这些独特的主张对我们今天的写作仍然起着很大的作用。明代学者吕坤对公文的造句炼字进行了总结，提出了著名的"八字"要求，即《呻吟语》里说的"简、切、明、尽、正、大、温、雅"。可见，古人对公文的笔法还是很讲究的。

　　但是，无论多有名气的文人，如果他们的建议没有开明君主的支持和拥护，其再好的主张也至多不过"白纸空文"而已。事实上，中国古代的帝王将相还是比较重视文章的写作的，并对其提出了很多至今依然在使用的建议。唐太宗李世民认为"不可轻出诏令"。明太祖朱元璋对公文加强管理，对公文制发的数量作了严格要求，要求公文的文字要通俗易懂，强调公文"贵在简"，要求公文能够"直言其事"。清朝统治者对公文笔法也有一些建树，康熙皇帝主张公文笔法要"简单"，重视公文的"日用"；他还比较注重务实的文风，强调公文的实用性，曾明确指出"夸大言词，毋得撰写"。

　　从古代文人到帝王，无不重视公文的笔法，并直接影响着今天的公文写作。

任务实训

一、不定项选择题

1. 通知的种类有（　　）。
   A. 事项性通知　　B. 任免性通知　　C. 指示性通知　　D. 印发性通知

2. 《××市国家税务局关于印发<××市国家税务局金税工程考核暂行办法>的通知》正文是："现将《××市国家税务局金税工程考核暂行办法》印发你们，请遵照执行。"该通知属于（　　）。
   A. 指示性通知　　B. 印发性通知　　C. 批转性通知　　D. 转发性通知

3. 转发性通知不适用于转发（　　）。
   A. 下级机关的公文　　　　B. 上级机关的公文
   C. 同级机关的公文　　　　D. 不相隶属机关的公文

4. 某学院因故即将停电一天，为了不影响大家的工作和生活，学院办公室提前制发了（　　）。
   A. 通知　　B. 函　　C. 命令　　D. 公告

5. "现将有关事项通知如下"属于应用文结构用语中的（　　）。
   A. 结尾用语　　B. 过渡用语　　C. 综合用语　　D. 开头用语

6. 通知的适用范围有（　　）。
   A. 批转下级机关的公文　　　　B. 传达事项和任免人员
   C. 发布规范性公文　　　　　　D. 转发上级机关和不相隶属机关的公文

二、请指出这份通知存在的问题，并加以改正

关于《经济合同法》培训的通知

人事内通〔××年〕1号

××公司机关科室、各事业部：

根据公司关于加大企业内部培训力度的会议精神，切实有效地开展企业内部培训，人力资源部定于本月开展《经济合同法》的相关培训。

一、培训内容：《经济合同法》通例培训、合同谈判风险规避。

二、培训时间：××××年××月××日。

三、签到时间：××××年××月××日。

四、培训地点：行政楼二楼会议室。

五、培训人员：机关科室7人，××事业部6人，××事业部6人，×××事业部6人。

××公司人力资源部
××××年××月××日

三、下面是一篇存在毛病的工作通知，试写出修改稿

机关游泳池办证的通知

机关各直属单位：

　　机关游泳池定于 6 月 1 日正式开放，6 月 10 日开始办理游泳证。请你们接此通知后，按下列规定，于元月三十日前到机关俱乐部办理游泳手续。

　　一、办证对象：仅限你单位干部或职工身体健康者。

　　二、办证方法：由你单位统一登记名单、加盖印章到俱乐部办理，交一张免冠照片。

　　三、每个游泳证收费伍角。

　　四、凭证入池游泳，主动示证，遵守纪律，听从管理人员指挥。不得将此证转让他人使用，违者没收作废。

　　五、家属游泳一律凭家属证，临时购买另票，在规定的开放时间内入池。

×××俱乐部
××××年××月××日

四、写作实践

根据下列材料，拟写一份通知。

　　为深入学习贯彻党的十九大精神，引导青年学生深刻学习领会习近平总书记对"中国梦"的深刻阐释，畅谈心中的"中国梦"，使广大学生牢固树立正确的世界观、人生观、价值观。同时，也为了进一步加强青年学生的语言表达能力，提高学生综合素质，××学院决定举办"我的中国梦"主题演讲比赛，由院团委具体承办。本次大赛分初赛和决赛两个阶段：初赛时间为××××年 9 月 15-23 日，以各二级院部为单位，并于 9 月 23 日之前选送 3 名优秀选手参加学院决赛；决赛时间定为××××年 9 月 30 日下午 2 点，地点为第三教学楼四楼会议室，每位选手演讲时间要求在 5 分钟之内，建议脱稿演讲。本次比赛设一等奖 2 名，二等奖 2 名，三等奖 3 名。希望各二级院部切实做好比赛的组织宣传工作，确保大赛顺利举行。

任务 2　通　告

案例赏析

财政部驻云南专员办关于廉政风险防控工作相关事宜的通告

各有关单位：

　　为贯彻落实全国财政廉政风险防控会议精神及《财政部开展廉政风险防控管理工作实施方案》的通知要求，我办特告示如下：

　　感谢各单位长期以来对我办日常工作和各项监督检查工作的理解、支持！按照财政部廉政风险防控自查要求，我们要清理公务员不规范行为。为建立防控长效机制，从即日起

我办工作人员将拒绝有关单位的礼金、有价证券和支付凭证等。如发生拒绝不了的要就地上缴中纪委廉政专户。为此，请给予配合、支持，并对我办在执行党风廉政建设各方面的工作进行全面监督。

特此通告。

财政部驻云南专员办
××××年××月××日

这份通告结构完整，格式规范。标题采用完全式，由发文机关名称、事由和文种三要素组成。通告的发布范围广泛，大多不写主送机关，本例文标明了主送机关。正文主要由两部分组成，第一部分写明通告的目的和根据，随后用"我办特告示如下"过渡下文；第二部分是通告的重点，写明通告的具体事项；最后以"特此通告"作结。

知识平台

一、通告的概念

通告是国家机关、社会团体、企事业单位在一定范围内公布应当遵守或者周知的事项时所使用的公文。

通告是使用频率较高的一种告知性公文。它的传达方式、告知途径较灵活，可以通过一般公文的运行渠道行文，也可以通过新闻媒体传达，还可以张贴公布。通告所公布的是应当遵守或周知的事项，因此在实际运用中应注意行文的必要性。

二、通告的特点

1. 法规性

通告常用来颁布地方性的法规，这些法规一经颁布，特定范围内的部门、单位和民众都必须遵守、执行。如《××省无线电管理委员会办公室关于清理整顿无线电通信秩序的通告》，其中对有关事宜作了八条规定；《××市人民政府关于坚决清理非法占道经营的通告》，其中对改善交通秩序和市容环境作了五条规定。

2. 告知性

通告的内容，要求一定范围内的人们或特定的人群普遍知晓，以使他们了解有关政策法令，遵守某些规定事项，共同维护社会公务管理秩序。如《北京市通信公司通告》，其中就是将进行新发地电话局传输设备改造和西单电话局光缆割接工程的情况告知客户。

3. 行业性

部分通告具有鲜明的行业性，如税务局关于征税的通告，机动车管理部门关于机动车辆年度检验的通告，银行关于发行新版人民币的通告，房产管理局关于对商品房销售面积进行检查的通告等，都是针对其所负责的那一部分的业务或技术事务发出的通告。因此，通告行文中要时常引用本行业的法规、规章，难免使用行业术语。

三、通告的种类

根据法规性的强弱不同，通告分为两种：

1. 法规性通告

主要用来发布在特定范围内严格遵守执行的规定或要求，具有较强的权威性和约束力。如《××人民政府关于加强食品安全管理的通告》。

2. 知照性通告

主要用来公布在一定范围内需要知晓的事项，权威性和约束力不强。如《平武县人民政府关于开展麻疹强化免疫的通告》。

四、通告的格式和写作内容

通告的主体一般由标题、正文、落款组成。有时在标题下标明发文字号或顺序编号。

1. 标题

通告的标题形式视告知方式或途径而定，主要有两种形式：

（1）完全式标题。即标题由发文机关、事由和文种组成。这种形式的标题适用于对外张贴或新闻媒体刊载、播发。如《广州市公安局关于实施摩托车定期强制报废的通告》。

（2）省略式标题。省略发文机关或事由，文种不可省略，这种形式的标题适用于在机关单位内部张贴。如《中华人民共和国公安部通告》。

值得注意的是：既张贴又行文下发的通告，应使用完全式的规范标题，同时在标题下注明发文字号。

2. 正文

通告的发布范围广泛，大多不写主送机关。通告正文的基本结构是：开头＋主体＋结尾。

（1）开头。通告的缘由，要写明发布通告的原因、目的、依据和意义，要求写得简要，能明确提供发布本通告的法律、法规或政策依据，明确行文目的并提供必要的情况说明。可用"为了""根据"等表明目的或根据的词语开头，然后以"特作如下通告"或"现通告如下"过渡下文。

（2）主体。通告事项，应明确具体、条理清晰、表达准确。通告事项内容简短时可以不分段落；内容丰富的通告，应采用条款式写法，分条列项表达。

（3）结尾。通告的结尾视具体情况而定，常见的通告结尾有三种形式：

①提出实施本通告的希望和要求。即用简明的文字说明实施通告事项的要求或希望，以引起受文单位对所发通告的重视。

②采用习惯用语。如以"特此通告""此告"结尾。正文简短的，惯用语不另起行，惯用语单独占行时，需要标句号。

③补充说明本通告经批准及公布实施的日期等。

3. 落款

通告正文右下方署发文机关名称，标注具体的成文日期，并加盖发文机关印章。

五、写作注意事项

（1）符合政策法规。通告的事项，应符合法律、法令和有关政策规定，不能违反法律政策。如"某房地产公司发出的关于回迁户在期限内办理手续的通告"中,视逾期没办理手续的回迁户为自动弃权,将按原住宅面积安置。这就不符合有关政策规定。要符合法律政策,关键是起草人要熟悉法律政策。

(2) 发文目的明确。为便于正确理解,发布通告的目的或原因一般要在缘由部分扼要交代清楚,让人一看就明白通告的目的及缘由。不写缘由部分是不规范的。

(3) 发布及时,有针对性。对危害国家安全、有损人民群众利益的事情,应及时发布通告进行制止或禁止,以免造成重大损失。对一些影响人民生活、工作的事情,如停水停电、道路维修、交通管制以及需要办理的事项等,也应尽早告知,以便提前做好准备。

(4) 避免滥用通告。尽管各级机关、企事业单位、社会团体均可以使用通告,但通告内容是公布性的,它有别于向下级机关发文的"通知"。通告又是向社会各有关方面公开发布应当遵守或周知的事项,因而它也有别于广而告之的"广告"和"启事"。

(5) 语言要通俗简洁。通告是周知性公文,一般以张贴或登报的方式发布,使社会有关人员知晓其内容,因此语言必须通俗、简明,篇幅不宜过长,以便于张贴和阅读。

知识拓展

● 知识卡片

通告与公告虽然都是告知性的公文,但两者存在一些不同之处。一是使用权限不同:公告通常是党和国家高级领导机关宣布某些重大事项时才用,新华社、司法机关以及其他一些政府部门也可以根据授权使用公告;而通告则适用于各级行政机关和企事业单位。二是内容属性不同:公告用于"向国内外宣布重要事项或者法定事项",兼有消息性和知照性的特点;通告的内容是"在一定范围内应当遵守或周知的事项",具有鲜明的执行性和知照性。三是告知的范围不同:公告面向国内外的广大读者、听众,告知面广;通告的告知面相对较窄,只是面向"一定范围内"的有关单位和人员。四是使用频率不同:公告因宣布重要事项或法定事项,一般不轻易使用,一旦使用,说明事项较重要,较庄重;通告因公布内容不仅知晓,还在于广大群众应该遵守,不少行政机关、单位都可以用,因此通告的使用频率比公告高。

● 逸闻趣事

我国秘书工作的起源

自黄帝时代开始的我国部落联盟的昌盛时期,文书工作产生的两个社会基础都已经具备,所以,这一时期应当是我国文书工作的起源时期。从古籍记载和考古成果来看,也可得到印证。

我国部落联盟昌盛时期自黄帝时代至夏朝建国,历约 400 年。据古籍记载,黄帝除了设置六相以外,还设置了史官,陪侍于黄帝左右,记录言行,汇编成册,以备忘、信守。这就是我国最早的秘书人员。"史官"这一名称始见于商,黄帝设史官,可能是后人将当时的官名套用于黄帝时期。但是，它说明黄帝时代已有了类似于后代史官那样的秘书人员。史官的出现，是秘书工作起源的标志。

黄帝以后，部落联盟继续发展，公共管理事务越发繁忙，古籍中有关秘书活动的记载也日益增多。据古籍记载，尧在位时，曾于庭前设置"进善旌"（一面旗帜），让百姓站在旗下，向他提出对政事的建议、评论。一时，进善言治理天下者甚众。尧又根据舜的建议，命舜在土阶前树立了一根木柱，让百姓在上面书写意见、指出自己的过失，以修明政治，称为"诽谤之木"。由于此木是舜受命而立的，舜又名重华，所以又称华表。舜继位后，天天去进善旌下、诽谤木前，倾听和阅读百姓的意见，使他能了解下情，便于清除社会弊端。民众欲反映情况、建言陈事，只需击几下敢谏之鼓，他就出来接见，听取意见。这进善旌、华表木、敢谏之鼓，当是我国官方信访活动的源头。

部落联盟昌盛时期的秘书人员有：史官——记录部落联盟首领言行，并接受咨询的人员；纳言——调查研究，上通下达，宣布首领命令的官员。古籍记载中的文献有：典——记录部落联盟首领言行的上古文书。

由此，可知我国文书工作起源于部落联盟昌盛时期，即黄帝至禹时期，距今约4500年至4100年。

任务实训

一、选择题

1. 《关于查禁赌博的通告》应具备（　　）。
   A. 被动性
   B. 教育性，以引起人们注意和警觉
   C. 时效性
   D. 知照性，用于公布人们需要周知的事项

2、下列标题正确的有（　　）。
   A. 广州市公安局关于龙舟赛期间交通管制的通告
   B. 国土资源部关于严禁非农业建设违法占用基本农田的通告
   C. 关于对西藏八一至米林通县油路项目有关单位进行处罚的通告
   D. 关于长沙地区电话号码启用八位制的通告

二、请指出这份通告存在的问题，并加以改正

××市自来水公司通告

尊敬的用户：

因检修管道，从5月20日上午9点至21日凌晨1点，城南××片区暂停供水，请该地区用户提前做好蓄水准备。

特此公告。

××市自来水公司（公章）
××××年××月××日

三、写作实践

近一段时间以来，××公司经常有外来车辆和闲杂人员随意出入，给公司带来很大的安全隐患。为规范门禁制度，提升管理实效，创造有序的交通秩序和良好的治安环境，公司经研究决定，发布如下通告：严格落实车辆凭证入厂和人员打卡出入厂制度，严控外来车辆和闲杂人员入厂。请你代公司办公室秘书刘荣草拟这份通告。

任务3　通　报

案例赏析

国务院办公厅关于对国务院第五次大督查
发现的典型经验做法给予表扬的通报
国办发〔2018〕108号

各省、自治区、直辖市人民政府，国务院各部委、各直属机构：

　　为进一步推动党中央、国务院重大决策部署贯彻落实，国务院部署开展了第五次大督查。从督查情况看，各地区、各部门在以习近平同志为核心的党中央坚强领导下，以习近平新时代中国特色社会主义思想为指导，全面贯彻党的十九大和十九届二中、三中全会精神，认真落实中央经济工作会议部署和《政府工作报告》提出的任务要求，迎难而上，真抓实干，扎实做好稳增长、促改革、调结构、惠民生、防风险各项工作，实现了经济社会持续健康发展。实地督查发现，一些地方在打好三大攻坚战和实施乡村振兴战略、深化"放管服"改革、推进创新驱动发展、持续扩大内需、推进高水平开放、保障和改善民生等方面，锐意改革，勇于创新，在实践中创造和形成了一批好的经验做法。

　　为表扬先进，树立典型，进一步激励各地区、各部门担当作为、狠抓政策见效，推动形成改革创新、干事创业的生动局面，经国务院同意，对北京市大力推进外国人来华工作许可制度改革等130项地方典型经验做法予以通报表扬。希望受到表扬的地方珍惜荣誉，再接再厉，充分发挥模范表率作用，取得新的更大成绩。

　　各地区、各部门要坚决贯彻落实党中央、国务院决策部署，坚持稳中求进工作总基调，坚持新发展理念，坚持以供给侧结构性改革为主线，坚定不移推动高质量发展，加大改革开放力度，认真学习借鉴典型经验做法，结合实际探索创新，改进作风，狠抓落实，以钉钉子精神做实做细做好各项工作，确保完成全年经济社会发展主要目标任务，为决胜全面建成小康社会、夺取新时代中国特色社会主义伟大胜利作出新的更大贡献。

　　附件：国务院第五次大督查发现的典型经验做法（共130项）

国务院办公厅
2018年11月19日

这是一份表彰性通报。此通报格式规范，结构完整，思路清晰。其正文遵循"叙述事实→评价事实→提出希望和要求"的思路行文。叙述事实部分引用具体事例，不仅使通报内容显得真实可信，而且为评述部分提供了事实依据，增强了说服力，随之提出希望和要求，起到了教育和警醒的作用。

知识平台

一、通报的概念

通报是用于表彰先进、批评错误、传达重要精神和告知重要情况的下行文。其使用范围很广，各级党政机关和单位都可以使用。

二、通报的特点

1. 典型性

无论是表扬、批评还是通报情况，都是从特定内容、特定对象出发的，具有典型性。

2. 教育性

通报的目的是利用典型事例及情况，交流信息告知公众，起到教育、警醒、告诫的作用。

3. 真实性

通报中的事例都是真实的，且具有客观性。

三、通报的种类

根据通报的内容，可以将通报分为三种：

1. 表彰性通报

用于表扬好人好事，其目的是树立典型、推广经验，如《国务院关于表彰全国"两基"工作先进地区的通报》。

2. 批评性通报

用于通报违法乱纪人员或单位，其目的是揭露问题、批评错误、吸取教训、告诫警示，如《陕西省人民政府办公厅关于对省林业厅违反政府新闻发布制度问题的通报》。

3. 情况通报

用于传达上级的重要精神和告知重要情况，其目的是沟通信息、统一认识、明确形势、指导工作，如《国务院办公厅关于违规修建办公楼等楼堂馆所案件调查处理情况的通报》。

四、通报的格式和写作内容

通报一般由标题、主送机关、正文、落款等组成。

1. 标题

通报的标题由发文机关名称、事由和文种组成。表彰性通报可以在事由前加"表彰"或"授予"词眼，如《××市人民政府关于表彰××市青少年科技创新奖获奖者的通报》《××学院关于授予××同学拾金不昧荣誉称号的通报》。表彰性通报的事由可以是先进的个人、单位或集体，也可以是先进的事迹或典型的经验。批评性通报的事由可用"擅自

×××""给予×××处分"等句式，事由前避免用"批评"，如《国务院办公厅关于××省××市××县擅自组织中小学生参加迎送活动的通报》。情况通报的事由可用"情况"，如《国务院安委会办公室关于近期火灾事故情况的通报》。

2. 主送机关

通报的主送机关即隶属于发文机关的下级机关。

3. 正文

不同类型通报正文内容具有很大的差异性，但其正文结构与写法大致相同。

通报正文的一般由开头、主体和结尾组成。

（1）开头。发文缘由，阐明发文的意义、根据和背景等。

（2）主体。通报的事实及对事实的分析和认定。通报事实可写表彰事迹，可写错误事实或事故经过，可写重要精神或情况，这是正文的主体。通报的目的是为了告知事实，以便指导人们怎样去做，因此通报的事实要详写。通报的分析不在于长，而在于自然中肯，鲜明简洁，具有说服力。通报的决定，是指对表彰先进或批评错误作出嘉奖或惩处的决定措施。表彰通报与批评通报均须运用决定形式表达上级机关意见，而情况通报一般无决定内容，所以不需设置决定部分。

（3）结尾。结尾内容一般是发出希望和要求。

4. 附件

部分通报有附件，写法与其他文件相同。

5. 落款

正文的右下方属发文机关名称、标注成文日期，并加盖发文机关印章。

五、写作注意事项

（1）材料要真实、典型，并具有针对性。

（2）叙述要准确，评价要中肯。

（3）编发要及时，避免失去通报的价值。

（4）语言需简洁、庄重，注意用语分寸。

知识拓展

● 逸闻趣事

在现实生活中，我们时常听到或见到诸如"在上级领导正确领导下""贯彻某某通知的通知"等"讲话八股""公文八股"。见多了，听惯了，也就习以为常了。难道真的是这样吗？不见得。

先来看一则古代有关"公文八股"的小故事。明洪武年间，刑部主事茹太素上言奏事，"陈时务累万言"。朱元璋听着这篇万字长文，到了六千多字居然未入正题，便勃然大怒，命人将茹拉上殿来，痛打一顿。打完板子之后，夜里再审奏章，发现茹太素上奏的五件事情中，倒有四件是可行的。后来，朱元璋对茹太素及其他大臣说，这篇奏章中只有500来字是言之有物的，以后写公文都应该吸取这个教训，"许陈实事，不许繁文"。

再来看一则现代某个地方领导"发言八股"的小故事。笔者熟识的某个县领导，在当地被戏称为"某大吹"。凡县里召开的各种会议，只要他一讲话，必是"三段式"：先国际，再国内，最后才讲到县内。最初，县里干部也没觉得有什么不妥，可后来听得次数多了，大家都感到特别累。有一次，县里召开县乡干部大会，他刚把会议的主题引入国际，下面就有位乡镇干部眯着眼进入了梦乡。当他发出很响的鼾声时，旁边另外一位乡镇干部捣了他一下，这位老兄猛地一惊，大声地问：讲到国内了？而这时台上的那位领导刚好脱口而出：下面我来说一下国内。会场哄堂大笑。

故事虽小，但主题很大。上述两则小故事透出这样一个信息：我们在与人交往的过程中，一定要杜绝空话、套话、大话，要让我们的每一句话都精炼且具有文采。当今，我们正处在一个经济全球化的时代，我们的政府正在从传统的经济管理型政府向现代的公共服务型政府转变，许多官员将越来越多地面对媒体和公众，如何来说话，不仅代表政府的形象，也代表一个地方的形象，再往深里说，这还涉及一个执政能力的问题。如此看来，"公文八股"和"公文讲话"可以休矣！

任务实训

一、不定项选择题

1. 通报与通知的主要区别在于通报（   ）。
   A. 适用范围窄一些   B. 用途多   C. 使用频率高   D. 适用范围广

2. 通报的主体（即主要内容）通常由（   ）构成。
   A. 形势   B. 情况   C. 分析   D. 号召

3. 下列关于通报的判断错误的是（   ）。
   A. 通报的受文单位一般用泛称，有时也可不写
   B. 通报是下行文，只能指上级单位发给下级单位
   C. 通报起到表彰、惩戒、指导和宣传教育的作用
   D. 批评性通报的发布是为了批评那个犯错误的单位

4. 下列不属于通报正文内容的是（   ）。
   A. 当事人概括   B. 主要事实
   C. 事实评析   D. 决定要求

5. 通报的作用之一是（   ）。
   A. 向上级机关反映情况   B. 表彰先进
   C. 请求批准   D. 联系事务

6. 撰写通报要求做到（   ）。
   A. 使用说明和议论的表达方式   B. 具有明确的政策依据和法律依据
   C. 具有典型性、代表性   D. 材料必须调查研究和反复核实

二、试判断下列事项哪些可以用通报行文

（1）××总公司拟宣传奋不顾身抢救落水儿童的青年工人的事迹。
（2）×厂拟向市工业局汇报本厂遭受火灾的情况。
（3）×市安全办公室拟向各有关单位知照全市安全大检查的情况。
（4）×县县政府拟公布加强机关廉政建设的几条规定。
（5）×市水电局将召开水利建设工作会议，需告知各县、区水电部门事先做好准备。
（6）×县纪委拟批评×局×××等干部玩忽职守、造成国家经济损失的错误。

三、请指出这份通报存在的问题，并加以改正

关于校园内随意张贴问题的批评通报

为了进一步优化育人环境，加强校园管理，维护良好的教育教学秩序，××××年××月××日，××学院对校园进行了例行检查，对学院内随意张贴的各类告示、海报、标语的来源进行了登记。

检查发现，学院第一食堂、第二食堂墙壁上的各类商业性广告、海报、条幅标语等，大多由计算机系学生会、艺术系服装设计专业、后勤处印刷厂三部门所张贴。

开学以来，我院校园内随意张贴现象严重，极大地影响了校园的整体美观，广大师生的反应强烈。计算机系学生会等三部门无视院规，屡禁不止，其做法是错误的，对内对外均造成了不良影响。

根据《××学院校园秩序管理若干规定》第十条"告示、通知、传单、启事、广告、海报、标语等必须张贴在学校设置的布告栏上，不准随处张贴"，确因需要临时设点张贴者，有关单位应在不影响校园观瞻的情况下，自备广告牌和采取临时性措施，用毕及时清理。散发宣传品、印刷品应经过学院宣传部同意。违反上述规定的校内人员，由校管办按有关规定处理直到予以行政处分"，学院决定，对计算机系学生会、艺术系服装设计专业、后勤处印刷厂进行通报批评。

各系、处要吸取教训，认真贯彻院规，协助整治，杜绝校园内随意张贴等不文明行为。

××××年××月××日

四、写作实践

1．下列情况应用哪种公文行文？确定文种后请拟出标题：
（1）××航运局告知在某水域捕鱼的船只避让科学考察船队。
（2）××××总公司向员工通报本季度业务情况。
（3）××公司认为必须迅速告诉员工要节约用水。
（4）××县公安局准备就近期查禁赌博事发文。

2．请你根据以下材料，代衡阳市××区教育局拟写一份通报。

张英同学今年3月4日上午9时许，路过衡阳市蒸湘区建设银行晶珠支行时，捡到一个钱包。她在原地等待许久，却不见失主前来认领，最终决定将钱包交给银行。经银行工

作人员核实,内有 1 万元人民币。当失主王慧沿途找到银行拿到她失而复得的钱包时,感动得热泪盈眶。失主拿出 500 元以表谢意,可张英断然谢绝。失主问及姓名,她说:"我是××学校的学生。"

任务 4 函

案例赏析

● 例文一

关于商请派车运送民工的函

×××省交通厅:

　　为做好今年的春运工作,及时运送在我省工作的外省民工回家过年,我们组织了民工运送专门车队,但由于我们运力不足,车辆不够,估计不能满足民工的要求,特请贵省派出大型客车 20 辆,与我省组成运送民工车队,负责运送贵省在我省工作的民工。

　　妥否?请尽快函复,以便办理有关手续。

××省交通厅
××××年××月××日

　　这是一则商洽函。正文的缘由部分,开门见山,即陈要旨,继而提出要求。文末一句甚高明,不但语言得体,而且暗含催促对方办理的压力。

● 例文二

关于拟录用××××届大中专毕业生的函

省人事厅:

　　根据中共××省委组织部、××省人事厅《关于××年省级机关录用应届高校、中专学校优秀毕业生的通知》规定,我们对拟录用到我厅机关工作的大中专毕业生按规定程序进行了统一考试、面试、体检、政审。经厅党组研究,拟录用大中专毕业生 24 名。现将有关录用审批材料报上,请审批。

　　附件:录用审批材料 24 份

××省安全厅
××××年××月××日

● 例文三

关于批准录用×××等 ××名同志为国家公务员的函

省安全厅:

　　你厅《关于拟录用××××届大中专毕业生的函》(国安政〔××××〕18 号)收悉。

　　根据中共××省委组织部、××省人事厅《关于部分省级机关从××年应届高校、中专毕业生中考试录用国家公务员和机关工作人员的通知》的规定,经考试、考核合格,批准录用×××等××名同志为国家公务员。

　　特此函复。

　　附：录用人员名单

××省人事厅
××××年××月××日

　　例文二和例文三分别是一去一复的请批函和审批函。

　　请批函正文，语态得体，文字简洁，先写发函的背景、依据，继而写做法、态度，最后结语提出请求。附件24份，能够节约正文篇幅，处理得巧妙。

　　审批函正文，先引叙来函，作为复函背景、依据。审批函作为复函重点，依据明确，态度鲜明。文章以"特此函复"作结。行文简练准确，文字语气合乎批准机关身份。"附"字后应加"件"字构成"附件"。

知识平台

一、函的概念

　　函是适用于无隶属关系的机关之间商洽工作、询问和答复问题、请求批准和答复审批事项的公文。

　　函，通常指信件，作为公文法定文种的函，已经远远地超出了一般书信的范畴，不仅用途更为广泛，最重要的是赋予了其法定效力。

　　函作为一种平行文，其适用的范围相当广泛。在行文方向上，不仅可以在平行机关之间行文，而且可以在不相隶属的机关之间行文。在适用的内容方面，它除了主要用于不相隶属机关相互商洽工作、询问和答复问题外，也可以向有关主管部门请求批准事项，向上级机关询问具体事项，还可以用于上级机关答复下级机关的询问或请求批准事项，以及上级机关催办下级机关有关事宜，如要求下级机关函报报表、材料、统计数字等。

二、函的特点

1. 沟通性

函对于不相隶属机关之间相互洽谈工作、询问和答复问题，起着沟通作用，充分显示平行文种的功能，这是其他公文所不具备的特点。

2. 灵活性

不相隶属机关之间，上下级机关之间询问问题也可用函。

3. 单一性

函的主体内容应该具备单一性的特点，一份函只宜写一件事项。

4. 平行性

函是平行公文，一般不具有指挥性、指导性。

三、函的种类

1. 按性质分

函可以分为公函和便函两种。公函用于机关单位正式的公务活动往来；便函则用于日常事务性工作的处理。便函不属于正式公文，没有公文格式要求，甚至可以不要标题，不用发文字号，只需要在尾部署上机关单位名称、成文时间并加盖公章即可。

2. 按发文目的分

函可以分为发函和复函两种。发函即主动提出了公事事项所发出的函；复函则是为回复对方所发出的函。

3. 按内容和用途分

函可以分为告知函、商洽函、询问函、请示批准函、答复函等。告知函，把活动、事项告知对方，或请对方参加；商洽函，请求协商、商洽解决办理事项，如干部商调函，请求帮助支援函；询问函，无隶属关系的上下级机关、平级或不相隶属机关之间询问事项或征求意见；请示批准函，向不相隶属的主管部门请示批准事项，如盖房子征地向土地管理部门请求批准；答复函，机关或单位对来函的回复。

四、函的格式和写作内容

由于函的类别较多，从制作格式到内容表述均有一定灵活机动性。主要介绍规范性公函的结构、内容和写法。公函的结构由标题、主送机关、正文和落款组成。

1. 标题

公函的标题由发文机关名称、事由和文种构成，如《国务院办公厅关于羊毛产销和质量等问题的函》。

2. 主送机关

受文并办理来函事项的机关单位，于文首顶格写明全称或者规范化简称，其后用冒号。函的主送机关决不能是相隶属关系的上级机关或下级机关。

3. 正文

函的正文结构一般由开头、主体、结尾等部分组成。

（1）开头。主要说明发函的缘由。一般要求概括交代发函的目的、根据、原因等内容，然后用"现将有关问题说明如下"或"现将有关事项函复如下"等过渡语转入下文。复函的缘由部分，一般首先引叙来文的标题、发文字号，然后再交代根据，以说明发文的缘由。

（2）主体。这是函的核心内容部分，主要说明致函事项。函的事项部分内容单一，一函一事，行文要直陈其事。无论是商洽工作，询问和答复问题，还是向有关主管部门请求批准事项等，都要用简洁得体的语言把需要告诉对方的问题、意见叙写清楚。如果属于复函，还要注意答复事项的针对性和明确性。

（3）结尾。函的结尾，一般有四种形式：一是用礼貌性语言向对方提出希望，或请对方协助解决某一问题，或请对方及时复函，或请对方提出意见或请主管部门批准等；二是使用惯用语作结，通常根据函询、函告、函商或函复的事项，选择运用不同的结束语。如"特此函询（商）""特此函告""特此函复"等；三是秃尾，即有的函也可以不用结束语。

4. 落款

一般包括署名和成文时间两项内容。在正文右下方标注机关单位名称，写明成文时间，并加盖公章。

五、写作注意事项

（1）要注意行文简洁明确，用语把握分寸。无论是平行机关或者是不相隶属机关间的行文，都要注意语气平和有礼，不要倚势压人或强人所难，也不必逢迎恭维、曲意客套。至于复函，则要注意行文的针对性，答复的明确性。

（2）函也有时效性的问题，特别是复函更应该迅速、及时。像对待其他公文一样，及时处理函件，以保证公务等活动的正常进行。

（3）一函一事，言简意赅。函的事项部分内容单一，行文直陈其事，用简洁得体的语言把需要告诉对方的问题、意见叙写清楚即可。

知识拓展

● 知识卡片

"请批函"与"请示"的区别

"请批函"与"请示"都具有"请求批准"的功能，这样，就容易出现请示与请批函相混淆的情况。在实际应用中，有的使用者不清楚它们的区别，或为了表示对审批机关的尊重，将"请示"代替了"函"。这样，就将作为不相隶属机关的有关主管部门升格为了上级机关。当然，这种做法也就违背了《党政机关公文处理条例》（中办发〔2014〕14号）关于"行文关系根据隶属关系和职权范围确定"的行文规则。

因此在实际使用中，应特别注意发文机关与主送机关的关系，凡需要"请求批准"的，应当看主送机关是上级还是不相隶属机关。是上级的，用请示。是不相隶属机关的，则用函。同时，还需弄清两者之间的具体区别。一是行文方向不同。请批函属于平行文；请示属于上行文。二是行文内容不同。请批函的行文内容仅限于请批具体事项，如发文机关就本单位、本系统无权自行决定的事项，向不隶属机关报批；请示的行文内容一般是比较重大的事项，涉及机关政务、人事、财务、政策等方面的问题，发文机关向具有行政管辖权的上级机关提出请示。三是行文语气不同。请批函因行为对象是不相隶属机关，因此多用商洽、期请语气，结束语常用"请予批准为荷"等；请示作为上行文多用征询语气，常用"拟定""请求"等词语，结束语常用"当否""可否"等来征询上级意见。四是答复的文种不同。答复请批函用复函；答复请示用批复。

● 逸闻趣事

唐代的贴黄制度

在唐代，诏令文书共有册、制、敕三种，其中敕书又分为四种即发日敕、敕旨、论事敕书和敕牒。发布政令的敕书是用黄纸书写的，"天后天授元年，以避讳，改诏为制。今册书用简，制书、慰劳制书、发日敕用黄麻纸，敕旨、论事敕及敕牒用黄藤纸，其敕书颁下诸州用绢。"唐代统治者是以敕书的形式来发布政令的，因此，敕书是唐代最具权威、最重要的下行文书，敕书体现了统治者的意志，在敕书上不应出现错误，否则必将贻误公务，但是失误总是难免的，唐代"秘书人员在拟制敕书时，有写错或谬误之处，必须在错处贴上黄纸，在黄纸上改正"，亦即"敕有更改者，以纸贴黄。"

这里所说的黄纸，是一种经过黄蘖汁浸泡的纸，"由于黄蘖中含有小柏碱，能杀虫防蛀，延长纸的寿命。"这一制度在历代都继续使用，宋人叶梦德在《石林燕语》中说："唐制降敕有所更改，以纸贴之，谓之贴黄。盖敕书用黄纸，则贴者亦黄纸也。"据《唐会要》记载："开元十三年十月，是用黄麻纸写诏，至上元三年闰三月，诏制敕并用黄麻纸。"可知唐代贴黄制度的出现应该是在开元年间以后。"中唐以后，宦官得势。他们为了插手对国家行政事务的管理，行'堂状后贴黄'之制。堂状后贴黄，就是枢密使在政事堂所拟的熟状上贴上小黄纸条，写上对宰相处理方法的意见，作为最后的决定，颁下由宰相执行。"由此，在政府行政体制上，枢密使掌握了最后裁决权，高居于宰相之上，实现了宦官对唐代百官乃至朝政的有效控制，这也是导致唐代宦官为害剧烈的原因之一。在唐代，贴黄的内容不是文摘，而是意为需有所更改或尚未说完的补叙内容。这项制度的发明，很好的减少了公文重制的可能性，同时维护了统治者的尊严。

任务实训

一、选择题

1. 下列情况不属于函使用范围的是（　　）。
   A. 上下级之间询问和答复问题　　B. 不相隶属机关商洽工作
   C. 答复审批事项　　D. 向有关部门请求批准

2. "你单位××××年××月××日来函收悉"，是（　　）函的开头。
   A. 商洽性函　　B. 询问性函
   C. 发函　　D. 复函

3. 下列不属于函的结束语的是（　　）。
   A. 盼复　　B. 此复　　C. 以上情况当否，请批复　　D. 特此函复

4. 从公文处理程序看，函可分为（　　）。
   A. 商洽性函和询问性函　　B. 请示性函和答复性函
   C. 发函和复函　　D. 公函和便函

5. "以上请予支持为盼"这句结尾语，适用于（　　）。
   A. 请示　　B. 报告　　C. 函　　D. 通知

6. "贵公司""贵厂""希予""惠予""见谅""候复"等敬词常用（　　）。
   A. 报告　　B. 通知　　C. 函　　D. 请示

二、请指出这份函存在的问题，并加以改正

北京市××区人民政府致中央、市属有关单位的函

中央、市属有关单位：

目前你们在我区新建、扩建了许多职工宿舍，但不考虑商业网点、学校、托幼和医疗

设施。这样不仅给你们的生活带来困难，也给我们带来许多麻烦。要知道，我区与居民有关的生活服务设施异常紧张，其中商业网点、学校、托幼和医疗等设施的紧张程度更为突出，实在没有能力再承受新的负担。希望你们在新建、扩建职工宿舍时务必把生活服务设施规划进去，否则后果自负。

　　此致

敬礼

北京市××区人民政府
××××年××月××日

三、下面是一则病文，请写出格式规范、具有函的语体特征的修改稿

关于要求报价的函

×××茶厂经理：

　　我们对你厂生产的绿茶很有兴趣，十分想买一批君山毛尖茶。我公司要求不高，只要求该茶叶品质一级，规格为100克一包，望你厂能告诉单价报价和交货日期、结算方式等给我公司。

　　如果价钱合理，且能给予最好的折扣，我们将做到大批量订货。

　　此致

敬礼！

××××副食品公司
××××年××月××日

四、根据下列材料，拟写公函

　　××集团有限公司无法解决公司技术人员进修外语问题，为此向北京外国语大学请求协助解决这一问题。

　　（1）请为公司办公室秘书陈芳拟写这份函。

　　（2）请为北京外国语大学拟一份给××集团有限公司的复函，意见为同意。

任务5　请　示

案例赏析

● **例文一**

宁德市民族中学××年
关于优先发展民族教育自主招生的请示
宁市民校〔××××〕×号

宁德市教育局：

　　为了传承和发展民族中学办学特色，更好地践行习近平总书记给我校题词"发展民族教育，培育民族人才"的精神；为了深化《新时期优秀民族生高中小班化教学模式探究》

课堂教学改革实验，发挥宁德市课堂教学改革实验学校先行先试作用；也为了保证全国民族教育示范校品牌的含金量，巩固和提升教育教学质量。学校拟在明年高中招生时，面向福安市和本校自主招收 50 名品学兼优的初三毕业生，同时面向本市福安以外的 8 县（区、市）招收 30 名品学兼优的少数民族初三毕业生。进一步试行"小班化培优实验班"课堂教学改革实验项目。

特此申报，请领导核准。

妥否，请示复。

附件 1：民族中学优秀生高中小班化实验班自主招生方案一（面向福安）

附件 2：民族中学优秀生高中小班化实验班自主招生方案二（面向 8 县、区）

宁德市民族中学
××××年××月××日

这是一份请求批准的请示。标题由发文机关、事由和文种三要素组成；发文字号由机关代字、年份和序号组成；主送机关单一明确，格式规范；正文说明了请示的理由及请示的具体事项，最后以请示的惯用语"妥否，请示复"结尾；落款处标明了发文机关的名称及具体的成文日期。

● 例文二

关于交通肇事是否给予被害者家属抚恤问题的请示

最高人民法院：

据我省××县人民法院报告，他们对交通肇事致被害人死亡，是否给予被害者家属抚恤的问题，有不同意见。一种意见认为，被害者若是有劳动能力的人，并遗有家属要抚养的，给予抚恤。另一种意见认为，只要不是由被害者自己的过失所引起的死亡事故，不管被害者有无劳动能力，都应酌情给予抚恤，我们同意后一种意见。几年来的实践经验证明，这样做有利于安抚死者家属。

是否妥当，请批复。

××省高级人民法院
××××年××月××日

这是一篇请求指示的请示。正文内容简洁明了，请示事项单一明确。以"据……报告"作行文依据、背景，然后对交通肇事致被害人死亡是否给予其家属抚恤的问题提出两种不同意见，同时表明行文单位的倾向性意见，最后，请求上级单位给予指示。

知识平台

一、请示的概念

请示是下级机关请求上级机关对某一事项或有关问题给予指示或批准的上行公文，体现的是机关或单位之间领导与被领导的关系，与"批复"相对应。当下级机关或单位在工作中出现无法解决的问题或矛盾时，可以请求上级机关或单位给予帮助和支持。请示所请求的事项一般应是自己无权或无力解决的问题。

二、请示的特点

1. 请求性

各机关对自己无权或无法处理的问题，请示上级机关批准。

2. 权限明确性

请示应向直属的上级领导机关或部门报送，而不能向同级机关或不相隶属的机关报送。请示的内容必须是属于本机关职权范围内无权或确实难以处理的问题与事项，不能逾越职权请示不属本机关范围的事项，也不应请示自己经过努力能够解决也有条件解决的问题。

3. 内容单一性

请示应当一文一事，一个问题做一个请示，不能"一文多事"。

4. 行文事前性

请示和报告不同，请示必须事前行文，"报告"则可根据情况，既可在事前，也可以在事后或事中行文。

三、请示的种类

根据内容和性质的不同，请示可以分为以下三类：

1. 请求指示的请示

这类请示一般适用于在工作中碰到某一方针、政策等不明确、不理解的问题或情况，请求上级给予明确的解释和指示，如《北京市人民政府法制办公室关于城市私有房屋拆迁补偿适用法律问题的请示》。

2. 请求批准的请示

这类请示适用于工作中遇到如资金、技术、设备等方面的困难，需要上级帮助解决，或遇到必须上级批准才能办理的事项，如开发新项目、机构设置、调整班子等。

3. 请求批转的请示

本部门制订的有关办法、措施等需要其他部门实施，但本部门没有直接向那些部门行文的权力，只能借助上一级组织的权力来行文，由上级组织来批转，如《哈尔滨市公安局关于请求批转〈加强消防安全管理的规定〉的请示》。

四、请示的格式和写作内容

请示一般由标题、主送机关、正文、落款组成。

1. 标题

请示的标题一般由主送机关名称、事由和文种组成，如《山东省人民政府关于调整青岛市市区行政区划的请示》。值得注意的是，不能将"请示"写成"报告"或"请示报告"，标题中不要重复出现"申请""请求"之类词语。

2. 主送机关

请示的主送机关是具有隶属关系的上级机关，只能写一个，不能多头主送。受双重领导的单位，应根据请示的内容，选择一个上级机关行文，必要时抄送另一上级机关。除上级机关负责人直接交办事项外，不得以本级机关名义向上级机关负责人报送请示，不得以本机关负责人名义向上级机关报送请示。一般不得越级请示，特殊情况需要越级的，应当同时抄送被越过的机关。

3. 正文

请示的正文结构是：开头+主体+结尾，即由请示缘由、请示事项、请示结语三部分组成。其对应的逻辑结构为：请示原因→请示内容→请示要求。

（1）开头。正文的开头部分，需要明确"为什么请示"的问题，要求写明请示的理由、背景和依据，重点说明请示的原因或遇到的问题，说明请示问题解决的必要性和紧迫性，接着以"为此，特请示如下"过渡下文。

（2）主体。正文的核心部分，必须具体、明确地写明请示的具体事项，便于上级机关做出答复。有时，还须提出倾向性意见或切实可行的方案供上级决策参考。在提供意见或方案时，均应表达为"拟"怎么办，而不能表达为"决定"怎么办。

（3）结尾。应另起一段，不同种类的请示，结尾的表达方式不同。请求批准的请示，一般可用"以上请示妥否（或当否），请批示（或请批复、请批准）"；请求指示的请示，一般可用"妥否，请批复"；请求批转的请示，常用"以上请示如无不妥（或如无不当），请批转有关部门执行"。

4. 落款

正文右下方署发文机关名称，标注成文日期，并加盖发文机关印章。

五、写作注意事项

（1）一文一事。请示应当坚持"一文一事"原则，一份请示只能写一件事，不能"一文多事"。因为"一文多事"，牵涉的单位、政策较多，上级机关可能难以回答。

（2）不多头请示。为避免互相推诿，贻误工作，一份请示，只主送一个机关，切忌多头主送。如还须呈送其他上级机关的，不可写入主送机关，应采用抄送形式。如本单位属双重领导，也只能主送一个上级机关，抄送另一个上级机关。请示不可直接呈送领导个人，也不可抄送同级或下级机关。

（3）不越级请示。请示需逐级行文，一般不越级行文，如因特殊情况或紧急事项必须越级请示时，要同时抄送被越过的机关。

（4）不得抄送下级机关。请示是上行公文，行文时不得同时发下级机关，更不能要求下级机关执行上级机关未批准和未批复的事项。

（5）语气宜温和谦恭。请示语气宜温和谦恭，请示用词应采用"请""拟""建议"等，不可生硬武断。有的请示不注重语气，出语强硬，在请示事项开头或结束处采用"我们决定……"等用语，这种做法对工作很不利。

知识拓展

● 知识卡片一

请示与报告都属于报请性的上行文。据考据，请示起始于报告，因此，在相当长的时期内，人们习惯将请示事项写于报告中。直至1957年10月国务院秘书厅发布了《关于对公文名称和体式问题的几点意见》之后，这种请示与报告相混淆的状态才宣告结束。可是在实际应用中，还常常出现报告与请示混淆现象：把请示当报告，如《×××关于增拨办公楼维修资金的报告》；把报告当请示，如《××市贸易局关于百货大楼重大火灾事故的请示》；请示与报告混合型、《××社区关于增设便民早餐的请示报告》。写作时必须区分请示与报告两种不同文体。

● 知识卡片二

加盖印章的注意事项

发文机关印章是证明公文效力的重要表现形式。总的要求是"上不压正文，下骑年盖月"。区别不同情况有以下具体要求：

单一机关制发的公文在落款处不署发文机关名称，只标识成文日期。成文日期右空4字；加盖印章应上距正文1行之内，端正、居中下压成文时间，印章用红色。当印章下弧无文字时，采用下套方式，即仅以下弧压在成文日期上；当印章下弧有文字时，采用中套方式，即印章中心线压在成文日期上。

当联合行文需加盖两个印章时，应将成文日期拉开，左右各空7字；主办机关印章在前；两个印章均压成文日期，印章用红色。只能采用同种加盖印章方式，以保证印章排列整齐。两印章间互不相交或相切，相距不超过3mm。

当联合行文需加盖3个以上印章时，为防止出现空白印章，应将各发文机关名称（可用简称）按加盖印章顺序排列在相应位置，并使印章加盖或套印在其上。主办机关印章在前，每排最多排3个印章，两端不得超出版心；最后一排如余一个或两个印章，均居中排布；印章之间互不相交或相切；在最后一排印章之下右空2字标识成文时间。

当公文排版后所剩空白处不能容下印章位置时，采取调整行距、字距的措施加以解决，务使印章与正文同处一面，不得采取标识"此页无正文"的方法解决。

任务实训

一、不定项选择题

1. 接受请示的机关需对请示事项表明态度或予以明确的指示，因此，请示应具有（　　）。
   A. 针对性　　　　　　B. 强制性
   C. 具体性　　　　　　D. 可行性

2. 关于请示正文的写法，下列理解不正确的是（　　）。
   A. 开头阐述请示的理由要充足，依据要充分，显示出请示事项的可行性

B. 请示起因要强调这是必须办理而本单位又无权处理的事项
C. 请示事项要写具体、明确,便于上级决策、判断
D. 结尾要使用"以上请示当否,请批复"等习惯用语

3. 请示的主送对象可以是（　　）。
A. 有商洽必要的平行机关　　B. 需请求其批准的不相隶属机关
C. 上级业务主管部门　　　　D. 隶属的上级领导机关

4. 适合请示的事项有（　　）。
A. 向上级汇报工作情况,请求上级指导
B. 下级无权解决的问题,请求上级机关作出指示
C. 下级无力解决的问题,请求上级机关帮助解决
D. 按规定不能自行处理,应经上级批准的事项

5. 下列事项中,应该用请示行文的有（　　）。
A. ××县教育局拟行文请求上级拨款修复台风刮毁的学校
B. ××县政府拟行文向上级汇报本县灾情
C. ××市政府拟行文向上级反映农民负担增加的情况
D. ××海关拟行文请求上级明确车辆养路费缴纳标准

6. 请示的下列结语中,正确的有（　　）。
A. 特此请求,请批复　　　　B. 当否？请批准
C. 可否,请批复　　　　　　D. 请审批

7. "请示"适用于向上级机关请求（　　）。
A. 批准　　　B. 指示　　　C. 支持　　　D. 帮助

8. 下列标题中正确的有（　　）。
A. ××分公司关于请求批准开发新产品的报告
B. ××县人民政府关于解决我县高寒山区贫困户移民搬迁经费的请示
C. ××县人民政府关于请求将××风景区列为省级自然保护区的请示报告
D. ××公司关于解决生产用地的请示
E. ××省移民办公室关于对移民区域作适当调整的请示

二、请指出这份请示存在的问题,并加以改正

关于要求批转《××县津贴补贴和绩效工资提标实施方案》的请示

县人民政府：
　　为贯彻落实省委、省政府决定,根据省、市财政、人保部门召开的公务员津贴补贴执行中情况及事业单位实施绩效工资进展情况座谈会议精神,结合我县实际,拟定了《××县津贴补贴和绩效工资提标实施方案》,如无不妥,请批转执行。
　　附件：《××县津贴补贴和绩效工资提标实施方案》

××县财政局
××××年××月××日

三、写作实践

酷暑将至，××集团有限公司办公室欲改善办公环境，用空调代替老化的电扇，所需资金 12 万元。请替秘书李明以公司办公室的名义向集团公司草拟这份请示。

任务 6　报　告

案例赏析

● 例文一

××省人民政府关于××市第三棉花加工厂
特大火灾事故检查处理情况的报告

国务院：

××××年 4 月 21 日，我省××市第三棉花加工厂发生一起特大火灾事故，烧毁皮棉 101 980 担，污染 1396 担；烧毁籽棉 5535 担，污染 72 600 担；烧毁部分棉短绒、房屋、机器等。造成直接经济损失 20 129 000 元，加上付给农民的棉花加价款 3 669 000 元，共损失 23 799 000 元。

火灾发生后，虽然调集了本省和邻省部分地区的消防人员和车辆参加灭火，保住了主要的生产厂房、设备，抢救出部分棉花，但由于该厂领导组织指挥不力，加上风大、垛密，缺乏消防水源，致使火灾蔓延，给国家造成了巨大损失。事故发生后，省委、省政府立即采取紧急措施，派有关部门负责人赶赴现场，协助调查处理这一事故，做好善后工作。经过上下通力合作，该厂于 4 月 30 日正式恢复生产。

从调查核实的情况看，这次火灾是一起重大责任事故，其直接原因是该厂临时工李××违反劳动纪律，擅自扭动籽棉上垛机上的倒顺开关，放出电火花引燃落地棉所致。但这次火灾的发生，领导也负有重大责任。一是长期以来，厂领导无人过问安全工作。从去年棉花收购以来，该厂有记录的火情就有十二次，并因仓储安全搞得不好，消防组织不健全，消防设施失灵等，多次受到通报批评。厂长段××严重丧失事业心和责任感，对火险隐患听之任之，对上级部门的批评置若罔闻，直至得知发生火灾消息后，也没有及时赶到现场组织抢救。因此，厂长段××对这次火灾应负主要责任。分管安全生产工作的副厂长张××，工作不负责任，该厂发生的多次火情，从未研究、采取措施，对造成这次火灾负有重大责任。二是××市委、市政府对该厂的领导班子建设抓得不紧。19××年建厂以来，一直没有成立党的组织，班子涣散，管理混乱。这次火灾发生后，分管财贸工作的副市长×××同志，忙于参加商品展销招待会，直至招待会结束才到火灾现场，严重失职，对火灾蔓延、扩大损失负有重要领导责任。三是这次事故虽然发生在基层，但也反映出省政府、××行署的领导，在经济体制改革的新形势下，对安全生产工作中出现的新情况、新问题认识不足，监督不力。

另外，近几年来，××市棉花生产发展较快，收购量大幅度增加，储存现场、垛距、货位都不符合防火安全规定的要求。再加资金缺乏，编制不足，消防队伍的建设跟不上，消防设施不配套，也给及时扑救、控制火灾带来了困难。

为了认真吸取这次特大火灾的沉痛教训，我们采取了以下措施：

（一）认真学习国务院关于搞好安全生产的有关规定，提高对新形势下搞好安全工作的认识。省政府于五月上旬发出了《关于加强安全生产工作的紧急通知》，要求各级政府、各部门认真学习有关安全工作的规定，牢固树立"安全第一，预防为主"的思想，迅速制订安全措施，建立健全安全生产、安全管理、安全监察等各项制度。××市第三棉花加工厂发生的火灾事故已通报全省。

（二）在全省开展安全生产大检查，及时消除事故隐患。从五月中旬开始，省政府确定由一名副省长负责，组织了四个检查组，到有关地市，对矿山、交通、棉储、化工、食品卫生等行业进行重点检查。各地市也分别组成检查组，进行安全检查。

（三）对××市第三棉花加工厂发生的这起特大火灾事故，省政府责成省供销社、省劳动局、省公安厅会同××地委、行署核实案情，抓紧做好善后工作。××地委、行署几次向省委、省政府写了检查报告，请示处分，并已整顿了企业领导班子，决心接受这次事故的教训。事故的性质和责任已经查明，对肇事者李××已依法逮捕，负有直接责任的厂长段××、副厂长张××依法处理。对××市政府分管财贸工作的副市长×××同志，给予行政撤职处分。

我们一定要在现有人力、物力、技术条件下，尽最大努力做好安全工作，防止此类事故的发生。

以上报告，如有不当，请指正。

××省人民政府（印）

××××年××月××日

这是一份情况报告，主要有三大特点。首先全文内容充实，结构严谨，思路清晰，条理清晰。全篇共10个自然段：1~2两段"陈述情况"；3~4两段"分析原因"；5~9段"提出对策（措施）"，最后一段以"惯用语"作结。其行文思路为：陈述情况—分析原因—提出对策（措施或建议）。其次例文运用了三种表达方式："陈述情况"部分，主要运用了"叙述"方式，其中谈"损失"的一段文字，又兼用"数字说明"法；"分析原因"部分，主要运用了"议论"方式，同时又兼用了"叙述"手法；"提出对策"部分，则以"说明"为主，其中对有关事实的交代，又兼用了"叙述"手法。如此，叙述、议论、说明三种表达方式各司其职，又相互穿插、有机结合，从而让报告的内容得到全面、深入、充分、准确的表达。最后例文的用语简明，言约意丰。

● 例文二

关于对张××同志职称评定问题的答复报告

××市人民政府办公室：

接市办 5 月 20 日查询我单位张××同志有关职称评定情况的通知后，我们立即进行了调查。现将有关情况报告如下：

××同志是我集团公司二分厂工程师。该同志 1962 年起曾在××工学院受过四年函授教育，学习了有关课程。由于"文革"而未能取得学历证明。因缺乏学历证明，在今年上半年职称评定时，根据上级有关文件精神，我单位职称评委会决定暂缓向上一级职称评委会推荐评定他的高级工程师职称，待取得学历证明后补办。该同志认为这是刁难，因而向市政府提出了申诉。

接到市政府办公厅查询通知后，我们专程派人去××工程学院查核有关材料，得到××工学院的支持，正式出具了该同志的学历证明。现在，我集团公司职称评委会已为××同志专门补办了有关评定高级工程师的推荐手续，并向该同志说明了情况。对此，他本人已表示满意。

特此报告。

××集团公司
××××年××月××日

这是一篇写得较好的答复报告。正文开门见山写接到市办查询通知及已进行了调查，这是行文的背景。接着以文种承启语导出主体，写张××一事的缘由、调查和处理的情况，有理有据。报告处理结果，尤其是张××本人对处理结果的态度，是上级最关心也是本文的关键一笔，简洁明白，可令上级满意。

知识平台

一、报告的概念

报告是下级机关对上级进行工作汇报、反映工作情况以及答复上级询问事项时所使用的一种陈述性上行公文。

报告是上行文。对于上级领导机关和领导人来说，报告是了解下情、获取信息的重要渠道，是进行决策、制订方针政策、指导下级工作的重要依据之一；对下级机关来说，报告是向上级及时反映情况，取得上级对工作的支持、指导的重要途径之一。下级机关应该及时向上级领导机关呈送报告。下级机关按照报告制度的要求定期向上级写出报告，也是一种传递政务信息的方式。

二、报告的特点

1. 汇报性

报告的内容主要是汇报工作和反映工作情况，无需上级机关批复。

2. 陈述性

报告是陈述性公文，多以陈述事实为主，旨在取得上级机关对工作的肯定和指导，因此无需使用祈请语气。

3. 具体性

报告以具体的事实与必要的数据为主要内容。报告中所汇报的情况要真实、准确、具体，以叙述为主要表达方式，不能像写文艺作品那样过多描写过程与情节，也不能过多地发表议论，只要把具体事实写清楚即可。

三、报告的种类

根据报告的内容和性质的不同，报告可以分为以下几种：

1. 工作报告

用于向上级汇报工作情况的报告。通常又分综合报告和专题报告。

（1）综合报告。工作告一段落，或工作结束时向上级所作的全面性、总结性的报告，不搞经验提炼，只作客观陈述。如《××公司2013年工作报告》。

（2）专题报告。就某一专项工作向上级机关报告，一般针对重要工作或上级交办的某项工作任务的完成情况而写，相对于综合报告而言，集中体现在一个"专"字，这类报告所占比重较多。如《国家计委、公安部、商业部关于"农转非"政策管理工作分工意见的报告》。

2. 情况报告

用于反映重要情况、重大事故或具有重大倾向的问题的报告。其行文目的是让上级机关了解重大情况是否已经被有关机关妥善处理或涉及重大性质的问题是下级机关不能处理的，迫切需要得到指导。如《××局关于贯彻落实党风廉政建设责任制情况的报告》。

3. 答询报告

用于回答上级询问而写作的报告。属被动行文，须针对上级来文所询问的内容或交办的事项进行答复。如《××人民政府关于治理××河水质污染问题的报告》。

4. 报送报告

下级机关向上级机关报送公文、物件时，随文或随物向上级递送的报告。如《××县人民政府关于报送2012年工作计划的报告》。

四、报告的格式和写作内容

报告的主体结构一般由标题、主送机关、正文、落款等组成。

1. 标题

一般由发文机关名称、事由和文种组成，如《衡阳市2017年政府信息公开年度报告》。

2. 主送机关

报告的主送机关是具有隶属关系的上级机关，通常只有一个主送机关。

3. 正文

报告正文由开头、主体、结尾组成。

(1) 开头。报告缘由。主要说明报告的目的、意义或根据，概括报告的基本内容和基本情况，并用惯用的过渡语"现将×××报告如下"或"现将×××汇报如下"转入报告主体内容。

(2) 主体。报告事项。在不同类型的报告中，事项内容可以有所侧重。工作报告要注意写清开展某项工作的情况，包括主要过程、措施、结果、存在的问题、今后的工作思路及打算等；情况报告要写清事件发生原因、经过、性质、办法及处理意见；答询报告须紧紧围绕上级询问事项，上级问什么就答什么，不要涉及询问以外的问题与情况，其结构顺序为：首先说明上级询问的事项或问题，其次就上级询问的事项或问题写明调查和处理的结果，最后表明态度。报告事项部分基本采用分条列项的行文方式。

(3) 结尾。报告结束语。工作报告和情况报告结束语常用"特此报告"，答复报告常用"专此报告"，报送报告结束语常用"请审阅""请查阅""请查收并审核"。

4. 落款

正文右下方署发文机关名称，标注成文日期，并加盖发文机关印章。

五、写作注意事项

(1) 必须真实，如果失实，上级机关就不能真正了解情况，从而不利于正确决策。

(2) 不能只罗列事实，须突出重点，有主有次，内容以叙述为主，在对情况做必要的分析或提出意见、建议时，也可加以适当的议论。

(3) 不能大事小事、有事无事均向上级报告，但重大情况、重大事故等，要主动及时向上级写出报告。

(4) 报告的主送机关只有一个，需同时报送其他上级机关时，以抄送方式处理。并且一般不得越级主送。

(5) 语气要委婉、谦和，不宜用指令性语言。

知识拓展

● 知识卡片一

在公务活动中，报告是联系上下级工作关系的重要桥梁，它有助于建立和健全上下级之间正常的公务关系，有助于上级部门更全面具体、更准确深入地把握下情、指导工作，对保证工作质量，提高工作效率，有着极为重要的作用。定期或不定期向上级机关汇报工作，现已成为行政工作的一种制度。

● 知识卡片二

请示与报告的区别

(1) 行文时间不同。请示须在事前行文；而报告在事前、事后及事中皆可行文。

（2）行文的目的、作用不同。请示旨在请求上级批准、指示、支持和帮助，需要上级批复；报告旨在向上级汇报工作、反映情况、提出建议、答复上级询问。

（3）主送机关数量不同。请示只写一个主送机关；报告可以有多个主送机关。

（4）写法不同。请示则内容单一，一文一事，侧重于讲原因，陈理由，述事项，体现请求性；报告侧重于概括陈述情况，总结经验教训，表述灵活，体现报告性。

（5）结尾用语不同。请示不能省略结束惯用语，一定要写"妥否，请批示"此类惯用语；报告的结束语一般写"特此报告"，或者省略结束惯用语。

（6）受文机关处理方式不同。请示属办件，收文机关必须及时批复；报告多数是阅件，除需批转建议报告外，上级机关不必行文。

任务实训

一、不定项选择题

1. 报告可用于陈述的事项是（　　）。
   A. 答复上级机关的查询、询问　　B. 向上级提出工作意见或建议
   C. 向上级汇报工作、反映情况　　D. 向下级或有关单位介绍工作情况

2. 下列有关报告特点的说法正确的是（　　）。
   A. 报告是列入党的机关的正式公文　B. 报告和请示不能结合使用
   C. 报告是沟通上下级机关的一种形式　D. 报告一般采用叙述的体裁

3. 下列公文属于上行文的有（　　）。
   A. 报告　　B. 通知　　C. 通报　　D. 请示

4. 工作报告的内容包括（　　）。
   A. 经常性的工作情况
   B. 偶发性的特殊情况
   C. 向上级汇报今后工作的打算
   D. 对上级机关的查问做出答复
   E. 向上级汇报的工作经验

5. 适合作报告结尾的习惯用语有（　　）。
   A. "特此报告"　　　　　　　　B. "以上报告，请批复"
   C. "以上报告，请审示"　　　　D. "请批准"
   E. "如无不妥，请批准"

二、请指出这份报告存在的问题，并加以改正

申请工程拨款的请示报告

尊敬的县医院领导：

您们好！

根据××县人民医院门诊住院处综合楼工程现存的实际情况，工期比较紧，未完工程

量比较大，而且，现在市场上材料费及人工费上涨，为了保证工程在10月15日能如期完工，现存在主要困难就是资金短缺，工程还需要约七百万元工程款，才能确保工程完工。

请求县医院领导给以批复！

××建筑安装工程有限公司
××××年××月××日

三、写作实践

1. ××学院接到省教育厅下达的《关于申报××年度外国文教专家聘请计划的通知》后，拟按通知要求将本院《××年度聘请外国文教专家计划》上报，请为××学院代写此则报告。（注：《××年度聘请外国文教专家计划》作为附件，其具体内容不需撰写）

2. 请合理扩充下面提供的材料，以××分公司的名义向总公司起草一份不超过500字的情况报告。

①××××年6月4日凌晨2时40分，××分公司江南百货大楼发生火灾事故。

②事故后果：未造成人员伤亡，但该大楼二楼商品被全部烧毁，直接经济损失约350万元。

③事故原因：二楼某个体裁缝经二楼经理同意从总闸自接线路，夜间没断电导致电线起火。

④施救情况：事故发生后，分公司领导马上拨打火警，市消防队出动了8辆消防车，直至清晨6点，火灾才被扑灭。

⑤善后工作：分公司经理、副经理多次到现场调查，并对事故进行了认真的善后处理。

拓展篇

写作导读文选

拿起笔来之前

叶圣陶

写文章这一件事，可以说难，也可以说不难。并不是游移不决说两面话，实情是这么样。难不难决定在动笔以前的准备工夫怎么样。准备工夫够了，要写就写，自然合拍，无所谓难。准备工夫一点儿没有，或者有一点儿，可是太不到家了，拿起笔来样样都得从头做起，那当然很难了。

现在就说说准备工夫。

在实际生活里养成精密观察跟仔细认识的习惯，是一种准备工夫。不为写文章，这样的习惯本来也得养成。如果养成了，对于写文章太有用处了。你想，咱们常常写些记叙文章，讲到某些东西，叙述某些事情，不是全都依靠观察跟认识吗？人家说咱们的记叙文章写得好，又正确，又周到。推究到根底，不是因为观察跟认识好才写得好吗？

在实际生活里养成推理下判断都有条有理的习惯，又是一种准备工夫。不为写文章，这样的习惯本来也得养成。如果养成了，对于写文章太有用处了。你想，咱们常常写论说文章，阐明某些道理，表示某些主张，不是全都依靠推理下判断吗？人家说咱们的论说文章写得好，好像一张算草，一个式子一个式子等下去，不由人不信服。推究到根底，不是因为推理下判断好才写得好吗？

推广开来说，所有社会实践全都是写文章的准备工夫。为了写文章才有种种的社会实践，那当然是不通的说法。可是，没有社会实践，有什么可以写的呢？

还有一种准备工夫必须得说一说，就是养成正确的语言习惯。语言本来应该求其正确，非为了写文章才求其正确，不为写文章就可以不正确。而语言跟文章的关系又是非常密切的，即使说成"二而一"，大概也不算夸张。语言是有声无形的文章，文章是有形无声的语言：这样的看法不知大家可以同意吗？既然是这样，语言习惯正确了，写出来的文章必然错不到哪儿去；语言习惯不良，就凭那样的习惯来写文章，文章必然好不了。

什么叫做正确的语言习惯？可以这样说：说出来的正是想要说的，不走样，不违背语言的规律。做到这个地步，语言习惯就差不离了。所谓不走样，就是语言刚好跟心思一致。想心思本来非凭借语言不可，心思想停当了，同时语言也说妥当了，这就是一致。所谓不违背语言规律，就是一切按照约定俗成的办。语言好比通货，通货不能各人发各人的，必须是大家公认的通货才有价值。以上这两层意思虽然分开说，实际上可是一贯的。

想心思凭借的语言必然是约定俗成的语言，决不能是"只此一家"的语言。把心思说出来，必得用约定俗成的语言才能叫人家明白。就怕在学习语言的时候不大认真，自以为这样说合上了约定俗成的说法，不知道必须说成那样才合得上；往后又不加检查，一直误下去，得不到纠正。在这种情形之下，语言不一定跟心思一致了；还不免多少违背了语言的规律。这就叫做语言习惯不良。

从上一段话里，可以知道语言的规律不是什么深奥奇妙的东西；原来就约定俗成的那些个说法，人人熟习，天天应用。一般人并不把什么语言的规律放在心上，他们只是随时运用语言，说出去人家听得明白，依据语言写文章，拿出去人家看得明白。所谓语言的规律，他们不知不觉熟习了。不过，不知不觉的熟习不能保证一定可靠，有时候难免出错误。必须知其然又知其所以然，把握住规律，才可以巩固那些可靠的，纠正那些错误的，永远保持正确的语言习惯。学生要学语言规律的功课，不上学的人最好也学一点，就是这个道理。

现在来说说学一点语言的规律。不妨说得随便些，就说该怎样在这上头注点儿意吧。该注点儿意的有两个方面，一是语汇，二是语法。

人、手、吃、喝、轻、重、快、慢、虽然、但是、这样、那样……全都是语汇。语汇，在心里是意念的单位，在语言里是构成语句的单位。对于语汇，最要紧的自然是了解它的意义。一个语汇的意义，孤立地了解，不如从运用那个语汇的许多例句中去了解来得明确。如果能取近似的语汇来做比较，就更好。譬如"观察"跟"视察"，"效法"跟"效尤"，意义好像差不多；收集许多例句在手边（不一定要记录在纸上，想一想平时自己怎样说的，人家怎样说的，书上怎样写的，也是收集），分别归拢来看，那就不但了解每一个语汇的意义，连各个语汇运用的限度也清楚了。其次，应该清楚地了解两个语汇彼此能不能关联。这当然得就意义上看。由于意义的限制，某些语汇可以跟某些语汇关联，可是决不能跟另外的某些语汇关联。譬如"苹果"可以跟"吃""采""削"关联，可是跟"喝""穿""戴"无论如何联不起来，那是小孩也知道的。但是跟"目标"联得起来的语汇是"做到"还是"达到"，还是两个都成或者两个都不成，就连成人也不免踌躇。尤其在结构繁复的句子里，两个相关的语汇隔得相当远，照顾容易疏忽。那必须掌握语句的脉络，熟习语汇跟语汇意义上的搭配，才可以不出岔子。再次，下一句话跟上一句话连接起来，当然全凭意义，有时候需用专司连接的语汇，有时候不需用。对于那些专司连接的语汇，得个个咬实，绝不乱用。提出假设，才来个"如果"。意义转折，才来个"可是"或者"然而"。准备说原因了，才来个"因为"。准备作结语了，才来个"所以"。还有，说"固然"，该怎样照应，说"不但"，该怎样搭配，如此此类，都得明白。不能说那些个语汇经常用，用惯了，有什么稀罕；要知道唯有把握住规律，才能保证用一百次就一百次不错。

咱们说"吃饭""喝水"，不能说"饭吃""水喝"。意思是我佩服你，就得说"我佩服你"，不能说"你佩服我"；意思是你相信他，就得说"你相信他"，不能说"他相信你"。"吃饭""喝水"合乎咱们的语言习惯；"我佩服你""你相信他"，主宾分明，合乎咱们的本意：这就叫做合乎语法。语法是语句构造的方法。那方法不是由谁规定的，也无非是个约定俗成。对于语法要注点儿意，先得养成剖析句子的习惯。说一句话，必然有个对象，或者说"我"，或者说"北京"，或者说"中华人民共和国"，如果什么对象也没有，话也不用说了。对象以明白说出来的居多；有时因为前面已经说过，或者因为人家能够理会，就略去不说。无论说出来不说出来，要剖析，就必须认清楚说及的对象是什么。单说个对象还不成一句话，还必须对那个对象说些什么。说些什么，那当然千差万别，可是归纳起来只有两类。一类是说那对象怎样，可以举"中华人民共和国成立了"作例子，"成立了"就是说"中华人民共和国"怎样。又一类是说那对象是什么，可以举"中华人民共和国的首都"作例子，"是中华人民共和国的首都"就是说"北京"是什么。在这两个例子中，哪个是对象的部分，哪个是怎样或者是什么的部分容易剖析，好像不值得说似的。但是咱们说话并不老说这么简单的句子，咱们还要说些个繁复的句子。就算是简单的句子吧，有时为了需要，对象的部分，怎样或者是什么的部分，也得说上许多东西才成，如果剖析不来，自己说就说不清楚，听人家说就听不清楚。譬如"以美国为首的帝国主义者侵略朝鲜的行动正在严重地威胁着中国的安全"这句话，咱们必须能够加以剖析，知道这句话说及的对象是"行动""行动"以上，全是说明"行动"的非要不可的东西。这个"行动"怎样呢？这个"行动""威胁着中国的安全"；"正在"说明"威胁"的时间，"严重地"说明"威胁"的程度，也是非要不可的。至于繁复的句子，好像一个用许多套括弧的算式。你必须明白那个算题的全部意义，才写得出那样的一个算式；你必须按照那许多套括弧的关系，才算得出正确的答数。由于排版不方便，这儿不举什么例句，给加上许多套括弧，写成算式的模样了；只希望读者从算式的比喻，理会到剖析繁复的句子十分重要。能够剖析句子，必然连带地知道其他一些道理。譬如，说及的对象一般在句子的前头，可是不一定在前头：这就是一个道理。在"昨晚上我去看老张"这句话里，说及的对象是"我"不是"昨晚上"，在前的"昨晚上"说明"去看"的时间。繁复的句子里往往包含几个分句，除开轻重均等的以外，重点都在后头：这又是一个道理。像"读书人家的子弟熟习笔墨，木匠的儿子会玩斧凿，兵家儿早识刀枪"这句话，是三项均等的，无所谓轻重。像"我们不但善于破坏一个旧世界，我们还将善于建设一个新世界。""宁可将可作小说的材料缩成速写，决不将速写材料拉成小说。""如果我们不学习群众的语言，我们就不能领导群众。"（以上例句是从吕叔湘朱德熙两位先生的《语法修辞讲话》里抄来的，见六月二十日的《人民日报》。）这几句话的重点都在后头，说前头的，就为加强后头的分量。如果径把重点说出，原来在前头的就不用说了。已经说了"我们将善于建设一个新世界"，底下还用说"我们善于破坏一个旧世界"吗？要说也连不上了。知道了以上那些道理，对于说话听话，对于写文章看文章，都是很有用处的。

　　开头说准备工夫，说到养成正确的语言习惯就说了这么一大串。往下文章快要结束了，回到准备工夫上去再说几句。

　　以上说的那些准备工夫全都是属于养成习惯的。习惯总得一点一点地养成。临时来一下，过后就扔了，那养不成习惯，而且临时来一下必然不能到家。平时心粗气浮，对于外界的事物见如不见，闻如不闻，也就说不清所见所闻是什么。有一天忽然为了要写文章，才有意去精密观察一下，仔细认识一下，这样的观察和认识，成就必然有限，必然比不上平时能够精密观察仔细认识的人。写成一篇观察得好认识得好的文章，那根源还在于平时有好习惯，习惯好，才能够把文章的材料处理好。

平时想心思没条没理，牛头不对马嘴的，临到拿起笔来，即使十分审慎，订计划，写大纲，能保证写成论据完足推阐明确的文章吗？

平时对于语汇认不清它的确切意义，对于语法拿不稳它的正确结构，平时说话全是含糊其辞，似是而非，临到拿起笔来，即使竭尽平生之力，还不是跟平时说话半斤八两吗？

所以，要文章写得像个样儿，不该在拿起笔来的时候才问该怎么样，应该在拿起笔来之前多做准备工夫。准备工夫不仅是写作方面纯技术的准备，更重要的是实际生活的准备，不从这儿出发就没有根。急躁是不成的，秘诀是没有的。实际生活充实了，种种习惯养成了，写文章就会像活水那样自然地流了。

作者简介：

叶圣陶（1894—1988），男，原名叶绍钧，字秉臣、圣陶，1894年10月28日生于江苏苏州，现代作家、教育家、文学出版家和社会活动家，有"优秀的语言艺术家"之称。1916年，进上海商务印书馆附设尚公学校执教，推出第一个童话故事《稻草人》。1918年，发表第一篇白话小说《春宴琐谭》。1923年，发表长篇小说《倪焕之》。他还出版过不少诗集、评论集和论著，编辑过几十种中小学语文教科书。新中国成立后致力于文化教育的领导工作，先后出任教育部副部长、人民教育出版社社长和总编、中华全国文学艺术界联合委员会委员、中国作家协会顾问、中央文史研究馆馆长、中华人民共和国全国政协副主席等职。

《拿起笔来之前》这篇文章，内容丰富，层次清晰，语言朴实，谈的是写文章在动笔之前的准备工夫。本文选自《叶圣陶语文教育论集》下册，教育科学出版社，1980年版。

怎样过语文关

张志公

热望学好语文的几位青年朋友：

《中国青年》编辑部把你们写给编者的信和一些稿子交给我，要我跟大家谈谈信里提出的问题：怎样把语文学好，特别是，怎样提高写作的能力。

从你们的来信可以知道，你们在工作和学习中，越来越深刻地认识了语文这个工具的重要性。为了做好工作，学好科学技术，你们希望把语文学好。这个愿望是正当的。因此我十分愿意把自己一点浅薄的经验介绍出来，尽管这点小经验未必能给你们多少帮助。

先说个小故事。一个高中学生刚刚读了杨朔同志一篇散文《茶花赋》。我问她："都懂了吗？"她说："懂了。"我问："这篇文章写的什么？"她回答："通过对昆明美丽景物的描写，表达作者对祖国的热爱。"我再问她，文章里主要写了些什么具体的事情？写了作者一些什么感想？她都能说出来。我要她把文章中"擅长丹青"的"擅长"写一下。我发现，她不会写"擅"字，也不会讲"擅长"是什么意思；并且，由于她不懂这个词的确切的含义，这一句以下的那段文章的意思，她没有体会出来。

请想一想：她原来是否真正把文章读懂了？她这样读文章，能够学好语文，提高写作能力吗？答案是很清楚的。她没有懂。她觉得懂了，实际上只是模模糊糊地懂了个大意，没有逐字逐句地懂透。读了这篇文章之后，原来不会写的字，仍旧不会写，原来不会用的词，仍旧不会用；并且，由于对文章的意思理解得不真切，体会得不深刻，对文章写法的好处自然也就领略不到，更加学不来。

海岩同志的信上说："有的同志说：'写作并不难，平常多看些书就行了。'我看的书也不少，可就是写不好。"好几位同志的来信都有这样的话。我要请同志们自己想一想，平常读书是怎样读的？是不是或多或少地像那个女孩子？如果是，那我就要郑重地说：这就是写作能力提高不快的一个主要原因。

善于写作，需要两个条件：一是思想好，头脑清楚，一是基本功练得好。有了这两条，一定能够写，即使还写不出漂亮的文学作品，至少可以写出能够如实的表达思想、适应工作或学习需要的通顺明白的文章。缺了这两条，无论如何也写不好。

思想好，头脑清楚，要靠丰富的生活实践，革命斗争的实践，政治理论的学习，科学知识的学习。总之，那不单是学语文的事。

基本功是什么呢，就是熟练地掌握语言文字。

首要的是字。认得的字少，或者虽然认的不少，但掌握得不充分，那就无法把文章写好。掌握足够的字，才能正确的写出要用的词，才能写出各种句子。你们的来信，好几封里有错别字。不要以为写错一个字无所谓，它能使整个的句子不通。一位同志的信上说："把我解剖至到每一个细胞，都充满了对祖国的热爱。""至到"是什么意思？另一位的信上说："在写的过程中还应注意哪些问题？怎样删看别人的文章？""删看"是什么意思，这些字写错了，整句话也就让人不懂了。掌握的字少，就意味着掌握的词少，掌握的词少，就是语言贫乏，不够用。请想，语言不够用，能够写好文章吗？

汉字，不是很容易掌握的，非下点工夫不可。头一样，汉字得一个一个地学，一个一个地记，学会一个算一个。读书作文，经常要用的字有五六千个，其中最常用的有三千多个。这个数目很可观，可是打不得折扣。没有充分掌握那三千多最常用的字，读书作文就经常遇到困难和发生错误。数量大是一个问题，用法复杂是另一个问题。一个字表示几个不同的意思，有几种不同的用法，这种例子多得很。就说这个最简单的"一"字吧，《新华字典》就注了八条解释。另一方面，好几个字表示的意思非常相近，而又有区别，非细心分辨不可，这种情形也不少。例如，声，音，响；存，放，置；搁，摆，摺；强，壮，小，细，微。用这种意义相近而有差别的字组成的词，也得细心分辨。例如"加强"和"增强"，两个词有一个"强"字相同，另一个字"增"和"加"意义相近，所以说到信心的时候，增强信心、加强信心都能用，增强信心、加强信心都是对的。可是说到"训练""管理"的时候，用"加强"，不用"增强"；说到"体质"的时候，用"增强"不用"加强"。不注意这种差别，就常常会写出不合习惯或者表达不确切的句子来。

汉字学着费力，但是掌握汉字有了一定的基础，又会有很大的便利。例如，上边举过一个"细"字，如果你知道这个字除去表示"粗细"的细那个意思之外，还表示周密的意思，那就可以更确切的理解和运用"细心""细致""精细"这些词；如果再知道它还表示琐碎、不重要的意思，就又可以更确切地理解和运用"琐细""细节"这些词。这就表示，充分掌握了每个字的意思对于读书读得透，写作写得好，很有帮助。

掌握得不够不行，掌握得好，大有用处。所以说，字是学好语文，提高写作能力的第一关。

其次是句。必须熟悉各种句子的构造和用处。要非常熟悉，熟悉到一张口、一下笔就能造出完整通顺的句子，并且能灵活地运用各式各样的句子来表达自己的意思。你们的来信中有不通的句子。前边举的有"至到"的那个句子就有毛病——"都充满了……"，没有头。谁（或者什么）都充满了？这是个结构残缺的句子，意思不明白。另一位同志的信上说："不能设想，如果一个师范生将来毕业后，既没有一定的文学修养，写作技巧，又没有生动、完满、确切的表达能力，只有一些死硬的概念和理论，要想完满的完成教学任务，那是绝不可能的。"这个七十四个字的长句子毛病很多。"不能设想，……那是绝不可能的。"这个话恐怕跟所要说的意思恰恰相反。原意应该是"不能设想，如果……还能够……"。如果要保留"那是绝不可能的"，就得删去前边的"不能设想"。此外，什么是"生动的表达能力"和"完满的表达能力"？什么是"死硬概念"和"死硬的理论"？都不好懂。不能熟练地运用句子，造的句子不通顺，就无法写出好文章来，因为文章无非是用一句一句的话组成的，句子不通，文章怎么会通呢？

充分地掌握句子也不是一件很容易的事。一个句子的正误优劣决定于四个因素。一是事理，就是说，要看这个句子的意思说得对不对；一是情味，就是说，要看它的语气、色彩合适不合适；一是声音，就是说，要看它念着顺嘴不顺嘴，听着悦耳不悦耳；一是规矩，就是说，要看它合不合大家的共同习惯。在这几个因素之中，事理是最重要的。有位同志的文章里说："有一次他带领了大队人马、干粮去支援水利建设。""干粮"怎么能带领呢？这样说不合事理。另一位同志的文章里说："每天要学习政治理论，已经变成和他不可分的伴侣。"谁和他成了伴侣，是"学习政治理论"，还是"政治理论"？这句话不完整，不合规矩。并且，无论说"学习政治理论成了他的伴侣"，或者说"政治理论成了他的伴侣"，都不恰当，把这些事情说成伴侣是不合事理、不合规矩的。

要自己写的每个句子都合乎事理、合乎规矩、情味对头、声音和谐，就得用心推敲，仔细琢磨：词用得恰当不恰当，虚字眼用得准确不准确，词的位置摆得合适不合适，有没有不可省而省了的字，有没有当省而没省的字。

句子是文章的骨干。必须一个一个的句子都通顺，明白，全篇文章才能通顺，明白。一篇文章有上若干不通的句子，无论如何不会是一篇好文章。另一方面，只要把句子掌握好了，句句都通，意思、情味、声音都好，希望一篇文章做到语言流畅，并不是一件难事。

再其次是篇章结构。篇章结构就是说话的条理，说话的条理反映思考的步骤。想事情想得清楚理出了头绪，说话就能顺理成章、有条不紊，写下来就成为层次清楚、结构严密的文章。掌握篇章结构也不是很容易的。你们的来信在这方面的毛病就不少。有的把话说得颠倒重复，整篇说了几点意思，眉目很不清楚；有的前一段说了这么一个意思，下一段又说了那么一个意思，中间毫无联系。篇章结构掌握不好，也写不好文章。

学字，学句，学篇章，这就是写文章的基本功。基本功练好了，就为写作打下了坚实的基础，基本功练不好，肯定写不出好文章来。所以，字，句，篇章，可以说是学写文章的三道关口。你们感到自己的写作能力不够，依我看，主要原因就在没有闯过这三关。从来信看，你们对于这一点是认识不足的。好些封来信要求编辑部介绍写作的方法，讲讲写作的技巧。我认为这是舍本逐末。思想好，头脑清楚，基本功好，方法技巧是容易学的；否则，讲多少方法技巧也是徒然。比如打篮球，如果跳不高，跑不快，投篮不准，运球不稳，传递不灵敏，怎么讲究方法技巧也打不好。比如唱戏，如果嗓子没练好，台步没走稳，武功没练熟，再讲方法技巧也唱不成一出好戏。忽视基本功，学任何技能都学不好，学写作也不例外。

字，句，篇章，这三关怎么过法？只有两条笨方法，没有什么窍门。一条是认真地读，一条是好好地练。二者缺一不可，而前者是基础。

学字，从哪里学？当然不能念字典，只有从所读的文章里学。学句，从哪里学？当然也不能背诵语法书，只有从所读的文章里学。学篇章，从哪里学？当然也不能背诵讲写作方法的书，也只有从所读的文章里学。这里要回到开头讲的那个故事了。如果读书都像那个女孩子那样读法，读来读去也不能提高写作能力。因此，为了学好语文，提高写作能力，在基本功还没练好，三关还没过的时候，必须选定一些文章，认真地读，细细地读，一个字都不放过，一句话都不马虎。一定要做到透彻地理解，确确实实、毫不含糊地理解字面的意思，还要尽可能充分地理解字句里边含蓄的意思，以及文章前前后后的联系照应，结构层次。读一遍不行，再读一遍，该查的查，该问的问，不读透了决不罢休。读透了，读熟了，该记住的东西就得记住，该学着用的词和句子就要自己写一写，用一用。总之，一定要把这篇文章嚼烂了，吃下去，消化了，变成自己的。这样做，不免艰苦些，然而不吃这点苦是不行的。

要时常练习写。要写，就得严肃认真的写。起了稿，誊写清楚，逐字逐句地推敲琢磨，看看有没有哪个字用错写错了，有哪个句子不通了，哪一段跟前后不连贯了，哪些话说得不恰当了，细细改一遍，再誊写清楚，放起来。过上一些时候，再拿出来看看，这时一定又会发现问题。再改，再誊。这样反复几次。在这中间一定会不断有所提高，逐渐发现自己写作上的缺点，逐渐认识并且巩固学习中的所得。也可以这样办：工作、学习、生活中有什么需要写的事情了，例如，需要写个报告，或者需要给家里写封信，马上写好，作为底稿，另抄一份发出去，然后把底稿当作一篇作文，照上边说的办法，仔细推敲，反复修改。这样做，也不免艰苦些，然而吃吃这样的苦头也是必要的。

"语言这东西，不是随便可以学好的，非下苦工不可。"这是毛主席教导我们的。这句话，我相信你们每一位都会背。可是，是否切切实实地这样做了呢？做得够不够呢？请容许我坦率说一句：从来信看，你们有好些位是做得不够的。不说别的，单那写字一项来看，你们就没下苦工去练。好几位的信写得很潦草，看起来非常吃力。有位同志信末署名之中有个字，又像"珍"，又像"玲"，我看了好半天到底也没看清楚。字一定要练。可以练练毛笔字，也可以就用钢笔练。不求练得多么好，更不求成家成体，只要写得整整齐齐、清清楚楚就行。写字写的草一点，可以，但是一定要合乎一般草字的习惯写法，不能任意挥洒，让人不认识。我不知道你们有没有背文章的习惯。一定要背些。古今中外，善于写作的人，没有一个不是肚子装着几百篇好文章的。并不是背熟了好去模仿抄袭，而是背熟了才能吸收消化，把别人文章里的好处变成自己的。只有这样才能丰富自己的语言，纯化自己的语言，一旦写作，提起笔来才能得心应手，运用自如。要有做笔记、札记，以至抄书的习惯。要注意工人农民口头上说的一些生动优美的话，听见精彩的东西，就把它记下来。记日记是个很好的办法。书桌上一定要摆一本字典，不论读书作文，随时翻翻它，请教它，决不偷懒。……一句话，必须下点笨工夫，苦工夫。如果你希望找个窍门，这就是窍门。

也许你们会说："这太难了！"我说，不难。这是最容易的办法，完全操之与己，下决心就能生效的办法。只要你肯这样做，半年有半年的效果，一年又一年的效果，坚持下去，保证达到目的，如果不肯，写作就真的成了件难事，再搞个三年五载，还是不行。

再见，亲爱的朋友！信里有些话说的不大客气，相信你们不会责备我这种由于真挚热诚而产生的某些粗鲁。有说得不对的地方，希望告诉我，帮助我改正。祝你们学习进步，身体健康！

张志公
一九六二年十一月二十日

作者简介：

张志公（1918—1997），河北南皮人：著名教育家，语言学家，编审。中国民主促进会会员。1945年毕业于金陵大学外语系；曾任高等学校教师，课程教材研究所学术委员会主任，北京外国语学院讲座教授。建国后，历任《语文学习》月刊主编，人民教育出版社编辑室主任、副总编辑。是第六、七届全国政协常委，中国民主促进会中央执行局委员，中国语言学会常务理事，北京语言学会会长，中国外语教学研究会名誉理事。著有《传统语文教育初探》《语文教学论集》《汉语语法常识》《修辞概要》等。本文选自《张志公文集》第3卷，广东教育出版社，1991年版。

谈修改文章

何其芳

修改是写作的一个重要部分。古今中外，凡是文章写得好的人，大概都在修改上用过功夫。马克思写《资本论》，从计划到草稿部经过了多少年的和多次的修改。《资本论》第一卷写完后，他还要作一次文体上的修饰。他给恩格斯写信说："工作进行得极其快意，因为在经过许多产痛之后，恬静地舐着婴儿，自然感到乐趣。"德文本出第二版，马克思又改了一遍。对法文译本，马克思为了使法国的读者容易了解，又作了许多修改。在文学家方面，托尔斯泰写《战争与和平》，据说改七遍。他们写那样大的作品还改了又改，我们平常写短文章就更应当多加修改了。

普通所说的修改，是在文章写成以后；其实在文章未写以前，对于立意布局的反复推敲，对于写作提纲的再三斟酌，都带有修改的性质。这种下笔以前的"修改"是最要紧不过了，正如盖房子首先要打好图样，作战首先要订好计划一样。要是这第一步功夫没有用够，写起来就常常会写不下去，或者勉强写下去了结果还是要不得。这种事先的构思或写提纲，一般人都是做的，但功夫却不一定都用得够。

中国过去有文不加点的说法，就是说有的人写文章不用涂改一个字。又还有这样一个故事，说有一位文学家在写文章之前，总是把墨磨得很充足，然后钻到被子里去睡，睡了起来就挥笔写成，也是一字不改。这些说法如果是真的，我想一定是他们先就在脑子里修改好了的缘故。

我们现在写文章，倒也用不着一字一句都完全想好才下笔。现在的事物和我们对于事物的看法都比古代复杂，下笔以前多思索，多酝酿，仍常常只能完成一个图样，一个计划，还是需要下笔以后边写边改来充实，来修正，还是需要写完以后根据自己的审查和别人的意见来再三修改，来最后写定。这种写作过程中和全篇写好后的修改，一般人也都是做的，但功夫也不一定都用得够。

怎样才算修改的功夫用够了呢？改过的遍数多还并不就等于改得够。衡量够不够的标准我想有两个：一个是内容正确，一个是读者容易接受。毛主席在《反对党八股》中讲："文章是客观事物的反映，而事物是曲折复杂的，必须反复研究，才能反映恰当；在这里粗心大意，就是不懂得做文章的起码知识。"这是从根本上说明了文章要多改的理由，同时也就指出了修改的目标。客观事物不是一下子就能够认识清楚认识完全，多一次修改就是多一次认识。表达我们的认识的文字也不是一下子就能够选择适当，多一次修改就是多一次选择。能否做到内容完全正确，自然要看我们的思想水平怎样；但如果我们采取谨慎态度去修改，自己多用脑筋，加上向别人请教，对每一个论点每一个看法都不随便放过，也就可以去掉或减少许多内容上的错误。内容正确，就具备了说服读者的基本条件。不过要读者容易接受，也还依靠好的表现形式。还得在布局上，逻辑上，修辞上再花些功夫，才能够使文章的每一句，每一段，一直到全篇，一下子打进读者的脑筋。能否做到表现形式很完美，自然要看我们的写作水平怎样；但如果我们采取替读者着想的态度去修改，总是想着我们所写的一般读者能不能完全了解，会不会相信赞成，是不是感到枯燥沉闷，也就可以去掉或减少许多表现形式的缺点。

一般文章的毛病，根本成问题的大概不外乎观点错误，不合事实，教条主义，空洞无物等项。并不是整篇要不得，而是局部内容或表现形式有缺点，必须加以修改的却相当多。就我所能想到的缺点列举出来，就有这些：

（1）抽象笼统，叙事不具体，说理不分析。

（2）根据不足，就下断语，我要怎样说就怎样说，信不信由你。

（3）强调一点，不加限制，反驳别人，易走极端，没有分寸，不够周密。

（4）大家都知道的事情说得很多，以为只有自己知道别人不知道。

（5）别人不知道的事情说得很少，以为自己知道别人也应该知道。

（6）许多事情或问题，随便放在一起，没有中心，没有层次，逐段读时也还可以，读完以后一片模糊。

（7）写好下句不管上句，写到后面不管前面。

（8）信手写来，离题万里，偏又爱惜，舍不得割弃。

（9）抄书太多，使人昏昏欲睡。

（10）生造词头，乱用术语，疙里疙瘩，词不达意。

（11）没有吸取说话里面的单纯易懂、生动亲切等好处，只剩下说话里面的啰唆重复，马虎破碎等缺点。

（12）没有学到外国语法的精密，却模仿翻译文字造长句子，想把天下的事情一口气说完，一直是逗点到底。

这是我们常写的叙事说理文章中的一些毛病。文艺作品还有别的特殊问题，这里不去说它。我们犯这些毛病，也并不完全由于我们的思想水平写作水平真正就那样低，而常常由于我们花心思花工夫不够，尊重读者体贴读者不够。

内容要正确，表现形式要恰当，都是为了读者。好文章不仅读者容易值得，相信，并且还能够吸引读者，使读者能够得到一种提高，一种愉快。这个境界不易达到，但我们总应该努力把文章写得讲究一点。文章也是一种重要的革命工具，发表出来是要对群众负责的。

因此，从写作以前到写完以后，从内容到形式，凡属可能做到的反复研究，充分修改，都大有必要。我讲这些，并不是说我就做了这样，刚刚相反，正因为我也是粗心大意，不懂得做文章的起码知识，现在有些觉悟，愿从此努力而已。

作者简介：

何其芳（1912年—1977年），原名何永芳，生于重庆万州，现代诗人、散文家、文学评论家。曾任鲁迅艺术学院文学系主任，《新华日报》副社长，中国科学院文学研究所所长等职。

主要作品有：《预言》《夜歌》《刻意集》等。本文选自《何其芳文集》第四卷，人民文学出版社1983年版。

必须努力提高科技写作能力

茅以升

科学的目的在于认识自然，技术的目的是为了改造自然，更好地延续人类的生存和不断提高人类的生活。

为了人类的幸福生存和美好的生活，自古至今的劳动人民，不知费了多少心血，经历了多少艰难困苦，才创造成今天的美好世界。

在有文字历史以前，我们从古代出土文物中即可看到千万年来，千千万万的劳动人民所创造发明的遗迹，其中即有科学技术的萌芽。

可以想见，当时由于没有文字，他们无法将一切成就，代代相传，而只能口传心授和简单图画，更无法在同一时期，将一地的创造发明传递到另一地。这就是说在没有文字以前，虽有雏形图画，但一方面不能在时间上将科学技术的初步成就记录下来；另一方面，在地理上也无法进行交流。可见在今天的世界上所以能够有今天人类的科学技术的繁荣昌盛，不能不归功于千百年来的文字记载，更不能不重视科学技术的写作能力。

文字写作有技巧，正如科学技术有发明一样。同一事实，可有几十种写法，而只有一种是最能感动人的。正如科学技术的进步，需要多种渠道一样。对于科学技术的成就，如果不能用文字表达其思潮与动作，则无法推广，更无法留传后世。

这本书提供了科学技术写作指南，不但能记录传播，而且从写作过程中，还可能产生新思想、新动作，能提高科学技术的水平。希望读者能通过本书的学习，不仅提高写作能力，而且可以从思考过程，获得新的启发，对科学技术上的增加，哪怕是微小的贡献。

我想在此提一个意见，与读者们共同研究。

一件事物的说明或一种思想的表达，除用文字外，还可用语言来说明。如教书、讲演、对话、录音等，都是靠口语来表达意见，交流思想。用语言表达，比用文字，有其特具的优点：（1）从语言的轻重，可以把文章的要旨警句，表达得更清楚；比在文字上加用着重点，或用不同颜色作标志，更简便而有效。（2）语言可有音乐的味道，轻重、疾徐、刚柔，将文字的意义表达得更加鲜明动听。如我国文字有声调，有平仄之别，在讲话发音时，可以利用，引起注意。

口才还需要训练，这是为文字所不及的。有些教师能在规定时间内，将所要讲的教材，统统讲完，不多不少。国际学术会议上发言。也有时间限制，论文再好，如不能按时讲完，也影响到效果。因此，我希望在本书的再版时，补上一章"口才指南"。

一篇文章的用字，当然取其意义，但也要注意其音调，也就是用字遣词，悠扬顿挫。因为看文章时，对字的意义，一望而知，但在听人读时，如果发音的轻重不分，严仄不调，则很难理解。朗读或录音时，更是如此。科学技术名词，在阅读时，其意义自可明了。但在口述或讲授时，则必须将名词重读而其他字从轻。因此在科技写作时，不可不注意声音与文字的关系，语调分明，平仄谐调，使人听于耳，会于心，从不同的音调，不同的轻重中，领会出不同的意义。在用口授科技知识时，还有普通话与乡土之音的问题，也就是说，在我国各地作科技报告时，必须用"普通话"，以便普及而免误解。因此。科技写作，除要求写好文章之外．还要达到能读能听，这也是科技写作技巧问题，不能忽视。

作者简介：

茅以升（1896年—1989年），字唐臣，江苏镇江人。土木工程学家、桥梁专家、工程教育家，中国科学院院士，美国工程院院士，中央研究院院士。

茅以升主持中国铁道科学研究院工作30余年，为铁道科学技术进步做出了卓越的贡献。他是积极倡导土力学学科在工程中应用的开拓者。茅以升曾主持修建了中国人自己设计并建造的第一座现代化大型桥梁——钱塘江大桥，成为中国铁路桥梁史上的一块里程碑；新中国成立后，他又参与设计了武汉长江大桥。晚年，他编写了《中国桥梁史》《中国的古桥和新桥》等书籍。本文是著名科学家茅以升为李孝才、耿伯华编译的《科技写作指南》一书所写的序言，发表于《写作》杂志1984年第5期。

参考文献

[1] 杨雯，高萍. 文书工作与档案管理［M］. 北京：教育科学出版社，2013.
[2] 卢如华. 新编秘书写作［M］. 北京：高等教育出版社，2007.
[3] 张家平. 秘书实用写作［M］. 北京：教育科学出版社，2013.
[4] 郭冬. 文秘写作实训教程［M］. 北京：高等教育出版社，2005.
[5] 张健. 应用写作［M］. 北京：高等教育出版社，2005.
[6] 叶坤妮. 新编实用文体写作教程［M］. 湖南：中南大学出版社，2006.
[7] 张德实. 应用写作［M］. 北京：高等教育出版社，2001.
[8] 裴显生，王殿宋. 应用写作［M］. 北京：高等教育出版社，1999.
[9] 杨文丰. 应用写作［M］. 北京：中国人民大学出版社，2003.
[10] 朱悦雄. 新应用文写作［M］. 广州：广东高等教育出版社，2000.
[11] 张浩. 新编办公室文秘写作大全［M］. 北京：光明日报出版社，2000.
[12] 程学兰. 大学实用写作［M］. 武汉：武汉大学出版社，2002.
[13] 李光. 应用文写作实训教程［M］. 北京：科学出版社，2004.
[14] 刘爱英，安文军. 写作学教程［M］. 北京：中国农业出版社，2002.
[15] 杨广泉，王瑞玲. 应用写作［M］. 北京：中国经济科学出版社，2006.
[16] 王春泉，孙硕. 应用文写作范例大全［M］. 西安：三秦出版社，2004.
[17] 刘葆金. 经济应用文写作［M］. 南京：东南大学出版社，2003.
[18] 竹潜民. 应用写作案例实训教程［M］. 杭州：浙江大学出版社，2004.
[19] 陈才俊. 现代公文写作［M］. 广州：华南理工大学出版社，2003.
[20] 王景丹. 应用写作新编［M］. 北京：蓝天出版社，1997.
[21] 娄永毅，杨宏敏. 经济应用文写作教程及同步练习［M］. 上海：立信会计出版社，2005.
[22] 吴晓林，张志成. 应用文写作［M］. 北京：科学出版社，2005.
[23] 朱悦雄. 应用写作病文评析与修改［M］. 广州：广东高等教育出版社，2004.
[24] 张瑾. 应用写作［M］. 西安：西安交通大学出版社，2007.
[25] 孙秀秋，吴锡山. 应用写作教程［M］. 北京：中国人民大学出版社，2006.

后　记

　　为了实现高职教育培养高素质技能型人才的需要，近年来，高职院校非常注重学生应用文写作能力的培养。培养学生的写作能力，不仅是学生毕业后职业发展的需要，也是学生人文素养的重要组成部分。因此，各高职院校在各专业开设应用文体写作这门课程的同时，各类应用文体写作的教材也是层出不穷。如何体现学院的专业特色，如何贴近职业教育，走进学生，培养学生的写作兴趣与能力，是编者编写教材着重思考的问题。

　　我们从学院的专业特点出发，以学生日常学习、生活经常使用的文体，以专业文书为基石，在吸收众多前辈优秀成果的前提下来介绍应用文，既为目前的校园学习和生活提供切实的帮助，又为今后走向社会的写作实践打下基础。不求面面俱到，但求高效实用。

　　需要说明的是，本书在编写过程中力争实现突出专业、贴近生活、引发兴趣三个目标：

　　1. 突出专业。本书的内容安排，除了考虑日常学习、生活所常使用的文书外，结合学院专业特点，介绍了相关专业学生应掌握的专业文书，如护理专业学生需掌握的护理文书、新闻专业学生需掌握的新闻类文书等，为学生今后的职业发展打下基础。

　　2. 贴近生活。书中案例尽量典型、新颖，让学生感受应用文时时在我们身边。每一理论知识后都附有知识小卡片，让学生更深入地了解应用文。"吹毛求疵""写作实训"尽量选用与学生学习生活、专业工作息息相关的材料，让学生更扎实地掌握相关文书。

　　3. 引发兴趣。为调动学生学习应用文写作的兴趣，在每一章节的前面，设计了情境导入，使学生明白应用文体的实用价值，激发学习兴趣。然后以案例赏析带出相关知识，避免一开始枯燥的理论知识介绍，致使学生产生困倦乏味感。

　　本书由屈中正、王科瑛担任主编。副主编有龙宇帆、刘紫萱。具体编写分工为：基础篇由纪娜编写；第一篇由张硕勤、刘紫萱、王科瑛编写；第二篇由黄旋、张君君、龙宇帆编写；第三篇主要由黄艳编写；拓展篇由王科瑛编写。参与编写校稿的还有林樱枝、曾安源。主编对全书做了最后统稿、修改、定稿工作。

　　在编写过程中，我们参阅了相关写作论著，吸收了不少专家学者的研究成果，这些一般都在参考文献中作了说明，但也可能因为疏忽而未能详尽，由于时间仓促等原因，未能与各位作者联系，在此谨表谢忱。

　　本书的顺利出版，得到了同行的大力支持和有关专家的悉心指导，在此，谨向他们致以最诚挚的谢意。

　　限于学力、时间等因素，我辈虽竭尽全力，错漏犹存，恳请读者提出宝贵的意见和建议，使之有机会修订完善。

编者
2019 年 6 月